中国特色油料供给效率提升研究

——基于生产效率和区域布局变迁视角

张雯丽　等◎著

Research on the Improvement of Characteristics Oilseeds Supply Efficiency in China

— Based on the Perspective of Production Efficiency and Regional Layout Change

经济管理出版社
ECONOMY & MANAGEMENT PUBLISHING HOUSE

图书在版编目（CIP）数据

中国特色油料供给效率提升研究：基于生产效率和区域布局变迁视角/张雯丽等著．—北京：经济管理出版社，2020.7
ISBN 978-7-5096-7293-8

Ⅰ．①中…　Ⅱ．①张…　Ⅲ．①油料作物—作物经济—供给制—研究—中国　Ⅳ．①F326.12

中国版本图书馆 CIP 数据核字(2020)第 133844 号

组稿编辑：曹　靖
责任编辑：杜　菲
责任印制：黄章平
责任校对：陈晓霞

出版发行：经济管理出版社
（北京市海淀区北蜂窝 8 号中雅大厦 A 座 11 层　100038）
网　　址：www.E-mp.com.cn
电　　话：（010）51915602
印　　刷：北京玺诚印务有限公司
经　　销：新华书店
开　　本：720mm×1000mm/16
印　　张：15
字　　数：281 千字
版　　次：2020 年 8 月第 1 版　　2020 年 8 月第 1 次印刷
书　　号：ISBN 978-7-5096-7293-8
定　　价：88.00 元

前　言

特色油料产业是中国传统的农业特色产业之一。胡麻、芝麻、向日葵等特色油料在中国种植历史悠久，既是中国特色食用植物油和休闲食品的重要供给来源，也是产区农民主要种植作物和增收来源。特色油料富含独特的脂肪酸成分和生理活性物质，不仅具有食用价值和经济价值，还具有较高的药用价值。近年来，随着中国经济稳步增长、人口总量增加和城镇化进程加快，中国食用植物油消费总量持续增长、消费结构不断升级，居民对多元化、高品质、特色化的油脂油料的需求日益增加，特色油料、食用植物油以及相关加工制品的消费需求相应高涨。但与此同时，中国特色油料产出增长相对缓慢、供给效率偏低的问题逐渐凸显，突出表现在：一是国内特色油料生产成本总体较高，比较效益偏低，农户种植积极性下降，种植面积呈缩减趋势；二是在国内特色油料产需缺口扩大背景下，产量增长和产品品质提升缓慢，与国内日益增长的消费需求和日渐升级的消费结构不匹配。

“十三五”以来，中共中央、国务院明确我国农业农村发展已进入新的历史阶段。农业的主要矛盾由总量不足转变为结构性矛盾，突出表现为阶段性供过于求和供给不足并存，矛盾的主要方面在供给侧。2017 年，《中共中央　国务院关于深入推进农业供给侧结构性改革　加快培育农业农村发展新动能的若干意见》（中发〔2017〕1 号）提出要在确保国家粮食安全的基础上，紧紧围绕市场需求变化，提高农业供给质量，优化农业产业体系、生产体系、经营体系，提高土地产出率、资源利用率、劳动生产率，促进农业农村发展由过度依赖资源消耗、主要满足量的需求向追求绿色生态可持续、更加注重满足质的需求转变。特色油料作为中国油料原料的重要补充和食用植物油供给的有益组成，在我国油料产业中处于不可或缺的独特地位，发展特色油料产业、提升国内供给效率，对于增加优质特色油料、食用植物油供给，满足消费需求具有重要的现实意义，也是推进和深化中国农业供给侧结构性改革的重要内容。

本书正是基于此研究背景确定的研究主题和基本框架，相关研究是国家特色油料产业技术体系产业经济研究专项的阶段性成果，主要从生产效率提升和生产布局优化两个视角研究探讨中国特色油料供给效率优化问题。其中，基于微观农户调查的成本收益数据，采用生产技术效率和全要素生产率两个指标衡量特色油料作物生产效率，并从区域视角和劳动力视角探究生产效率的差异和成因；基于国家统计局特色油料生产布局数据，研究了特色油料作物区域布局变迁的特征和驱动因素。相关的研究结论与对策建议为进一步优化特色油料生产区域布局、提高供给效率、推进特色油料产业供给侧结构性改革提供了宝贵的数据资料和有益的理论参考。

本书共设十章内容。第一章基于宏观数据对中国特色油料产业发展现状与特征进行概述，分别从生产、加工消费、贸易三个维度描述了产业概况。在把握产业发展现状的基础上，第二章基于国家特色油料产业技术体系产业经济研究室2018年对全国96个特色油料监测示范县732份农户调查数据，对区域特色油料生产情况细致梳理和全面比较。重点对中国三种特色油料（胡麻、芝麻、向日葵）的区域种植规模、单产水平以及生产主体特征等进行了分析。第三章利用微观农户调查数据测算了三种特色油料生产成本和种植收益，并对不同区域种植成本构成和收益进行比较。第四章到第七章围绕特色油料生产效率进行了测算和分析。其中，第四章利用微观农户调查数据测算了胡麻、芝麻、食用向日葵和油用向日葵的技术效率。第五章测算了特色油料的全要素生产率。第六章、第七章分别从区域视角和年龄视角对特色油料作物的生产效率进行了测算和分析。通过生产效率的多维度测算、多视角比较，我们得出了提升特色油料生产效率的相应结论和观点，同时对不同作物优势产区和潜力产区进行了梳理和总结。在生产效率测算基础上，为进一步掌握中国特色油料作物的生产布局变动规律，更好地把握生产布局优化的思路，本书第八章通过生产集中度和生产规模指数，对中国特色油料主产省份、主产区的分布规律及变动趋势进行总结，并运用区域比较优势理论，解析特色油料生产优势区域变化特征。第九章利用省际面板数据，从自然环境、经济环境、市场环境、技术进步、产业政策五个方面对影响特色油料作物生产布局变动的因素进行分析，探讨其区域布局变迁背后的深层次原因，为进一步优化特色油料产业生产布局提供合理化的参考。第十章在前述研究内容的基础上，综合中国特色油料产业发展基本面、生产区域特征、不同区域成本收益结构、特色油料生产效率和影响区域布局变迁的因素等研究结论，提出了提高特色油料供给效率的目标、思路和原则，同时基于供给侧结构性改革视角还提出了提高特色油料供给效率的政策建议。

本书是团队合作与分工研究相结合的成果。课题研究的主题内容和总体框架由张雯丽提出，经课题组成员充分讨论后确定。课题计划和研究工作由张雯丽组织实施。研究报告初稿完成后，课题组进行了多次交流讨论，多方征求意见，对相关研究报告进行修改完善。本书除前言外共有十章。具体分工是：前言、第一章由张雯丽执笔，第二章、第三章由张雯丽、张莹、王慧敏执笔，第四章、第五章由张雯丽、李立辉执笔，第六章、第七章由李立辉、张雯丽执笔，第八章、第九章由薛龙飞、张雯丽执笔，第十章由张雯丽执笔。课题负责人张雯丽逐一对各章书稿进行了修改和审定，承担了研究报告的汇总和编辑工作。

目 录

第一章　中国特色油料产业发展概况

特色油料是除花生、油菜籽等大宗油料以外的油料总称，主要包括胡麻、芝麻、葵花籽、紫苏籽、红花籽等。特色油料是中国食用植物油以及特色休闲加工制品的原料来源，在中国油料供给中发挥了有益的补充作用。国家统计数据显示，近二十年来，中国特色油料生产总体稳步发展，种植面积大幅减少，但在单产稳步增加带动下，特色油料产量总体保持增加趋势。随着中国经济稳步增长和居民收入水平不断提高，特色油料消费需求呈现显著增加趋势。由于消费增速快于产量增速，特色油料产需缺口逐年增加，为满足国内消费需求，原料和特色油脂进口规模有不同程度的增加，对国际市场的依赖程度显著提高。

第一节　中国特色油料作物生产发展概况

经过长期的种植结构调整和发展，中国基本形成以油菜、花生两油为主，芝麻、胡麻和向日葵等特色多油并举的油料种植结构。近十年来，中国特色油料作物生产总体稳步发展，2017 年种植面积和产量约占全国油料作物总面积、总产量的 13% 和 11% 。中国是世界特色油料生产大国，在国际市场上的活跃程度日益凸显。目前，中国是世界第三大葵花籽生产国、第四大芝麻和胡麻生产国。葵花籽、芝麻、胡麻产量分别占世界总产量的 5. 75% 、10. 6% 、12. 4% 。

一、种植面积大幅缩减

受气候、市场、政策等多重因素影响，特色油料生产发生了较大的变化。2000 ~ 2017 年，中国特色油料作物种植面积出现不同幅度的下滑，总面积从 2511 千公顷缩减至 1633 千公顷，减幅达 35% 。其中，芝麻和胡麻下降趋势较为明显。2000～2017 年，芝麻种植面积从 784.4 千公顷下降至 227.7 千公顷，减幅 71%；胡麻则由 497.9 千公顷下降至 234.6 千公顷，减幅 52.9%；向日葵的种植面积波动较大，2000 年种植面积为 1229.0 千公顷，2006 年降至 787.3 千公顷之后波动增加，至 2017 年种植面积恢复到 1170.7 千公顷（见图 1－1）。

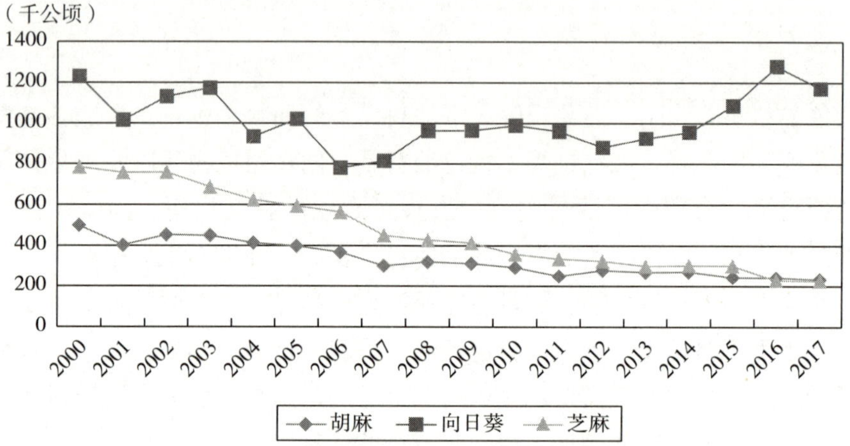

图 1－1　2000～2017 年中国特色油料作物种植面积变化情况

资料来源：《中国统计年鉴》。

二、单产水平稳步提升

受益于品种改良和技术进步，中国特色油料作物的单产水平整体稳定提升。2000～2017 年，全国芝麻单产从 68.9 千克/亩增至 107.3 千克/亩，增幅超过 50%。胡麻单产从 46.0 千克/亩增至 85.6 千克/亩，增幅达到 85.9%。向日葵单产水平 2007 年降至近 20 年最低后逐渐增加，至 2017 年达到 179.3 千克/亩，较 2000 年增长 69.2%（见图 1－2）。

三、产量先下降后增长

尽管特色油料面积总体呈缩减趋势，但受益于单产水平有不同程度的提高，中国特色油料产量先降后增，总体显著增加。2000～2017 年 3 种特色油料总产量由 311 万吨增至 382 万吨，增幅为 22.8%。其中，向日葵产量增长成为特色油料总产量增加的主要动力源。2017 年，中国葵花籽产量达到 315 万吨，比 2000 年

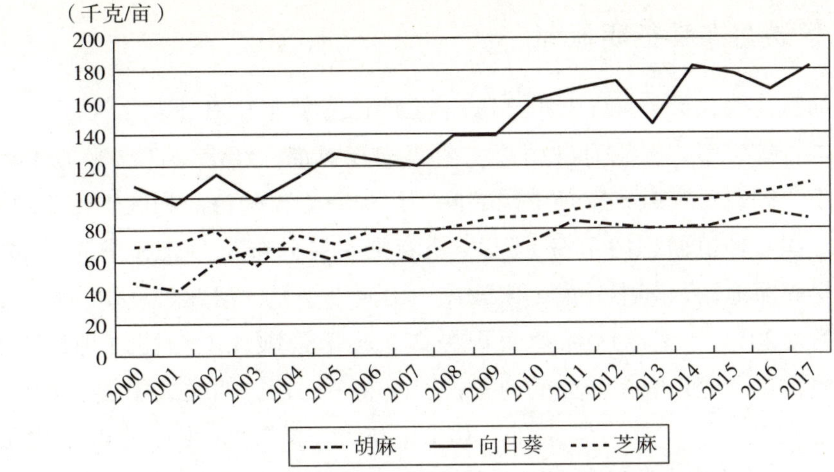

图 1－2　2000～2017 年中国特色油料作物单产变化情况

资料来源：《中国统计年鉴》。

增加 50% 以上。同期，芝麻和胡麻产量有不同程度的下降。芝麻产量从 81 万吨降至 37 万吨，降幅高达 54.8%；胡麻产量从 34.4 万吨降至 30.1 万吨，降幅 12.4%（见图 1－3）。

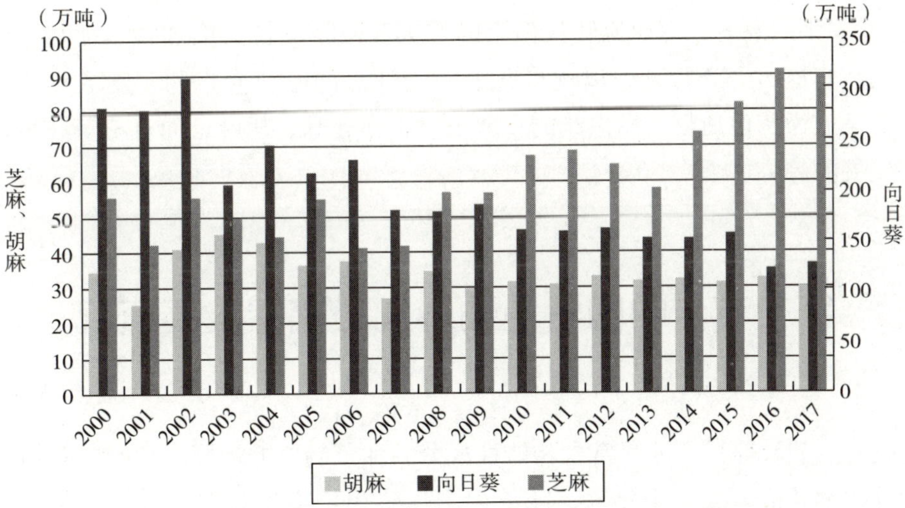

图 1－3　2000～2017 年中国特色油料作物产量变化情况

资料来源：《中国统计年鉴》。

四、区域分布特征明显

特色油料作物大部分属于抗旱作物，主产区主要集中在干旱、半干旱地区。芝麻在中国各省、市、区均有种植，主要集中在黄淮、江淮、江汉平原主产区。其中，河南、湖北、安徽3省是中国芝麻生产的中心，种植面积大、产量高，长久以来占全国总种植面积的70%以上。胡麻则主要分布在西北和华北北部的干旱、半干旱高寒地区，其中甘肃、内蒙古、山西、宁夏、河北、新疆是中国六大胡麻主产区。2016年主产区种植面积为275.5千公顷，占全国总种植面积的97.6%。向日葵产地集中在华北的内蒙古、河北、山西，西北的宁夏、甘肃、新疆以及东北的辽宁、吉林、黑龙江。其中，华北地区的葵花籽种植面积最大，2016年华北主产区种植面积占全国总种植面积的64.3%，西北为23.14%、东北为9.04%；从变动趋势看，内蒙古和新疆种植面积和产量增幅显著，是中国最主要的向日葵产区。

特色油料作物具有周期长、季节性强、受自然环境影响明显的基本生产特征，这些因素也决定了在机械化和技术水平相对落后的情况下，小农户成为生产经营的主体，依靠家庭劳动力进行生产经营则是最有效的生产方式。自20世纪90年代开始，随着劳动力转移、农户间土地流转以及机械化水平的提升，农村出现了一批专业大户，生产主体逐渐由分散小规模的农户向规模化的农户转变。经过20多年的发展，土地流转规模不断扩大和政策支持力度加强，大量特色油料作物散户退出生产行列，以规模化经营为特点的专业大户和家庭农场快速发展，已经成为特色油料产品供给的重要力量，在芝麻、胡麻、向日葵等领域成为未来发展的趋势。

第二节　中国特色油料加工消费发展概况

芝麻、胡麻等特色油料富含功能性成分，加工制成的油脂、食品等具有突出的营养保健功能。近二十年来，随着中国经济稳步增长和人均收入水平不断提高，消费者对特色油料、特色油脂以及加工制品的消费需求稳步增加。消费需求总体呈现总量增加、结构多元、区域扩大的显著趋势特征。

一、特色油料消费增长迅速

进入21世纪以来，中国特色油料消费量稳步增长。2001～2017年，中国特色油料消费总量从243.8万吨增至454.1万吨，增幅高达86.3%，高于同时期产量增幅近64个百分点。其中，芝麻籽消费量从74.3万吨增至104.2万吨，增幅达到40.4%，年均增长2.1%；胡麻籽消费量从25.3万吨增至63.7万吨，增幅151.9%，年均增长5.9%；葵花籽消费量从144.2万吨增至286.2万吨，增幅98.4%，年均增长4.4%（见表1－1）。中国已经成为世界上主要的特色油料消费国。

表1－1 2001～2017年中国特色油料作物消费情况 单位：万吨

年份	芝麻籽国内产量	芝麻籽消费量	胡麻籽国内产量	胡麻籽消费量	葵花籽国内产量	葵花籽消费量
2001	80	74.3	25.26	25.3	148	144.2
2002	90	80.1	40.89	40.7	195	192.1
2003	59	55.4	45.05	44.5	174	167.5
2004	70	76.1	42.60	42.6	155	147.7
2005	63	72.8	36.21	35.7	193	181.4
2006	66	88.0	37.36	40.6	144	133.2
2007	52	67.3	26.89	32.0	146	135.0
2008	52	68.7	34.56	37.9	199	186.2
2009	54	81.3	29.48	46.5	199	186.6
2010	46	82.0	31.44	52.9	236	221.7
2011	46	81.4	30.80	39.3	240	223.8
2012	47	82.5	33.11	47.5	227	208.6
2013	44	84.5	31.63	49.3	203	184.1
2014	44	97.1	32.26	60.2	258	246.9
2015	45	122.5	31.19	66.9	287	268.9
2016	35	125.9	32.50	79.6	320	298.2
2017	37	104.2	30.10	63.7	315	286.2

资料来源：根据中国海关数据、联合国粮农组织数据整理而得。

二、消费区域和群体逐渐扩大

长期以来，受生产区域相对集中影响，中国特色油料消费也具有明显的区域特征和群体特征。突出表现为：消费区域主要集中在产区，如芝麻及其制品消费集中在河南、安徽、湖北等产区，胡麻籽及胡麻油消费主要集中在甘肃、宁夏、山西等产区；消费群体多为农村居民，消费方式主要为当地居民自留榨油或干炒食用。近年来，随着居民收入水平的显著提高，消费者消费观念逐渐转变以及消费者健康意识不断增强，居民的饮食结构已经偏向于多元化、品质化、高值化，在满足对食物的生理需求后，开始关注食物的附加价值。在油料产品及食用油消费升级的大潮中，特色油料作物的营养价值逐渐凸显，作为“21 世纪的功能性食品”日益受到全国消费者的喜爱。同时，随着电商等新型流通模式的兴起，流通方式呈现多元化和便利化趋势，在淘宝、京东等电商平台上特色油料产品销售种类不断增加，销售规模日益扩大。在消费偏好和流通模式升级的双重因素推动下，中国特色油料油脂消费区域由传统的内蒙古、甘肃、宁夏等主产区逐渐扩展到全国范围，同时呈现由农村扩展至城市、由低消费群体扩展至高消费群体的趋势。

三、消费多元化趋势逐渐显现

中国特色油料作物的消费总体呈现结构稳定但相对单一的特征。向日葵主要以食用葵为主、油用葵为辅，其中 85% 的向日葵籽被用于食葵炒籽，另有 15% 的油葵榨油。芝麻籽粒主要以芝麻油为主，占比可达55% ~60%；芝麻酱产品占比约为 10%，另有 10% 用于脱皮芝麻，5% 用于炒香芝麻。胡麻籽用于榨油的比重可达 99%，仅有 1% 左右的胡麻籽用于干炒食用销售。近年来，消费者对特色油料加工制品的消费需求逐渐呈现出多元化的消费趋势：从传统、单一的初级榨油产品向加工技术更加先进、品质更优的精炼油脂以及多样化、新颖化的加工食品转移；从作坊生产的散装油向精包装的礼品类产品转移。但从总体上来看，特色油料深加工产品规模总体较小，消费规模也相对有限。未来随着居民健康意识的增强、消费能力进一步提升，高品质、多元化、功能性的特色油料制品消费将逐渐增多，特色油料消费结构将进一步优化和升级。

第三节　中国特色油料贸易发展概况

尽管中国特色油料生产稳中有增，但在旺盛的市场需求带动下，国内产需缺口不断扩大。特色油料油脂贸易规模逐年增加，中国也从传统特色油料出口国家转变为净进口国家，对国际市场依赖程度逐年攀升。

一、贸易规模大幅增加

中国既是特色油料生产大国，也是消费和贸易大国。自 2001 年加入 WTO 以来，一方面，中国特色油料消费增幅显著高于产量增幅，产需缺口不断扩大；另一方面，中国与世界油料贸易关联日益增强。在双重因素推动下，中国特色油料贸易总量持续增加。

2001～2018 年，中国特色油料作物总贸易量和总贸易额分别从 11.9 万吨、0.8 亿美元增长至 170.2 万吨、17.5 亿美元，总贸易量和总贸易额分别增加了 13.4 倍和 20.3 倍。其中，特色油料进口量从 1.1 万吨增至 119.7 万吨，峰值时达到 148.5 万吨，增幅为 109 倍；出口量从 10.8 万吨增至 50.5 万吨，增幅为 3.7 倍（见图 1－4）。

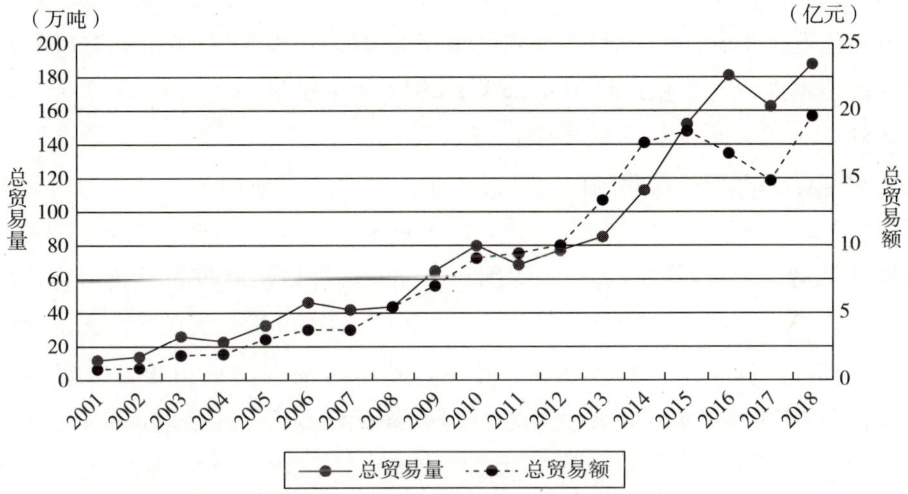

图 1－4　2001～2018 年中国特色油料作物总贸易量、总贸易额变化情况

资料来源：根据中国海关数据整理而得。

二、贸易顺差转为逆差

由于特色油料进口增幅大于出口增幅，自 2006 年开始，中国由特色油料净出口国转为净进口国，中国也从特色油料贸易顺差国转为贸易逆差国。分品种来看，中国曾是世界特色油料出口大国，葵花籽和芝麻是主要出口油料作物。出口高峰期，中国芝麻出口量曾占世界出口总量的60%左右。但随着近年来消费需求快速增加、国内产需缺口逐渐扩大，芝麻以及其他特色油料进口均显著增加，中国已成为世界第一大芝麻进口国、第二大胡麻进口国。目前，特色油料三种作物中除葵花籽外，均为贸易逆差。2001～2018 年，中国葵花籽净出口量从 3.5 万吨增至 32.4 万吨，净出口额从 0.12 亿美元增至 5.2 亿美元，由于全球葵花籽产出主要以油用葵花籽为主，中国食用葵花籽在国际市场上具备明显的竞争优势。由于进口持续增加，同时增幅大于出口，中国于 2005 年成为芝麻净进口国、2006 年成为胡麻净进口国。此后芝麻和胡麻贸易逆差逐渐增加，至 2018 年，贸易逆差分别为 6.7 亿美元和 1.5 亿美元。

三、进口来源高度集中

随着特色油料进口规模不断增大，进口来源国也呈现出显著变化，但进口集中度总体较高。近年来，中国芝麻进口来源国由以越南、印度、缅甸为主转变为以埃塞俄比亚、尼日尔、苏丹、多哥等非洲国家为主。2001 年中国芝麻籽进口主要来源于越南，进口量占比为 47.3%；2017 年中国进口芝麻籽 71.2 万吨，进口额达到 7.3 亿美元，其中埃塞俄比亚成为最大进口来源国，进口量占比超过 30%。胡麻籽主要进口来源国由比利时、澳大利亚转变为加拿大、俄罗斯、美国和新西兰。2001 年，中国从比利时进口的胡麻籽占进口总量的比重高达 99.9%；目前加拿大是中国胡麻籽的进口来源国，自加拿大进口胡麻籽占总进口量比超过 90%。中国的葵花籽进口来源国变动较大。2001 年进口量最大的 5 个国家分别为美国、阿根廷、加拿大、澳大利亚、印度，其中从美国的进口量占总进口量的 84.3%；至 2017 年中国从哈萨克斯坦进口的葵花籽占比已经接近 100%。

第四节　产业发展存在的主要问题

在技术进步推动下，我国特色油料生产规模总体保持增长趋势，同时在经济稳步增长和消费结构升级背景下，我国特色油料消费市场保持旺盛的需求和较大的增长潜力，特色油料产业发展呈现良好前景。但也要客观地看到，我国特色油料产业发展步伐总体仍较慢，在国内消费和贸易均呈现出高度市场化且规模快速扩大的趋势背景下，特色油料产业发展面临的问题和短板仍较突出，产业可持续发展面临挑战。

一、生产方式较为粗放，生产效率总体偏低

（一）特色油料户均种植规模较小

我国除内蒙古、新疆等地种植向日葵规模相对偏大以外，芝麻、胡麻等特色油料种植规模总体偏小。据 2017 年特色油料产业技术体系产业经济研究室针对全国特色油料生产示范县的调查，超过一半的芝麻种植户、超过 60% 的胡麻种植户经营规模在 5 亩以下。

（二）生产方式较为传统

特色油料生产多数分布在干旱贫瘠的地块，基础设施建设极为薄弱，生产管理总体粗放，多为靠天收。加之生产规模普遍偏小且较为分散，部分产区为坡地地貌，机械投入使用率总体偏低，特色油料中仅油用葵花籽机收率相对较高，胡麻部分产区可使用小型收割机，大部分食葵以及芝麻机收技术都尚未得到根本解决，对于绝大多数生产主体而言，家庭用工成为特色油料生产的主要投入，这也在很大程度上反向制约了生产规模的扩大、基础设施以及机械的投入使用。

（三）单产仍有提升空间

近年来，我国特色油料作物单产水平有了显著提升，但与国际相比仍有明显差距。FAO 统计数据显示，2016 年我国芝麻单产水平居世界第 5 位，但与高产国家相比仍有 500 千克/公顷的差距；与吉尔吉斯斯坦、瑞士、瑞典等国家相比，胡麻单产差距超过 600 千克/公顷；我国向日葵单产 2593 千克/公顷，居世界第 11 位，但仅为以色列单产的 36.4%。

二、自然市场风险较大，产业抗风险能力较弱

（一）特色油料病害多发

特色油料生产易受病害和自然灾害影响。芝麻青枯病、黑根病和枯萎病，胡麻枯萎病、白粉病等较为多发；向日葵则主要受菌核病、列当等影响较大，其中列当是目前世界范围内影响向日葵生产的主要危害，防治难度较高，对生产影响极大。另外，特色油料作物产区渍涝及干旱频发，对生产影响较大。监测示范县数据显示，2017 年长江流域部分产区受渍涝影响，芝麻平均单产下降 6.4%；受干旱少雨天气影响，胡麻单产下降 4.4%。2018 年 8 月初，内蒙古

食葵产区遭遇大规模降雨，部分地区食葵倒伏严重，局部地块出现绝收，产量受损高达60%。

（二）市场价格波动风险较大

特色油料产业对外开放程度极高，加之进口规模较大，价格受国际市场走势影响相对较大。其中，芝麻受非洲市场供需形势和报价影响极大，亚麻籽主要受加拿大市场生产、贸易和政策影响较大，葵花籽价格则受国际市场葵花籽油价格走势影响大。近年来，国际市场油脂油料价格波动频繁，也在很大程度上影响了中国特色油料市场价格波动的幅度和频率。

（三）风险保障机制缺乏

现阶段，我国逐步建立了涵盖主要粮食作物以及畜产品的生产保险补贴制度，部分地区也试点了蔬菜等经济作物生产、市场保险政策，但针对芝麻、向日葵、胡麻等特色油料作物，国内还尚未建立起与之相应的农业生产保险、重大自然灾害保险以及重大病虫害补偿等政策及机制。受生产经营自身抗风险能力总体偏低、灾害频发以及外部保险制度缺乏等因素叠加影响，我国特色油料生产经营规模扩大也受到很大制约。

三、加工发展相对滞后，产业附加值偏低

（一）加工企业竞争力总体偏低

我国特色油料加工企业众多，但仍以小规模为主，缺乏大型龙头企业。特色油料产业技术体系的监测数据显示，2017年全国特色油料监测示范县域内500吨（原料）以上加工能力的原料加工企业仅有77家，占原料加工企业总数比仅为9%。100吨以上油脂加工能力企业有266家，占油脂加工企业（包含油坊）比重仅为6.2%。年产值500万元以上规模的食品加工企业累计有122家，占食品加工企业比重为27%。企业规模小带来的突出问题就是技术设备相对落后、产品标准化程度相对偏低。

（二）加工链条相对较短，产品附加值偏低

芝麻加工制品涵盖芝麻油、芝麻酱等传统加工产品，还可作为馅料和辅料开发不同的产品，如芝麻汤圆、芝麻饼干等；葵花籽加工制品主要以炒制类和油脂类为主；胡麻籽加工企业则主要集中在胡麻油脂类产品加工，其他产品开发极少。除芝麻产品加工多元化特征相对突出外，胡麻和向日葵产品结构均较为单一，但三种产品的产业链条均较短，附加值总体偏低。涉及关键功能成分如α－

亚麻酸、木酚素等的提取和利用以及医用功能的开发等附加值较高的产业尚未形成产业化。

（三）品牌建设滞后，缺乏具有知名度的特色油料油脂产品品牌

国内特色油料加工企业品牌建设显著滞后，具有知名度的企业和品牌极少。除河北“大名”区域品牌、平舆白芝麻品牌、燕庄芝麻油、红井源亚麻籽油等品牌具有一定的知名度外，其他多数品牌都仅在地域内具有一定知晓度，在全国范围内的影响力和知名度仍缺乏。国内油脂知名企业如中粮集团、益海嘉里、鲁花等旗下涉及特色油脂的产品仅是少数且规模有限。

四、贸易依存度快速提高，产业结构影响显著

近年来，我国芝麻和胡麻籽进口对外依存度快速攀升，葵花籽贸易依存度也呈现稳定增长趋势。2001～2016 年，芝麻对外贸易依存度从 10.1% 提高到 62.4%，胡麻籽对外贸易依存度从 0.1% 提高到 54.8%。葵花籽的对外贸易依存度增长幅度相对较低，但也十分显著，由 3.0% 上升到 13.5%，增加了 10.5 个百分点。贸易依存度提高主要受两方面因素影响：一是特色油料产需缺口巨大，消费快速增加带动进口需求增加；二是我国特色油料对外开放程度较高，进口关税水平总体较低。目前，我国亚麻籽和葵花籽进口优惠税率为 15%；芝麻进口优惠税率为 10%，其中，对非洲部分国家免征进口关税；油脂中，葵花籽油和红花油进口优惠税率为 9%。贸易依存度带来的影响具有两面性：一方面，进口大幅增加补充了国内特色油料的有效供给，满足了国内日益增长的消费需求和产需缺口；另一方面，大量具有价格优势的进口原料进入国内市场，也对国内生产造成了显著冲击。以油用葵花籽为例，随着我国人口的增加和消费水平的升级，国民对葵花籽油的消费需求日益增加，葵花籽油已经成为我国第四大食用植物油。2018 年，我国进口葵花籽油①高达 70.3 万吨。除进口葵花籽油外，我国还从哈萨克斯坦进口油用葵花籽用于加工成品油。国际市场油用葵花籽以及葵花籽油价格优势突出，部分年景我国从乌克兰进口的葵花籽油到岸价格甚至低于国内油用葵花籽市场价格。随着我国葵花籽及油脂进口规模持续增加，受进口油籽价格低廉的影响，国内油用葵花籽价格持续走低，农户收益显著下降，种植油葵积极性持续低迷，近年来，我国向日葵油用和食用种植结构已经发生了显著改变。

① 海关统计的葵花籽油进口量中包含红花油进口。

特色油料产业技术体系针对全国 96 个示范县向日葵生产的监测数据显示，2017 年监测县油葵种植面积占全国向日葵总面积比仅为 11.4%，与上年相比下降 3.8 个百分点，与 20 世纪 80 年代我国油葵种植占比最高值 40% 相比，下降了近 30 个百分点。在“一带一路”倡议背景下，我国将更加积极充分地利用国际市场，未来油葵生产将继续受到国际市场进口原料的替代和冲击，产业可持续发展面临严峻挑战。

第二章　中国特色油料生产发展与地区差异

——基于监测县示范农户的调查分析

在把握中国特色油料产业发展概况的基础上，为进一步了解主产区特色油料生产情况，本章利用2018年特色油料产业技术体系产业经济研究室对150个监测示范县调研的723份农户微观调查数据分析了特色油料产区农业种植结构、特色油料种植规模、主体发育和生产水平等。分析结果显示：当前中国特色油料生产仍以中小规模为主，不同主产区生产发展水平差异较为显著。

第一节　胡麻生产发展与地区差异

胡麻主要分布在中国西北地区，其中，甘肃、内蒙古、山西、宁夏等为主产区。调查①显示：当前中国胡麻生产仍以小规模分散农户为主，近八成的农户经营规模在10亩以下，超过六成的农户经营规模在5亩以下。甘肃、内蒙古胡麻单产水平相对较高。

一、主产区生产基本概况

（一）种植结构与种植规模

监测县农户耕地面积合计35722.1亩，其中，自有土地6252.7亩、流转土地29469.4亩，流转土地占比82.5%。分省来看，在监测县调研农户中，山西农

① 特色油料产业体系胡麻，监测到全国225个农户生产样本数据，剔除5份无效样本，有效样本220份，有效样本率97.8%。其中，山西36份、甘肃96份、河北22份、内蒙古和宁夏各33份、新疆2份。甘肃调研农户数占比最高，为42.7%，新疆农户最少，仅2户。

户的户均耕地面积最大，为72.5亩（见表2-1）。

表2-1　示范县农户耕地规模和胡麻种植面积

地区	耕种面积（亩）	胡麻面积（亩）	胡麻占比（%）	户均种植胡麻规模（亩）
山西	13561.2	2611	19.3	72.5
甘肃	15483.6	2392.8	15.5	25.5
河北	2304.3	250.5	10.9	11.4
内蒙古	3167	877.5	27.7	26.6
宁夏	1116	598	53.6	18.1
全部样本	35722.1	6834.8	19.1	31.1

监测县农户胡麻种植面积合计6834.8亩，户均种植胡麻面积31.1亩，占户均耕种面积的19.1%。其中，宁夏胡麻生产在家庭种植中占比最高，达到53.6%，即家庭超过一半的耕地用于种植胡麻。内蒙古家庭种植胡麻的比重也相对较高，达到27.7%。甘肃、河北农户胡麻种植占家庭种植比重相对偏低，分别为15.5%、10.9%。

（二）胡麻种植规模及地区差异

对农户胡麻种植规模的调查显示，胡麻生产仍以小规模散户为主。部分示范县有成片大规模种植主体，但数量仍相对较少，地区分布差异较大。体系监测县调研农户胡麻种植面积最小的为1亩，最大的为810亩，梯度分布不均匀。10亩以下种植规模的农户最多，占到总样本的76.8%。其中，5亩以下农户占比达到62.7%；10~100亩种植规模的农户占比为10.5%；100亩以上种植规模的农户占比为12.7%（见表2-2）。

表2-2　胡麻种植面积分布情况　　单位:%

地区	>100亩	10~100亩	<10亩	<5亩
山西	19.4	33.3	47.2	27.8
甘肃	7.4	3.2	89.4	75.5
河北	0	18.2	81.8	72.7
内蒙古	36.4	6.1	57.6	39.4
宁夏	6.1	0	93.9	84.8
全部样本	12.7	10.5	76.8	62.7

分省来看，小规模农户占比较多的省份为宁夏、甘肃和河北，10亩以下规模农户占比分别为93.9%、89.4%和81.8%。中等规模10~100亩种植规模农户较多的为山西，这部分农户占到1/3。100亩以上规模农户占比相对较大的地区为内蒙古和山西，大规模种植农户数量占比分别为36.4%和19.4%，主要分布在山西大同新荣区、朔州右玉县和平鲁区、忻州神池县。

（三）主产区农业种植结构

山西主要种植荞麦、莜麦、燕麦、高粱、藜麦等小杂粮。甘肃种植面积较大的为马铃薯，另有燕麦、大豆、小麦等。内蒙古主要种植玉米，另有莜麦、马铃薯、小麦、糜子、绿豆等。宁夏种植有马铃薯、玉米、荞麦、小杂粮、枸杞等。河北种植有小麦、莜麦、向日葵和马铃薯。

二、胡麻单产水平与地区差异

2017年，监测县农户胡麻平均亩产183.7斤，同比上年减少4.5%，胡麻平均销售价格2.88元/斤，和上年持平略减。分省来看，除甘肃胡麻单产持平略增外，其他省（区）胡麻单产均有不同程度的下降。其中，山西胡麻单产同比降幅最大，为22.3%（见表2-3）。

表2-3 2016年和2017年监测县农户胡麻单产及地区差异

地区	2017年单产（斤/亩）	2016年单产（斤/亩）	增幅（%）
山西	111.9	144.0	-22.3
甘肃	220.4	218.3	1.0
河北	146.6	156.7	-6.5
内蒙古	182.9	199.6	-8.4
宁夏	176.1	188.0	-6.3
全部样本	183.7	192.4	-4.5

胡麻单产地区间差距较大。几个主产省中，甘肃单产最高，2017年达到220.4斤/亩，为全国平均水平的1.2倍。其次是内蒙古和宁夏，2017年单产分别为182.9斤/亩和176.1斤/亩。河北和山西胡麻单产水平相对较低，2017年分别为146.6斤/亩和111.9斤/亩。

第二节　芝麻生产发展与地区差异

芝麻主要集中在中国黄淮、江淮、江汉平原主产区。其中，河南、湖北、安徽3省是中国芝麻生产的核心产区。调查①显示：当前中国芝麻生产仍以小规模分散农户为主，超过70%的农户经营规模在10亩以下，超过一半农户的经营规模在5亩以下。芝麻同比实现增产，安徽、河南芝麻种植单产水平相对较高。

一、主产区生产基本概况

（一）种植结构与种植规模

体系监测县调研农户种地面积较大，流转土地占比高，芝麻种植占耕种面积的比重不高。调研农户种地面积合计35713.2亩，其中自有土地4331.1亩、流转土地31382.1亩，流转土地占比87.9%。芝麻种植面积合计3907.3亩，占种地面积的10.9%。监测农户户均种地面积124.0亩，户均种植芝麻面积13.6亩。分省来看，在监测县调研农户中，吉林农户的户均种地面积最大，为406.9亩，安徽农户户均芝麻种植面积最大，为29.8亩，山西农户户均芝麻种植面积占比最高，为50.3%（见表2-4）。

表2-4　示范县农户耕地规模和芝麻种植面积

地区	种地面积（亩）	芝麻种植面积（亩）	占比（%）
全部样本	124.0	13.6	10.9
安徽	135.1	29.8	22.0
河北	92.7	15.2	16.4
河南	155.9	12.3	7.9
湖北	93.8	13.7	14.6
吉林	406.9	12.6	3.1

① 特色油料产业体系芝麻，监测到全国8个主产省51个示范县的288份有效样本。其中，安徽30份、河北37份、河南100份、湖北33份、吉林14份、江西25份、辽宁20份、山西29份，河南调研农户数占比最高，为34.7%。

续表

地区	种地面积（亩）	芝麻种植面积（亩）	占比（%）
江西	99.1	7.7	7.8
辽宁	43.5	7.5	17.1
山西	17.1	8.6	50.3

（二）芝麻种植规模及地区差异

体系监测县调研农户芝麻种植面积普遍较小，省际间差异大。调研农户芝麻种植面积最小的为0.2亩，最大的为600亩，梯度分布不均匀。10亩以下规模的种植农户最多，占样本总体的72.6%。其中，5亩以下农户占比达52.4%；10～100亩种植规模的农户占比为25.3%；100亩以上种植规模的农户占比为2.1%（见表2－5）。

表2－5 芝麻种植面积分布情况　　单位：个

地区	<5亩	<10亩	10～100亩	>100亩
全部样本	151（52.4%）	209（72.6%）	73（25.3%）	6（2.1%）
安徽	21（70.0%）	24（80.0%）	5（16.7%）	1（3.3%）
河北	30（81.1%）	33（89.2%）	1（2.7%）	3（8.1%）
河南	56（56.0%）	73（73.0%）	26（26.0%）	1（1.0%）
湖北	21（63.6%）	26（78.8%）	6（18.2%）	1（3.0%）
吉林	0	7（50.0%）	7（50.0%）	0
江西	15（60.0%）	19（76.0%）	6（24.0%）	0
辽宁	5（25.0%）	14（70.0%）	6（30.0%）	0
山西	3（10.3%）	13（44.8%）	16（55.2%）	0

分省来看，小规模农户占比较多的省份为河北、安徽和湖北，10亩以下规模农户占比分别为89.2%、80.0%和78.8%。中等规模10～100亩种植规模农户较多的为山西，这部分农户比重超过1/2。100亩以上规模农户占比相对较大的地区为河北，占比达8.1%，主要分布在河北邯郸。

（三）主产区农业种植结构

除芝麻外，体系监测县调研农户主要种植粮食作物和少量经济作物。其中，安徽种植的其他作物主要有小麦、玉米、大豆、水稻、红薯等。河北主要种植小麦、玉米、花生、棉花、高粱。河南主要种植小麦、玉米、花生，另有大豆、辣椒、甜瓜、西瓜等。湖北主要种植小麦、水稻，还有部分花生、玉米、西瓜。吉林、辽宁主要种植玉米，另有绿豆、高粱、谷子等小杂粮种植。江西种植有水稻、花生、油菜、蔬菜、果树等。山西主要种植玉米、小麦、大豆、苹果、蔬菜等。

二、芝麻单产水平与地区差异

体系监测县调研农户2017年芝麻平均亩产160.1斤，同比上年增长2.9%，芝麻单产地区间差距较大。2017年，安徽芝麻平均亩产最高，为197.7斤，吉林芝麻平均亩产最低，为98.8斤，安徽芝麻平均亩产是吉林的2.0倍（见表2-6）。

表2-6 2016年和2017年监测县农户芝麻单产及地区差异

地区	2016年单产（斤/亩）	2017年单产（斤/亩）	增幅（%）
全部样本	155.6	160.1	2.9
安徽	178.3	197.7	10.9
河北	125.7	133.5	6.1
河南	178.3	181.5	1.8
湖北	142.5	140.7	-1.3
吉林	107.9	98.8	-8.4
江西	120.6	137.0	13.6
辽宁	141.5	149.8	5.9
山西	178.8	161.1	-9.9

从地区增幅看，2017年安徽、河北、河南、江西、辽宁5省芝麻实现增产，其中江西增幅最大，为13.6%。湖北、吉林、山西3省芝麻有所减产，其中山西减幅最大，为9.9%。

第三节 向日葵生产发展与地区差异

向日葵主要分布在中国内蒙古、新疆两地，甘肃、河北等地也有一定规模的种植。调查①显示：当前中国向日葵有食用葵和油用葵两种。向日葵生产以中小规模农户为主，成片大规模种植数量相对较少且地区分布差异较大。种植农户平

① 特色油料产业体系向日葵，监测到全国8个主产省51个示范县的219个农户生产样本数据，剔除4份无效样本，有效样本量215份，有效样本率98.2%。其中，甘肃19份、河北30份、黑龙江33份、吉林18份、内蒙古63份、山西30份、陕西17份、新疆5份。

均年龄47岁。20亩以下种植规模的农户最多，占到总样本的44.7%；20～100亩种植规模的农户占比为38.1%。在种植结构上，食葵占比达到88.4%，油葵只有11.6%。在单产水平上，新疆、内蒙古相对较高，油葵比食葵高。

一、主产区生产基本概况

（一）种植结构与种植规模

监测县调研农户耕地面积累计49660.3亩，其中自有土地13467.8亩、流转土地36116.5亩，流转土地占比72.7%，户均耕种土地面积为229.9亩。分省区来看，调研农户的户均耕地面积，甘肃148.0亩、河北284.7亩、黑龙江271.6亩、吉林71.1亩、内蒙古312.2亩、山西33.7亩、陕西36.4亩、新疆1276.6亩。

监测县调研农户向日葵种植面积累计20360.8亩（见表2－7），占耕种土地面积比重41.0%。其中，油葵种植面积累计2368亩、食葵种植面积累计17992.8亩，在向日葵总种植面积中的比重分别为11.6%和88.4%。户均种植向日葵面积94.3亩，其中油葵11.0亩、食葵83.3亩。分省区来看，河北向日葵种植在家庭种植中占比最高，达到56.6%，即家庭超过一半的耕地都用于种植向日葵。山西、新疆家庭种植向日葵的比重也很高，分别为49.8%和46.9%，即家庭接近一半的耕地用于种植向日葵。内蒙古、甘肃和黑龙江向日葵种植在家庭种植中占比相对较高，分别为38.1%、36.0%和33.3%，即超过1/3的家庭耕地用于种植向日葵。陕西和吉林向日葵种植占家庭种植的比重相对偏低，分别为22.3%和21.8%。

表2－7　样本农户向日葵种植面积及结构

地区	耕种面积（亩）	向日葵面积（亩）	油葵面积（亩）	食葵面积（亩）	向日葵占耕地面积比重（%）	油葵占向日葵面积比重（%）	食葵占向日葵面积比重（%）	户均种植向日葵规模（亩）	户均种植油葵规模（亩）	户均种植食葵规模（亩）
甘肃	2811	1011.5	28	983.5	36.0	2.8	97.2	53.2	1.5	51.8
河北	8541.3	4830.9	112	4718.9	56.6	2.3	97.7	161.0	3.7	157.3
黑龙江	8964	2982	0	2982	33.3	0.0	100.0	90.4	0	90.4
吉林	1350	294.5	67.5	227	21.8	22.9	77.1	15.5	3.6	12.0
内蒙古	19981	7607	341	7276	38.1	4.5	95.6	118.9	5.3	113.7

续表

地区	耕种面积（亩）	向日葵面积（亩）	油葵面积（亩）	食葵面积（亩）	向日葵占耕地面积比重（%）	油葵占向日葵面积比重（%）	食葵占向日葵面积比重（%）	户均种植向日葵规模（亩）	户均种植油葵规模（亩）	户均种植食葵规模（亩）
山西	1012.0	504	195	309	49.8	38.7	61.3	16.8	6.5	10.3
陕西	618	137.9	99.5	38.4	22.3	72.2	27.8	8.1	5.9	2.3
新疆	6383	2993	1525	1468	46.9	51.0	49.0	598.6	305	293.6
全部样本	49660.3	20360.8	2368	17992.8	41.0	11.6	88.4	94.3	11.0	83.3

资料来源：甘肃、河北、黑龙江、吉林、内蒙古、山西、陕西和新疆等地农户调查问卷。

（二）向日葵种植规模及地区差异

对农户向日葵种植规模的调查显示，向日葵生产以中小规模农户为主。部分示范县有成片大规模种植主体，但数量仍相对较少，且地区分布差异较大。体系监测县调研农户向日葵种植面积最小的为0.2亩，最大的为1000亩，梯度分布不均匀。20亩以下种植规模的农户最多，占到总样本的44.7%。其中，10亩以下农户占比达到22.3%；20~100亩种植规模的农户占比为38.1%；100亩以上种植规模的农户占比为17.2%（见表2-8）。

表2-8 向日葵种植面积分布情况　　单位：%

地区	>100亩	20~100亩	<20亩	<10亩
甘肃	10.5	10.5	78.9	47.4
河北	30.0	30.0	40.0	33.3
黑龙江	18.2	51.5	30.3	3.0
吉林	0	33.3	66.7	16.7
内蒙古	25.4	50.8	23.8	7.9
山西	0	40.0	60.0	20.0
陕西	0	17.6	82.4	82.4
新疆	80.0	20.0	0	0
全部样本	17.2	38.1	44.7	22.3

资料来源：甘肃、河北、黑龙江、吉林、内蒙古、山西、陕西和新疆等地农户调查问卷。

分省来看，小规模农户占比较多的省份为陕西、甘肃和吉林，20亩以下规模农户占比分别为82.4%、78.6%和66.7%。中等规模20~100亩种植规模农户较多的为黑龙江和内蒙古，这部分农户比重都超过50%。100亩以上规模农户占比相对较大的地区为新疆和内蒙古，大规模种植农户数量占比分别为80.0%和25.4%。

（三）主产区农业种植结构

甘肃种植的其他作物主要以玉米为主，另有小麦、胡麻、棉花、油菜、洋葱、西瓜等。河北主要种植玉米、莜麦、谷子、杂豆、甜菜、西芹等。黑龙江种植面积较大的为玉米，另有大豆、水稻和马铃薯。吉林主要种植玉米和花生。内蒙古种植有玉米、小麦、水稻、谷子、高粱、油菜、甜菜、番茄、籽瓜等。山西主要种植玉米、小麦、高粱和谷子。陕西种植有玉米、小麦、谷子、马铃薯和辣椒。新疆种植有小麦、棉花和油菜。

二、向日葵单产水平与地区差异

分析显示，样本农户2017年向日葵平均单产为315.9斤/亩，同比上年增长0.6%。分省区来看，甘肃、河北、吉林、内蒙古、陕西和新疆向日葵每亩平均产量同比均有所上升，其中吉林增幅最大，为14.9%；黑龙江、陕西向日葵每亩平均产量同比有所下降，其中陕西降幅较大，为-18.4%。分品种来看，样本农户2017年食葵平均单产为307.8斤/亩，同比上年增长2.2%；油葵平均单产为317.9斤/亩，同比上年增长0.8%（见表2-9）。

表2-9 2016年和2017年监测县农户向日葵单产及地区差异

地区/作物	2016年单产（斤/亩）	2017年单产（斤/亩）	增幅（%）
甘肃	323.2	330.5	2.3
河北	267.8	292.4	9.2
黑龙江	293.7	271.2	-7.7
吉林	297.6	341.8	14.9
内蒙古	363.1	365.7	0.7
山西	306.5	308.7	0.7
陕西	187.2	229.3	-18.4
新疆	428.0	456.0	6.5
食葵	301.1	307.8	2.2
油葵	315.3	317.9	0.8
全部样本	314.2	315.9	0.6

资料来源：甘肃、河北、黑龙江、吉林、内蒙古、山西、陕西和新疆等地农户调查问卷。

向日葵单产地区间差距较大。从 2017 年的数据看，几个主产省中，新疆单产最高，达到456 斤/亩，为全国平均水平的 1.4 倍。其次是内蒙古、吉林和甘肃，单产分别为365.7 斤/亩、341.8 斤/亩和330.5 斤/亩。陕西向日葵单产水平相对较低，为187.2 斤/亩。

第三章　中国特色油料成本收益构成与地区差异

本章在特色油料产业技术体示范县监测农户调查问卷数据的基础上，对特色油料成本构成进行了详细分析，并分析了不同地区农户种植特色油料的收益。从分析结果来看，向日葵成本支出中占比最高的为直接费用，其次为土地成本，最后是人工成本。种子、化肥和机械作业费用是向日葵直接费用的前三项支出。剔除家庭用工和自营土地折算的隐性成本，食葵和油葵亩均纯收益分别为439.7元和322.8元。芝麻成本支出中超过四成为土地成本，化肥、机械、农药是芝麻物质服务费用的前三项支出。芝麻生产主要依靠家庭用工。剔除家庭用工和自营土地折算的隐性成本，芝麻亩均收益为617.6元。胡麻成本支出中超过四成为土地成本，机械、化肥、种子是胡麻物质服务费用的前三项支出。胡麻生产主要依靠家庭用工。剔除家庭用工和自营土地折算的隐性成本，胡麻亩均收益为275.2元。

第一节　胡麻成本收益构成与地区差异

一、胡麻生产成本及结构特征

（一）生产总成本与结构特征

2017年，监测农户胡麻生产成本平均568.5元/亩。其中，直接费用181.5元/亩，人工成本237.2元/亩，土地成本149.8元/亩，3项成本占总成本的比重分别为31.9%、41.7%和26.4%，人工成本占比最高（见表3－1）。

表 3-1　农户胡麻种植成本构成　　单位：元/亩,%

地区	生产成本	直接费用	占比	人工成本	占比	土地成本	占比
全部样本	568.5	181.5	31.9	237.2	41.7	149.8	26.4
山西	403.0	157.4	39.1	153.2	38.0	92.4	22.9
甘肃	625.6	230.2	36.8	219.7	35.1	175.6	28.1
河北	338.8	86.1	25.4	158.6	46.8	94.1	27.8
内蒙古	663.5	198.4	29.9	204.2	30.8	260.9	39.3
宁夏	559.3	132.3	23.7	307.0	54.9	120.0	21.5

分省来看，内蒙古农户胡麻种植成本最高，为663.5元/亩，河北农户胡麻种植成本较低，为338.8元/亩。地区成本结构差异较大。突出表现为：山西近40%的成本为直接费用，显著高于其他省份；宁夏超过一半的成本为人工支出；内蒙古近四成的成本支出用于土地费用。

（二）直接费用构成特征

2017年，监测样本农户胡麻种植直接费用为181.5元/亩（见表3-2）。在直接费用构成中，前三项成本分别是机械作业费、化肥费和种子费，3项占比分别为30.4%、25.9%和22.5%，合计为78.8%。

表 3-2　农户胡麻种植直接费用及其构成　　单位：元/亩

费用支出	全部样本	山西	甘肃	河北	内蒙古	宁夏
直接费用	181.5	157.4	230.2	86.1	198.4	132.3
种子费	40.8	27.6	46.8	21.9	40.1	53.5
化肥费	47.0	42.3	56.8	24.8	49.9	39.4
农家肥费	8.7	11.1	8.6	0.9	20.9	0
农药费	12.2	10.2	16.1	7.5	9.9	10.5
机械作业费	55.2	61.4	71.6	30.5	56.7	22.1
机械折旧费	3.0	2.2	5.4	0	2.8	0
修理维修费	2.5	2.2	4.2	0.5	2.7	0
排灌费	6.0	0	9.8	0	9.8	2.7
其他直接费用	6.0	0.3	10.8	0	5.7	4.1

分省来看，甘肃农户胡麻种植直接费用最高，为230.2元/亩，河北农户胡

麻种植直接费用较低，为86.1元/亩。

从分项支出对比来看，宁夏农户种植费用支出显著高于其他各省（区），甘肃农户种植胡麻使用的化肥费用高于其他地区，农家肥使用中内蒙古最高，农药费和机械作业支出中甘肃最高。

（三）人工成本构成特征

监测农户胡麻种植人工成本平均为237.2元/亩。胡麻种植以家庭用工为主，全部样本中家庭用工平均2.6个/亩，家庭用工折价平均为206.0元/亩，占人工成本的86.9%。胡麻种植平均雇工0.3个/亩，雇工费用为31.2元/亩，主要雇工收割、锄地、播种分别占雇工费用的45.6%、24.7%、19.1%，合计占比89.3%（见表3-3）。

表3-3 农户胡麻种植人工成本及其构成

费用支出	全部样本	山西	甘肃	河北	内蒙古	宁夏
人工成本（元/亩）	237.2	153.2	219.7	158.6	204.2	307.0
家庭用工（个/亩）	2.6	1.8	2.4	1.5	2.2	3.5
家庭用工折价（元/亩）	206.0	145.0	179.2	124.6	146.0	289.7
雇工用工（个/亩）	0.3	0.03	0.4	0.2	0.2	0.2
雇工费用（元/亩）	31.2	8.2	40.5	34.0	58.2	17.3
雇工锄地费（元/亩）	7.7	0	8.1	15.9	9.1	0.8
雇工播种费（元/亩）	5.9	0.6	7.8	5.4	3.8	4.5
雇工施肥费（元/亩）	1.9	0	4.1	0	0.8	0.6
雇工收割费（元/亩）	14.2	7.6	14.9	12.8	29.7	6.1
其他雇工费（元/亩）	2.4	0	3.4	0	0.8	5.3

分省来看，家庭用工宁夏最多，为3.5个/亩，用工成本为289.7元/亩；河北最少，为1.5个/亩，用工成本为124.6元/亩。雇工使用中几个主产省均较少，相对来说甘肃最多，为0.4个/亩。

（四）土地成本构成特征

监测农户胡麻种植土地成本平均为149.8元/亩，流转土地租金平均为41.6元/亩，自营土地折租平均为108.2元/亩，分别占土地成本的27.8%和72.2%（见表3-4）。

内蒙古农户胡麻种植土地成本最高，达260.9元/亩，山西农户胡麻种植土地成本较低，为92.4元/亩。

表 3-4 农户胡麻种植土地成本及其构成 单位：元/亩

费用支出	全部样本	山西	甘肃	河北	内蒙古	宁夏
土地成本	149.8	92.4	175.6	94.1	260.9	120.0
1. 流转土地租金	41.6	33.8	53.5	33.2	42.7	13.9
2. 自营土地折租	108.2	58.7	122.1	60.9	218.1	106.1

二、胡麻种植收益及地区差异

（一）胡麻平均销售价格

2017 年胡麻上市以来[①]，农户平均销售价格为 2.88 元/斤，同比上年持平略降。地区间胡麻收购价格差异总体较大，其中，宁夏胡麻收购价格最高，为 3.31 元/斤。甘肃、内蒙古胡麻收购价格分别为 2.98 元/斤和 2.84 元/斤。河北和山西胡麻收购价格相对最低，分别为 2.52 元/斤和 2.37 元/斤（见表 3-5）。

表 3-5 2016 年和 2017 年监测县农户胡麻销售价格及地区差异

地区	2016 年收购价格（元/斤）	2017 年收购价格（元/斤）	增幅（%）
山西	2.33	2.37	1.7
甘肃	2.93	2.98	1.9
河北	2.77	2.52	-8.9
内蒙古	2.87	2.84	-1.1
宁夏	3.31	3.31	0
全部样本	2.89	2.88	-0.4

从地区价格增幅来看，减幅最大的是河北，较上年平均价格下降 8.9%，内蒙古胡麻收购价格也同比下降，降幅为 1.1%。甘肃和山西胡麻收购价格分别较上年增长 1.9% 和 1.7%，宁夏收购价格与上年持平。

（二）胡麻种植收益及地区比较

2017 年，监测农户胡麻种植总收入平均 529.5 元/亩，生产成本合计 568.5 元/亩，净利润 -39.0 元/亩。胡麻种植总收入最高的是甘肃，平均 656.9 元/亩，

① 价格采集对象为截至 2017 年 12 月的胡麻平均收购价格。

最低的是山西农户，平均 265.0 元/亩。胡麻种植净利润最高的是甘肃农户，平均 31.3 元/亩，最低的是内蒙古农户，平均 -143.7 元/亩（见表 3-6）。

表 3-6　农户胡麻种植收益情况　　单位：元/亩

地区	胡麻种植总收入	生产成本	净利润	剔除隐性成本收入
全国	529.5	568.5	-39.0	275.2
山西	265.0	403.0	-138.0	65.6
甘肃	656.9	625.6	31.3	332.6
河北	369.8	338.8	31.0	216.5
内蒙古	519.8	663.5	-143.7	220.5
宁夏	582.5	559.3	23.2	419.0

如果剔除家庭用工和自有土地折算的隐性成本，调研农户 2017 年胡麻种植毛收入达 275.2 元，收入最高的是宁夏农户，为 419.0 元/亩。

第二节　芝麻成本收益构成与地区差异

一、芝麻生产成本及结构特征

（一）生产总成本与结构特征

体系监测县调研农户种植芝麻土地成本占比最高。调研农户 2017 年芝麻生产成本平均为 763.9 元/亩，其中，直接费用为 180.7 元/亩、人工成本为 230.9 元/亩、土地成本为 352.3 元/亩。3 项成本占总成本的比重分别为 23.7%、30.2%、46.1%，土地成本占比最高（见表 3-7）。

表 3-7　农户芝麻种植成本构成

地区	生产成本（元/亩）	直接费用（元/亩）	占比（%）	人工成本（元/亩）	占比（%）	土地成本（元/亩）	占比（%）
全部样本	763.9	180.7	23.7	230.9	30.2	352.3	46.1
安徽	809.1	135.7	16.8	332.3	41.1	341.0	42.1

续表

地区	生产成本（元/亩）	直接费用（元/亩）	占比（%）	人工成本（元/亩）	占比（%）	土地成本（元/亩）	占比（%）
河北	731.2	177.5	24.3	258.3	35.3	295.4	40.4
河南	934.0	177.6	19.0	224.0	24.0	532.4	57.0
湖北	587.4	179.1	30.5	173.8	29.6	234.5	39.9
吉林	495.7	156.6	31.6	158.6	32.0	180.5	36.4
江西	635.4	181.5	28.6	261.9	41.2	192.0	30.2
辽宁	634.0	157.1	24.8	179.4	28.3	297.5	46.9
山西	708.2	270.7	38.2	225.1	31.8	212.4	30.0

芝麻种植成本和结构地区间差异较大。河南农户芝麻种植成本最高，为934.0元/亩，吉林农户芝麻种植成本较低，为495.7元/亩。地区成本结构差异较大。突出表现为：安徽、江西超过40%的成本为人工支出；河南近60%的成本为土地费用，显著高于其他各省。

（二）直接费用构成特征

2017年，体系监测县调研农户芝麻种植直接费用为180.7元/亩。在直接费用构成中，前3项成本分别是化肥费、机械作业费和农药费，3项占比分别为41.1%、21.5%和13.5%，合计为76.1%（见表3-8）。

表3-8　农户芝麻种植直接费用及其构成　　单位：元/亩

费用支出	全部样本	安徽	河北	河南	湖北	吉林	江西	辽宁	山西
直接费用	180.7	135.7	177.5	177.6	179.1	156.6	181.5	157.1	270.7
种子费	13.8	10.1	12.9	15.7	14.1	15.6	10.0	18.1	11.9
化肥费	74.2	58.3	71.8	69.5	66.2	51.4	63.4	49.0	155.9
农家肥费	8.7	0.7	18.9	5.3	1.5	5.0	19.6	4.3	19.7
农药费	24.4	32.0	15.5	32.4	15.1	17.6	36.9	12.7	12.6
机械作业费	38.9	25.9	31.0	30.6	68.9	38.7	39.4	56.5	43.1
机械折旧费	3.0	1.5	0	2.2	9.0	5.4	4.8	4.5	0
修理维修费	2.1	0.6	0	2.1	3.6	5.4	4.6	3.1	0
排灌费	11.9	6.0	16.9	13.6	0.3	17.5	2.4	8.3	27.6
其他直接费用	3.6	0.7	10.5	6.1	0.4	0	0.4	0.8	0

分省来看，芝麻种植直接费用地区间差异较大，山西农户芝麻种植直接费用最高，为270.7元/亩，安徽农户芝麻种植直接费用较低，为135.7元/亩。

从分项支出对比来看，山西农户化肥费用支出显著高于其他各省，湖北农户种植芝麻使用的机械作业费用显著高于其他地区，农家肥和农药使用中江西最高。

（三）人工成本构成特征

体系监测县调研农户2017年芝麻种植人工成本平均为230.9元/亩。芝麻种植以家庭用工为主，家庭用工平均为3.4个/亩，家庭用工折价为183.5元/亩，占人工成本的77.3%。芝麻种植平均雇工0.7个/亩，雇工费用为47.4元/亩，主要雇工收割、锄地、播种，分别占雇工费用的49.2%、24.9%、9.3%，合计占比83.4%（见表3－9）。

表3－9 农户芝麻种植人工成本及其构成

费用支出	全部样本	安徽	河北	河南	湖北	吉林	江西	辽宁	山西
人工成本（元/亩）	230.9	332.3	258.3	224.0	173.8	158.6	261.9	179.4	225.1
家庭用工（个/亩）	3.4	5.3	3.7	3.9	2.9	0.9	3.5	1.9	2.4
家庭用工折价（元/亩）	183.5	270.5	203.1	157.7	160.3	100.7	245.6	149.5	192.0
雇工用工（个/亩）	0.7	1.1	0.7	1.1	0.2	0.6	0.2	0.4	0.5
雇工费用（元/亩）	47.4	61.8	55.1	66.3	13.5	57.9	16.3	29.9	33.1
雇工锄地费（元/亩）	12.9	20.7	7.7	13.4	4.4	28.9	1.3	12.0	22.1
雇工播种费（元/亩）	4.4	8.5	4.0	6.8	0.6	5.0	2.9	2.3	0
雇工施肥费（元/亩）	2.5	0.5	1.1	6.3	0.3	0	2.1	0	0
雇工收割费（元/亩）	22.8	26.8	36.3	30.6	8.2	23.9	7.9	14.2	11.0
其他雇工费（元/亩）	4.7	5.3	5.8	9.2	0	0	2.1	1.5	0

分省来看，芝麻种植人工成本地区间差异较大，安徽农户芝麻种植用工最多，为5.3个/亩，人工成本332.3元/亩，吉林农户芝麻种植用工最少，为0.9个/亩，人工成本158.6元/亩。

（四）土地成本构成特征

体系监测县调研农户2017年芝麻种植土地成本平均为352.3元/亩，流转土地租金平均为124.8元/亩，自营土地折租平均为227.5元/亩，分别占土地成本的35.4%和64.6%（见表3－10）。

表 3-10 农户芝麻种植土地成本及其构成 单位：元/亩

费用支出	全部样本	安徽	河北	河南	湖北	吉林	江西	辽宁	山西
土地成本	352.3	341.0	295.4	532.4	234.5	180.5	192.0	297.5	212.4
1. 流转土地租金	124.8	133.3	38.9	238.6	60.3	73.6	87.6	72.5	0
2. 自营土地折租	227.5	207.7	256.5	293.8	174.2	106.9	104.4	225.0	212.4

芝麻种植土地成本地区间差异较大，河南农户芝麻种植土地成本最高，达532.4元/亩，吉林农户芝麻种植土地成本较低，为180.5元/亩。

二、芝麻种植收益及地区差异

（一）芝麻平均销售价格

体系监测县调研农户2017年芝麻平均销售价格为6.1元/斤，和上年持平。2017年河北芝麻平均销售价格最高，达7.5元/斤，安徽最低，为5.4元/斤，两地相差2.1元/斤（见表3-11）。

表 3-11 2016年和2017年监测县农户芝麻售价及地区差异

地区	2016年平均价格（元/斤）	2017年平均价格（元/斤）	增幅（%）
全部样本	6.1	6.1	0
安徽	5.7	5.4	-5.3
河北	6.9	7.5	8.7
河南	5.7	5.6	-1.8
湖北	5.4	5.7	5.6
吉林	6.0	6.3	5.0
江西	7.1	6.2	-12.7
辽宁	6.0	6.1	1.7
山西	6.7	6.7	0

芝麻平均销售价格年度间整体波动较小，从地区价格增幅来看，2017年增产省安徽、河南、江西芝麻平均销售价格有所下降，其他地区均小幅上涨，涨幅最大的为河北，达8.7%。河北和辽宁实现芝麻平均亩产和平均销售价格双增的态势。

（二）芝麻种植收益及地区比较

体系监测县调研农户芝麻种植收益较高，地区间差异较大。调研农户2017年芝麻种植总收入平均为970.5元/亩，生产成本合计763.9元/亩，净利润为206.6元/亩（见表3－12）。

表3－12　农户芝麻种植收益情况　　单位：元/亩

地区	芝麻种植总收入	生产成本	净利润	剔除隐性成本收入
全部样本	970.5	763.9	206.6	617.6
安徽	1060.1	809.1	251.0	729.2
河北	1006.0	731.2	274.8	734.5
河南	1014.9	934.0	80.9	532.5
湖北	804.7	587.4	217.3	551.8
吉林	620.2	495.7	124.5	332.2
江西	851.3	635.4	215.9	566.0
辽宁	907.5	634.0	273.5	648.0
山西	1074.9	708.2	366.7	771.1

芝麻种植总收入最高的是山西农户，平均为1074.9元/亩，每亩总收入超过千元的还有安徽、河北、河南3省农户。芝麻种植总收入最低的是吉林农户，平均为620.2元/亩。芝麻种植净利润最高的是山西农户，平均为366.7元/亩，最低的是河南农户，平均为80.9元/亩。

如果剔除家庭用工和自有土地折算的隐性成本，体系监测县调研农户2017年芝麻种植毛收入达617.6元/亩。毛收入最高的是山西农户，为771.1元/亩，毛收入超过700元的还有安徽、河北两省农户。毛收入最低的是吉林农户，为332.2元/亩。

第三节　向日葵成本收益构成与地区差异

一、向日葵生产成本及结构特征

（一）生产总成本与结构特征

2017年，监测农户向日葵生产成本平均为898.5元/亩。其中，直接费用为

341.1元/亩、人工成本为219.3元/亩、土地成本为338.1元/亩。3项成本占总成本比重分别为38.0%、24.4%、37.6%，直接费用占比最高。在不考虑家庭用工折价的情况下，全国向日葵生产成本平均为771.2元/亩。其中，直接费用341.1元/亩、人工成本92.0元/亩、土地成本338.1元/亩。3项成本占总成本比重分别为44.2%、11.9%、43.8%。在不考虑家庭用工折价与自营土地折租的情况下，全国向日葵生产成本平均为564.4元/亩。其中，直接费用341.1元/亩、人工成本92.0元/亩、土地成本131.3元/亩。3项成本占总成本比重分别为60.4%、16.3%、23.3%（见表3-13）。

表3-13　农户向日葵种植土地成本情况

费用支出	甘肃	河北	黑龙江	吉林	内蒙古	山西	陕西	新疆	全部样本
直接费用（元/亩）	622.2	386.0	181.5	178.4	473.2	178.7	190.8	545.8	341.1
人工成本（元/亩）	236.2	235.0	144.0	115.6	203.2	220.8	222.4	176.8	219.3
土地成本（元/亩）	193.9	375.5	460.6	258.5	287.2	200.0	123.3	502.0	338.1
直接费用占比（%）	59.1	38.7	23.1	32.3	49.1	29.8	35.6	44.6	38.0
人工成本占比（%）	22.4	23.6	18.3	20.9	21.1	36.8	41.5	14.4	24.4
土地成本占比（%）	18.4	37.7	58.6	46.8	29.8	33.4	23.0	41.0	37.6
总成本（元/亩）	1052.3	996.5	786.1	552.5	963.6	599.5	536.5	1224.6	898.5
总成本（不考虑家庭用工折价）（元/亩）	954.5	890.6	693.4	472.5	834.8	462.2	366.5	1160.6	771.2
总成本（不考虑家庭用工折价与自营土地折租）（元/亩）	824.5	710.0	457.0	305.3	706.3	262.2	316.5	870.6	564.4

资料来源：甘肃、河北、黑龙江、吉林、内蒙古、山西、陕西和新疆等地农户调查问卷。

分省区来看，新疆农户向日葵种植成本最高，为1224.6元/亩；陕西农户最低，为536.5元/亩。地区成本结构差异较大，突出表现为：甘肃近60%的成本为直接费用，显著高于其他各省区；陕西四成以上的成本用于人工支出；黑龙江超过一半的成本为土地成本。

（二）直接费用构成特征

2017年，监测样本农户向日葵种植直接费用为341.1元/亩。在直接费用构成中，种子费占22.0%、化肥费占28.5%、农家肥费占3.8%、农药费占4.7%、农膜费占4.9%、机械作业费占15.7%、机械折旧费占1.0%、修理维修费占1.3%、排灌费占8.7%、其他直接费用占9.3%。从中可以看出，种子费、化肥费以及机械作业费是向日葵直接费用中所占比重较高的三项费用，合计为66.2%（见表3－14）。

表3－14 农户向日葵种植直接费用及其构成 单位：元/亩

费用支出	甘肃	河北	黑龙江	吉林	内蒙古	山西	陕西	新疆	全部样本
直接费用	622.2	386.0	181.5	178.4	473.2	178.7	190.8	545.8	341.1
1. 种子费	119.4	48.2	61.7	51.7	98.8	62.7	42.9	110.0	75.0
2. 化肥费	129.0	137.2	65.4	58.1	122.6	56.0	60.2	146.0	97.1
3. 农家肥费	55.5	10.0	1.8	1.1	17.2	14.3	8.8	8.0	12.9
4. 农药费	23.4	14.2	22.9	8.2	22.4	0	4.1	58.0	16.2
5. 农膜费	42.8	18.6	0	0	30.4	7.5	0.6	20.0	16.8
6. 机械作业费	69.0	64.5	22.9	22.8	84.0	11.7	55.9	92.0	53.7
7. 机械折旧费	7.6	5.1	0.5	8.9	3.3	0	0.6	10.0	3.3
8. 修理维修费	32.9	3.5	0	6.2	1.9	0	0.6	4.2	4.5
9. 排灌费	75.3	41.8	2.1	16.1	48.3	0	11.8	40.4	29.7
10. 其他直接费用	67.4	42.8	4.2	5.3	44.4	26.5	5.3	57.2	31.8

资料来源：甘肃、河北、黑龙江、吉林、内蒙古、山西、陕西和新疆等地农户调查问卷。

分省区来看，甘肃农户向日葵种植直接费用最高，为622.2元/亩；吉林农户向日葵种植直接费用最低，为178.4元/亩。

从分项支出对比来看，甘肃农户种子费用支出显著高于其他省区，新疆农户种植向日葵使用的化肥费用比其他省区都高，农家肥和农膜使用中甘肃最高，农药费、机械作业费和机械折旧费用中新疆最高，修理维修费、排灌费以及其他直接费用支出中甘肃最高。

（三）人工成本构成特征

2017年，监测样本农户向日葵种植人工成本平均为219.3元/亩。向日葵生产主要依靠家庭用工，家庭用工量平均为2.6个/亩，家庭用工折价为127.3元/亩，占人工成本的比重为58.0%。向日葵种植平均雇工1.4个/亩，雇工费用为92.0元/亩，占人工成本的42.0%。监测农户种植向日葵雇工主要用于收割、播种和锄地，分别占雇工费用的43.2%、20.2%和20.0%，合计占比83.4%（见表3－15）。

表 3 – 15 农户向日葵种植人工成本及其构成 单位：元/亩

费用支出	甘肃	河北	黑龙江	吉林	内蒙古	山西	陕西	新疆	全部样本
人工成本	236.2	235.0	144.0	115.6	203.2	220.8	222.4	176.8	219.3
1. 家庭用工折价	97.8	106.0	92.7	80.0	128.8	137.3	170.0	64.0	127.3
2. 雇工费用	138.4	129.0	51.3	35.6	74.4	83.5	52.4	112.8	92.0
雇工锄地费	15.3	33.5	10.2	19.4	7.8	15.0	20.0	46.0	18.4
雇工播种费	36.3	39.2	6.7	2.5	12.8	17.7	1.2	9.8	18.6
雇工施肥费	14.0	13.7	3.0	2.2	2.7	8.8	0.6	1.0	6.6
雇工收割费	54.5	32.3	19.2	10.3	46.1	42.0	24.7	28.0	39.7
其他雇工费	18.4	10.3	12.3	1.1	5.1	0	5.9	28.0	8.7

资料来源：甘肃、河北、黑龙江、吉林、内蒙古、山西、陕西和新疆等地农户调查问卷。

分省区来看，甘肃农户向日葵种植人工成本最高，为 236.2 元/亩；吉林农户向日葵种植人工成本最低，为 115.6 元/亩。从人工成本分项对比来看，陕西农户种植向日葵家庭用工折价明显高于其他省区，甘肃雇工费用比其他省区都高。

（四）土地成本构成特征

2017 年，监测农户向日葵种植土地成本平均为 338.1 元/亩。在土地成本中，流转土地租金平均为 131.3 元/亩，占土地成本的比重为 38.8%；自营土地折租平均为 206.8 元/亩，占土地成本的 61.2%（见表 3 – 16）。

表 3 – 16 农户向日葵种植土地成本及其构成 单位：元/亩

费用支出	甘肃	河北	黑龙江	吉林	内蒙古	山西	陕西	新疆	全部样本
土地成本	193.8	375.5	460.6	258.5	287.2	200.0	123.3	502.0	338.1
1. 流转土地租金	63.9	195.0	224.2	91.2	158.7	0	73.3	212.0	131.3
2. 自营土地折租	130.0	180.5	236.4	167.3	128.5	200.0	50.0	290.0	206.8

资料来源：甘肃、河北、黑龙江、吉林、内蒙古、山西、陕西和新疆等地农户调查问卷。

分省区来看，新疆农户向日葵种植土地成本最高，达 502.0 元/亩，陕西农户向日葵种植土地成本最低，为 123.3 元/亩。从土地成本分项对比来看，黑龙江农户种植向日葵流转土地租金显著高于其他省区，新疆自营土地折租费用比其他省区都高。

（五）油葵、食葵生产成本及结构特征

分品种来看，2017 年全国食葵生产成本平均为 939. 8 元/亩。其中，直接费用 316. 8 元/亩、劳动力成本 188. 1 元/亩、土地成本 434. 8 元/亩。3 项成本占总成本比重分别为 33. 7%、20. 0%、46. 3%。2017 年全国油葵生产成本平均为 744. 1 元/亩。其中，直接费用 204. 7 元/亩、劳动力成本 196. 8 元/亩、土地成本 342. 7 元/亩。3 项成本占总成本比重分别为 27. 5%、26. 5%、46. 0%。油葵生产成本平均比食葵低 195. 7 元/亩（见表 3 – 17）。

表 3 – 17　油葵、食葵种植成本情况　　单位：元/亩

费用支出	食葵	油葵
一、直接费用	316. 8	204. 7
种子费	74. 8	37. 1
化肥费	99. 3	73. 2
农家肥费	8. 0	7. 2
农药费	19. 0	4. 8
农膜费	15. 3	2. 1
机械作业费	52. 4	40. 0
机械折旧费	0. 9	1. 6
修理维修费	0. 7	1. 7
排灌费	20. 2	17. 6
其他直接费用	26. 3	19. 3
二、劳动力成本	188. 1	196. 8
家庭用工折价	95. 4	159. 3
雇工费用	92. 7	37. 5
雇工锄地费	14. 2	8. 6
雇工播种费	14. 1	3. 6
雇工施肥费	3. 7	2. 9
雇工收割费	50. 6	21. 4
其他雇工费	10. 1	1. 1
三、土地成本	434. 8	342. 7
流转土地租金	194. 1	92. 7
自营土地折租	240. 7	250. 0

续表

费用支出	食葵	油葵
总成本	939.8	744.1
总成本（不考虑家庭用工折价）	844.3	584.8
总成本（不考虑家庭用工折价与自营土地折租）	603.6	334.8

资料来源：甘肃、河北、黑龙江、吉林、内蒙古、山西、陕西和新疆等地农户调查问卷。

在不考虑家庭用工折价的情况下，全国食葵生产成本平均为844.3元/亩、油葵生产成本平均为584.8元/亩，油葵比食葵平均低259.5元/亩。在不考虑家庭用工折价与自营土地折租的情况下，全国食葵生产成本平均为603.6元/亩、油葵生产成本平均为334.8元/亩，油葵比食葵平均低268.8元/亩。

二、向日葵种植收益及地区差异

（一）向日葵收购价格

样本农户2017年向日葵平均销售价格为3.3元/斤，与上一季3.0元/斤相比提高了7.7%。分省区来看，2017年监测省区向日葵平均销售价格同比都是上涨的，其中甘肃、河北、新疆向日葵平均售价同比涨幅在20%左右，山西涨幅15.9%，黑龙江、吉林涨幅接近10%，陕西涨幅6.3%，内蒙古涨幅最小，仅有0.1%（见表3－18）。

表3－18　2016年和2017年监测县农户向日葵平均收购价格变化情况

地区/作物	2016年平均收购价格（元/斤）	2017年平均收购价格（元/斤）	增幅（%）
甘肃	2.9	3.4	18.6
河北	2.6	2.7	19.3
黑龙江	2.8	3.1	9.4
吉林	3.0	3.3	9.5
内蒙古	3.8	3.9	0.1
山西	2.6	2.7	15.9
陕西	2.4	2.5	6.3
新疆	4.5	5.4	20.7
食葵	3.1	3.4	7.5

续表

地区/作物	2016 年平均收购价格（元/斤）	2017 年平均收购价格（元/斤）	增幅（%）
油葵	2.1	2.3	6.9
全部样本	3.0	3.3	7.7

资料来源：甘肃、河北、黑龙江、吉林、内蒙古、山西、陕西和新疆等地农户调查问卷。

分品种来看，样本农户 2017 年食葵平均销售价格为 3.4 元/斤，与上一季 3.1 元/斤相比，提高了 7.5%；油葵平均销售价格为 2.3 元/斤，与上一季 2.1 元/斤相比，提高了 6.9%。

（二）向日葵种植收益及地区比较

2017 年农户种植向日葵总收益平均为 1051.8 元/亩，种植纯收益为 153.3 元/亩。在不考虑家庭用工折价的情况下，向日葵种植纯收益为 280.7 元/亩，在不考虑家庭用工折价与自营土地折租的情况下，向日葵种植纯收益为 487.5 元/亩（见表 3－19）。

表 3－19　农户种植向日葵收益情况　　单位：元/亩

地区	种植总收益	种植纯收益	种植纯收益（不考虑家庭用工折价）	种植纯收益（不考虑家庭用工折价与自营土地折租）
甘肃	1021.7	－30.6	67.2	197.2
河北	831.0	－165.6	－59.6	121.0
黑龙江	832.0	45.9	138.7	375.0
吉林	1170.7	618.2	698.2	865.5
内蒙古	1351.3	387.7	516.5	644.9
山西	805.5	206.0	343.3	543.3
陕西	481.4	－55.1	114.9	164.9
新疆	2396.8	1172.2	1236.2	1526.2
全部样本	1051.8	153.3	280.7	487.5

资料来源：甘肃、河北、黑龙江、吉林、内蒙古、山西、陕西和新疆等地农户调查问卷。

分省区来看，新疆向日葵种植总收益最高，为 2396.8 元/亩，纯收益也最高，为 1172.2 元/亩。内蒙古、吉林向日葵种植总收益分别为 1351.3 元/亩、1170.7 元/亩，但由于内蒙古向日葵种植成本比吉林高（内蒙古为 963.6 元/亩、吉林为552.5元/亩），导致吉林向日葵种植纯收益高于内蒙古，分别为618.2元/亩、387.7元/亩。虽然甘肃向日葵种植总收益排在第4位，为1021.7元/亩，但因其种植成本较高，为1052.3元/亩，导致其纯收益水平较低，为-30.6元/亩。河北和陕西向日葵种植总收益分别为831.0元/亩和481.4元/亩，但种植纯收益均为负值，分别为-165.6元/亩和-55.1元/亩。黑龙江、山西向日葵种植总收益较为接近，分别为832.0元/亩、805.5元/亩，但种植纯收益相差较大，分别为45.9元/亩、206.0元/亩。

分品种来看，食葵、油葵种植总收益分别为1043.2元/亩、657.7元/亩。在种植纯收益上，食葵、油葵分别为103.5元/亩、-86.4元/亩。在不考虑家庭用工折价的情况下，食葵、油葵的种植纯收益分别为198.9元/亩、72.8元/亩。在不考虑家庭用工折价与自营土地折租的情况下，食葵、油葵的种植纯收益分别为439.7元/亩、322.8元/亩（见表3-20）。

表3-20　油葵、食葵种植收益情况　　单位：元/亩

种植收益	食葵	油葵
种植总收益	1043.2	657.7
种植纯收益	103.5	-86.4
种植纯收益（不考虑家庭用工折价）	198.9	72.8
种植纯收益（不考虑家庭用工折价与自营土地折租）	439.7	322.8

资料来源：甘肃、河北、黑龙江、吉林、内蒙古、山西、陕西和新疆等地农户调查问卷。

第四章　中国特色油料生产效率测算与分析

近二十年来，中国特色油料生产发展总体速度较慢，特别是芝麻和胡麻生产萎缩趋势明显，制约生产发展的主要因素之一就是效率。2015 年中央农村工作会议首次提出农业供给侧结构性改革，其中提高农业供给体系质量和效率是改革的重要内容之一。研究特色油料生产效率问题对于优化资源要素配置、促进产业可持续发展以及提高供给效率满足消费需求具有重要意义。在前文对中国特色油料产业发展概况、主产区生产发展概况以及区域成本收益构成分析的基础上，本章使用全国特色油料产业技术体系监测县的 2018 年度的微观农户调查问卷数据测算中国特色油料生产的技术效率。

第一节　研究方法

国内外对农业生产效率的研究较多，也较为成熟。Farrell（1957）提出通过比较决策单元与最佳生产单元形成的前沿面来估计生产效率。以此为出发点，产生了两种前沿分析法，即参数的随机前沿分析法和非参数的数据包络分析法。本书主要采用非参数的数据包络分析法研究测算生产效率。技术效率是从静态角度分析投入与产出因素之间的最佳配置状态，Farrell（1957）认为技术效率是指在相同的产出下生产单元理想的最小可能性投入与实际投入的比率。Leibenstein（1966）从产出角度认为技术效率是指在相同的投入下生产单元实际产出与理想的最大可能性产出的比率。参考高鸣等（2017）的相关研究，本书运用最新技术 Epsilon Based Measure（EBM）模型测算生产的技术效率。

EBM 方法是较为前沿的方法，该方法克服了传统 DEA 方法从径向角度考虑问题的局限性，从非径向距离和径向距离混合的角度评价技术效率，为全面、科学、准确评价决策单元效率提供了一种全新的途径。该方法的公式如下：

$$\gamma^* = \min\theta - \theta_x \sum_{i=1}^{m} \frac{\bar{w}_i \bar{s}_i}{x_0}$$

$$\text{s.t}\{\theta x_0 - X\lambda - \bar{s}_i = 0;\ Y\lambda \geqslant y_0;\ \lambda \geqslant 0;\ \bar{s}_i \geqslant 0\}$$

式中，γ^* 表示 EBM 模型下的特色油料生产技术效率值；θ 表示径向角度下的效率值；$\bar{s}_i$ 表示非径向的松弛值；$\bar{w}_i$ 表示径向的松弛值；λ 表示相对参照权重，是非径向角度下松弛值的估计参数；X 表示径向约束下的要素投入；Y 表示非期望产出量；x_0 和 y_0 分别表示径向约束下的投入和产出；i 表示第 i 种生产要素。

第二节　胡麻技术效率测算分析

一、投入视角下胡麻技术效率

对全国主要产区胡麻生产的技术效率测算结果显示：

（一）胡麻生产存在规模效率

投入视角下，在规模报酬不变的假设下，胡麻的生产效率平均值为 0.428；在规模报酬可变的假设下，胡麻的平均生产效率会增加至 0.645（见表 4－1）。在规模可变的情况下，规模调整可以带来生产效率的提高。考虑到一定的经营规模有利于促进生产组织内部的资源配置，如促进劳动力的专业化分工，从而提高边际收益，带来规模效益（张云霞，2012）。因此，胡麻经营规模的扩大有利于提高胡麻产量，降低生产成本，从而提高生产效率。

表 4－1　投入视角下胡麻技术效率值

Variables	不变规模				可变规模			
	Mean	Sd	Min	Max	Mean	Sd	Min	Max
生产效率	0.428	0.222	－0.001	1.000	0.645	0.188	0.2861	1.000
PM 种植面积	－6.004	11.217	－98.566	0.000	－3.608	7.138	－43.3532	0.000
SM 种植面积	0.000	0.000	0.000	0.000	－0.466	1.918	－22.5362	0.000

续表

Variables	不变规模				可变规模			
	Mean	Sd	Min	Max	Mean	Sd	Min	Max
PM 劳动力	-116.505	218.523	-2762.791	0.000	-72.089	164.439	-2163.232	0.000
SM 劳动力	-70.409	106.076	-1232.261	0.000	-92.722	147.992	-1754.631	0.000
PM 直接费用	-78.581	50.744	-317.442	0.000	-42.250	37.212	-204.965	0.000
SM 直接费用	-65.287	78.245	-588.359	0.000	-52.859	83.160	-629.339	0.000
PM 土地费用	-51.342	49.362	-315.716	0.000	-30.240	39.569	-311.870	0.000
SM 土地费用	-43.452	82.041	-517.959	0.000	-34.511	95.900	-746.219	0.000
PM 总产量	0.000	0.000	0.000	0.000	0.000	0.000	0.000	0.000
SM 总产量	0.000	0.000	0.000	0.000	14.176	58.487	0.000	439.999

注：表中的均值和标准差都以每户样本的效率值计算结果取均值求得①。

（二）中国胡麻主产区的投入要素存在冗余的情况

从生产效率的数据看，在规模报酬不变的假设情况下，胡麻的种植面积、劳动力、直接费用和土地费用均有不为0的比例改进值，劳动力成本、直接费用和土地费用也存在不为0的松弛改进值，说明要素投入仍然有改变的余地，松弛改进值均值为负值表示该投入应该减少，即投入冗余。胡麻的主产区是中国生态环境相对脆弱的地区，生产方式相对落后，为了提高耕地生产力，投入了大量的农药化肥。通过减少农药、化肥等的使（施）用量，采用种植绿肥、畜禽粪便还田和生物防控等方式，不仅可以降低生产投入成本，还可以实现农业的绿色发展。

二、产出视角下胡麻技术效率

（一）胡麻生产存在规模效率

在规模报酬不变的情况下，生产效率的平均值为0.488，在规模报酬可变的情况下，生产效率的平均值为0.531（见表4-2）。显示在相同的产出情况下，可以通过规模的调整，增加产出以达到最优的生产效率。在规模调整的前提下，增加产出可以提高生产效率，其可能的原因是规模调整后，生产制度安排会做出

① PM指的是比例改进值（Proportionate Movement），比例改进值一般称为径向改进值，表示各项投入（或者产出）等比例改进的数量，在方向距离函数模型中，表示按照方向向量的方向改进。SM指的是松弛改进值（Slack Movement）松弛变量（Slack Variable），松弛改进是针对强有效前沿或目标值而言的，是在等比例改进之后、依然相对强有效DMU而言的差距部分。

相应的调整，如果规模过大，降低规模可以降低成本；如果规模过小，扩大规模，可以获得规模效益，从而增加生产效率。

表4-2　产出视角下胡麻技术效率值

Variables	不变规模				可变规模			
	Mean	Sd	Min	Max	Mean	Sd	Min	Max
生产效率	0.488	0.232	0.000	1.000	0.531	0.242	0.000	1.000
PM 种植面积	0.000	0.000	0.000	0.000	0.000	0.000	0.000	0.000
SM 种植面积	0.000	0.000	0.000	0.000	0.000	0.000	0.000	0.000
PM 劳动力	0.000	0.000	0.000	0.000	0.000	0.000	0.000	0.000
SM 劳动力	-173.228	312.582	-3984.000	0.000	-108.661	299.786	-3890.909	0.000
PM 直接费用	0.000	0.000	0.000	0.000	0.000	0.000	0.000	0.000
SM 直接费用	-117.861	117.874	-903.551	0.000	-40.706	92.187	-766.026	0.000
PM 土地费用	0.000	0.000	0.000	0.000	0.000	0.000	0.000	0.000
SM 土地费用	-74.086	117.266	-795.437	0.000	-48.351	114.363	-749.999	0.000
PM 总产量	1983.057	2948.189	0.000	15158.964	1685.850	2513.699	0.000	15094.543
SM 总产量	0.000	0.000	0.000	0.000	0.000	0.000	0.000	0.000

注：表中的均值和标准差都以每户样本的效率值计算结果取均值求得。

（二）农户可以增加胡麻的产出提高生产效率

与投入视角不同的是，无论规模报酬是否可变，在产出既定的条件下，劳动力、直接费用和土地费用并没有不为0的比例改进值，显示已经达到了生产的弱有效状态，完成投入要素的松弛改进后可以使生产达到强有效。另外，从产出的视角更关注产出的改变，通过改变产出实现生产效率的改进。

第三节　芝麻技术效率测算分析

一、投入视角下芝麻技术效率

对全国主要产区芝麻生产的技术效率测算结果显示：

（一）中国芝麻生产存在规模效率，通过对规模的调整可以提高生产效率

在不变规模的情况下得出的生产技术效率包含了规模效率。在规模和投入既定的情况下，芝麻的生产效率平均值为0.437（见表4-3），如果规模可以发生变化，芝麻的平均技术效率值会增加至0.643。通过实证分析的结果可知，可变规模下芝麻的生产效率值高于不变规模下芝麻的生产效率值，说明芝麻生产也存在着规模效率。

表4-3　投入视角下芝麻技术效率值

Variables	不变规模				可变规模			
	Mean	Sd	Min	Max	Mean	Sd	Min	Max
生产效率	0.437	0.200	0.000	1.000	0.643	0.238	0.173	1.000
PM 种植面积	-29.250	64.052	-400.000	0.000	-28.215	67.491	-422.141	0.000
SM 种植面积	0.000	0.000	0.000	0.000	-0.592	2.356	-17.994	0.000
PM 劳动力	-138.847	95.207	-679.802	0.000	-96.108	108.105	-679.379	0.000
SM 劳动力	-122.184	138.036	-598.671	0.000	-121.137	164.063	-715.666	0.000
PM 直接费用	-129.063	131.816	-915.518	0.000	-90.269	131.091	-896.021	0.000
SM 直接费用	-139.306	183.480	-1600.001	0.000	-125.921	184.924	-1709.327	0.000
PM 土地费用	-126.021	105.123	-600.000	0.000	-95.978	96.985	-394.409	0.000
SM 土地费用	-108.235	193.188	-2112.031	0.000	-81.622	151.161	-1274.074	0.000
PM 总产量	0.000	0.000	0.000	0.000	0.000	0.000	0.000	0.000
SM 总产量	0.000	0.000	0.000	0.000	0.624	9.099	0.000	134.041

注：表中的均值和标准差都以每户样本的效率值计算结果取均值求得。

（二）芝麻的生产效率并不是最优的，投入要素也存在一定的冗余

在规模报酬不变的情况下，芝麻的种植面积、劳动力、直接费用和土地费用均有不为0的比例改进值，劳动力成本、直接费用和土地费用也存在不为0的松弛改进值，说明要素投入仍然有改变的余地。在规模报酬可变的情况下，种植面积比例改进值的平均值为-28.215、松弛改进值的均值为-0.592，说明此时处于规模收益递减阶段，芝麻的平均种植面积可适当减小。劳动力的松弛改进值平均达到-121.137，也需要减少种植芝麻的劳动力投入提高生产效率。通过种植面积和劳动力的调整实现生产效率的增加，其可能的原因是最优的生产效率与一定的种植规模相匹配，过低的生产规模不会形成规模效益，过高的经营规模会牺

牲生产效率以维持与过高生产规模相匹配的资金和劳动要素（辛良杰等，2009），过高的资金和劳动力投入的边际收益较低，造成投入要素的浪费，制约了生产效率的提高。

二、产出视角下芝麻技术效率

（一）与规模报酬可变的情况相比，规模报酬不变的情况下生产效率更优

在规模报酬可变的假设下，其生产效率仅为0.584；在规模报酬不变的情况下，芝麻的生产效率为0.595（见表4－4），说明规模报酬不变假设下芝麻的生产效率优于规模报酬可变假设下的生产效率，其可能的原因是，单纯从产出视角分析，在规模报酬可变的情况下，芝麻的种植户不能及时改变生产方式，优化投入要素的组合，导致了生产效率的减少。

表4－4　产出视角下芝麻技术效率值

Variables	不变规模				可变规模			
	Mean	Sd	Min	Max	Mean	Sd	Min	Max
生产效率	0.595	0.210	0.000	1.000	0.584	0.235	0.000	1.000
PM 种植面积	0.000	0.000	0.000	0.000	0.000	0.000	0.000	0.000
SM 种植面积	0.000	0.000	0.000	0.000	0.000	0.000	0.000	0.000
PM 劳动力	0.000	0.000	0.000	0.000	0.000	0.000	0.000	0.000
SM 劳动力	－181.558	221.319	－1629.486	0.000	－495.280	6785.611	－100215.496	0.000
PM 直接费用	0.000	0.000	0.000	0.000	0.000	0.000	0.000	0.000
SM 直接费用	－77.981	83.444	－701.980	0.000	－149.179	254.578	－1756.455	0.000
PM 土地费用	0.000	0.000	0.000	0.000	0.000	0.000	0.000	0.000
SM 土地费用	－80.224	572.874	－8949.998	0.000	－37.455	117.646	－1127.863	0.000
SM 总产量	0.000	0.000	0.000	0.000	0.000	0.000	0.000	0.000

注：表中的均值和标准差都以每户样本的效率值计算结果取均值求得。

（二）产出视角下，芝麻的产出不存在松弛改进值，但其投入仍存在松弛改进值

在规模报酬不变的假设下，生产效率的均值为0.595，此时，总产量的松弛改进值为0，劳动力费用、直接费用和土地费用等存在松弛改进值，分别为－181.558、－77.981和－80.224。在规模报酬可变的情况下，总产量的松弛改

进值为 0，劳动力费用、直接费用和土地费用却存在着冗余值，分别为 -495.280、-149.179 和 -37.455，说明在既定投入的情况下，如果想通过产出的优化改进生产效率，还需要进一步减少投入要素。

第四节　食用葵技术效率测算分析

一、投入视角下食用葵技术效率

对全国主要产区食用葵生产的技术效率测算结果显示：

（一）食用葵生产存在规模效率，规模的调整可以提高生产效率

在规模报酬不变和投入既定的情况下，食用葵的生产效率平均值为 0.438，如果规模报酬可以发生变化，食用葵的平均生产效率会增加至 0.643（见表 4-5）。从生产效率来看，在规模报酬可变的情况下，规模的改变可以带来生产效率的提高。原因是监测的样本主要分布在华北的内蒙古、河北、山西，西北的宁夏、甘肃和新疆以及东北的辽宁、黑龙江、吉林。在向日葵主产区，食用葵的生产实现规模连片种植，生产成本相对减少，同时效率有了提高，故存在规模效率。

表 4-5　投入视角下食用葵生产技术效率值

Variables	不变规模				可变规模			
	Mean	Sd	Min	Max	Mean	Sd	Min	Max
生产效率	0.438	0.200	0.000	1.000	0.643	0.238	0.173	1.000
PM 种植面积	-29.144	64.072	-400.000	0.000	-28.085	67.518	-422.141	0.000
SM 种植面积	0.000	0.000	0.000	0.000	-0.618	2.386	-17.994	0.000
PM 劳动力	-128.850	131.853	-915.518	0.000	-89.853	131.234	-896.021	0.000
SM 劳动力	-140.148	183.899	-1600.001	0.000	-127.207	185.892	-1709.327	0.000
PM 直接费用	-233.174	1392.791	-20607.955	0.000	-95.665	108.301	-679.379	0.000
SM 直接费用	-490.118	5421.764	-79963.862	0.000	-583.113	6807.303	-100369.843	0.000
PM 土地费用	-125.441	105.470	-600.000	0.000	-95.536	97.204	-394.409	0.000
SM 土地费用	-107.736	193.327	-2112.031	0.000	-81.246	151.263	-1274.074	0.000

续表

Variables	不变规模				可变规模			
	Mean	Sd	Min	Max	Mean	Sd	Min	Max
PM 总产量	0.000	0.000	0.000	0.000	0.000	0.000	0.000	0.000
SM 总产量	0.000	0.000	0.000	0.000	0.621	9.099	0.000	134.041

注：表中的均值和标准差都以每户样本的效率值计算结果取均值求得。

（二）食用葵投入要素也存在冗余的情况

由于食用葵劳动力成本、直接费用和土地费用均存在非0的松弛改进值，说明要素投入仍然有改变的余地。如目前向日葵生产直接费用的比例改进值为-233.174，说明直接费用存在冗余。这一结果与当前中国向日葵种植情况相吻合：连续多年种植，土壤地力有所下降，加之病害多发连发；为维持较高的单产水平，生产主体往往选择多投入要素；优良品种和技术推广应用普及不够，大多数投入要素的生产能力未得到充分发挥。

除投入要素外，劳动力松弛改进值的绝对数也较大，松弛改进值平均达到-127.207，显示劳动力投入存在冗余。主要原因是食用葵花籽价格受外观影响较大，机械收获通常会造成葵花籽外观受损，进而影响价格和生产收益，因此向日葵生产对机械适宜性要求极高。目前国内向日葵收获机械研发仍未取得突破性进展，适宜机收的品种也相对较少，向日葵收获仍需依靠人工完成。此外，向日葵种植面积也存在冗余，制约了食用葵生产效率的增加。从劳动力和种植规模来看，其可能的解释原因是种植规模的冗余以及机械化发展的滞后，带来了劳动力的冗余，进而限制了生产效率。

二、产出视角下食用葵技术效率

（一）产出视角下，食用葵的生产存在规模效率

在规模报酬不变的情况下，生产效率的平均值为0.510。在规模报酬可变的情况下，生产效率的平均值为0.582（见表4-6）。变动生产规模可以使生产效率提高。即在相同的产出条件下，可以通过对种植面积的调整，增加产出以达到最优的生产效率。在规模报酬可变的前提下，增加产出可以实现生产效率的提高，其可能的原因是食用葵生产者调整种植面积后，会实现最优种植规模带来的规模效益。如果规模过大，减少种植面积可以降低成本；如果规模过小，扩大种植面积可以实现规模效率，从而增加生产效率。

表 4-6 产出视角下食用葵生产技术效率值

Variables	不变规模				可变规模			
	Mean	Sd	Min	Max	Mean	Sd	Min	Max
生产效率	0.510	0.210	0.000	1.000	0.582	0.235	0.000	1.000
PM 种植面积	0.000	0.000	0.000	0.000	0.000	0.000	0.000	0.000
SM 种植面积	0.000	0.000	0.000	0.000	0.000	0.000	0.000	0.000
PM 劳动力	0.000	0.000	0.000	0.000	0.000	0.000	0.000	0.000
SM 劳动力	-233.328	262.675	-1756.455	0.000	-149.869	255.556	-1756.455	0.000
PM 直接费用	0.000	0.000	0.000	0.000	0.000	0.000	0.000	0.000
SM 直接费用	-571.681	6797.589	-100215.50	0.000	-497.573	6817.015	-100215.5	0.000
PM 土地费用	0.000	0.000	0.000	0.000	0.000	0.000	0.000	0.000
SM 土地费用	-82.169	193.747	-1599.977	0.000	-37.628	118.164	-1127.863	0.000
PM 总产量	17824.73	36339.226	0.000	208101.13	16993.65	34638.50	0.000	207453.39
SM 总产量	0.000	0.000	0.000	0.000	0.000	0.000	0.000	0.000

注：表中的均值和标准差都以每户样本的效率值计算结果取均值求得。

（二）农户可通过增加食用葵产出提高生产效率

与投入视角不同的是，无论规模是否可变，在产出最大化的条件下，食用向日葵种植投入的劳动力、直接费用和土地费用的比例改进值全部为0，说明生产已达到弱有效状态，也即完成投入要素的松弛改进后可以使生产达到强有效。另外，产出的视角更关注产出的改变，通过增加技术投入和科技水平，使产出实现生产效率的改进。从投入产出数据看，食用葵的生产确实存在着生产潜力，在既定的投入状态下，可以通过生产的优化，提高食用葵的生产水平，从而实现生产效率的优化。

第五节 油葵技术效率测算分析

一、投入视角下油葵技术效率

对全国主产区油葵生产的技术效率测算结果显示：

（一）投入视角下油葵生产存在规模效率

在规模和投入既定的情况下，油葵的生产效率平均值为0.355，如果规模可以发生变化，油葵的平均生产效率会增加至0.760（见表4-7）。在产出既定的情况下，生产效率由投入最小化的程度来衡量，从生产效率的数据来看，在规模可变的情况下，规模的改变确实可以带来生产效率的提高。

表4-7　投入视角下油葵生产技术效率值

Variables	不变规模				可变规模			
	Mean	Sd	Min	Max	Mean	Sd	Min	Max
生产效率	0.355	0.194	0.000	1.000	0.760	0.158	0.000	1.000
PM 种植面积	-290.633	1845.034	-27286.458	0.000	-21.078	73.637	-565.905	0.000
SM 种植面积	-515.965	4984.619	-73463.541	0.000	-707.234	6823.891	-100629.998	0.000
PM 劳动力	-144.625	145.960	-990.001	0.000	-21.906	75.128	-737.484	0.000
SM 劳动力	-132.372	183.874	-1790.003	0.000	-243.597	252.061	-1685.001	0.000
PM 直接费用	-148.229	136.054	-1056.682	0.000	-20.526	63.605	-474.295	0.000
SM 直接费用	-116.613	149.315	-1179.949	0.000	-217.902	242.216	-2113.363	0.000
PM 土地费用	-1.255	5.476	-70.000	0.000	-1.248	5.685	-70.000	0.000
SM 土地费用	-0.019	0.202	-2.541	0.000	-0.197	1.727	-18.590	0.000
PM 总产量	0.000	0.000	0.000	0.000	0.000	0.000	0.000	0.000
SM 总产量	0.000	0.000	0.000	0.000	0.030	0.052	0.000	0.280

注：表中的均值和标准差都以每户样本的效率值计算结果取均值求得。

（二）油葵投入要素仍存在冗余，生产投入的调整可以带来效率的优化

从生产效率的数据看，在规模报酬不变的假设情况下，油葵的种植面积、劳动力、直接费用和土地费用均有不为0的比例改进值，劳动力成本、直接费用和土地费用也存在不为0的松弛改进值，说明要素投入仍然有改变的余地。与食用葵相似，油葵在投入要素配置方面也存在相似的问题。

二、产出视角下油葵技术效率

在产出视角下，油葵的生产依然存在着规模效率。在规模报酬不变的情况下，生产效率的平均值为0.468；在规模报酬可变的情况下，生产效率的平均值为0.644（见表4-8）。在改变规模的情况下，生产效率提高。即在相同的产出

下可以通过规模的调整，增加产出以达到最优的生产效率。在规模报酬可变的前提下，增加产出可以实现生产效率的提高，其可能的原因是油葵生产者变动生产规模后，会得到最优规模带来的规模效益。如果规模过大，降低规模可以降低成本；如果规模过小，扩大规模可以实现规模效率，从而增加生产效率。

表 4－8　产出视角下油葵生产技术效率值

Variables	不变规模				可变规模			
	Mean	Sd	Min	Max	Mean	Sd	Min	Max
生产效率	0.468	0.205	0.000	1.000	0.644	0.198	0.000	1.000
PM 种植面积	0.000	0.000	0.000	0.000	0.000	0.000	0.000	0.000
SM 种植面积	-736.674	6784.163	-100043.180	115.925	-516.476	6795.178	-100031.177	115.925
PM 劳动力	0.000	0.000	0.000	0.000	0.000	0.000	0.000	0.000
SM 劳动力	-239.985	260.043	-1580.000	0.000	-182.753	244.273	-1596.953	0.000
PM 直接费用	0.000	0.000	0.000	0.000	0.000	0.000	0.000	0.000
SM 直接费用	-230.252	253.426	-2113.271	0.000	-94.172	186.904	-1563.364	0.000
PM 土地费用	0.000	0.000	0.000	0.000	0.000	0.000	0.000	0.000
SM 土地费用	-0.017	0.228	-3.358	0.000	-0.017	0.228	-3.358	0.000
PM 总产量	823.678	2971.830	0.000	34527.299	779.128	2943.237	0.000	34527.261
SM 总产量	0.000	0.000	0.000	0.000	0.000	0.000	0.000	0.000

注：表中的均值和标准差都以每户样本的效率值计算结果取均值求得。

第六节　本章小结

从特色油料的生产技术效率的测算数据看，可以得到以下两点结论：第一，特色油料作物普遍存在规模效率，通过生产规模的调整可以实现生产效率的提升；第二，特色油料作物的生产存在投入的冗余和产出的不足，制约了生产效率的提升。

从投入导向看，投入要素存在冗余，劳动力、直接投入等均存在松弛改进值，说明生产状态仍有优化的余地。从产出导向看，胡麻、食用葵和油葵的比例改进值均大于0，说明在产出上，其生产潜力未得到充分的发挥，制约了生产效率的提升。因此，从总体上看，可通过调整种植面积、优化投入要素和发挥生产潜力的方式实现特色油料作物生产技术效率的提升。

第五章　中国特色油料作物全要素生产率测算与分析

为进一步研究反映生产过程中各种投入要素的单位平均产出水平，也即投入转化为最终产出的总体效率，从动态的角度衡量生产效率的变化。本章运用 Global Malmquist – Luenberger（GML）指数测算特色油料作物的全要素生产率，反映增长效率变化的动态水平。

第一节　研究方法

全要素生产率从动态的角度衡量生产效率的变化。全要素生产率（Total Factor Productivity，TFP）是产出增长排除投入增长后的剩余部分，即反映生产过程中各种投入要素的单位平均产出水平，也就是投入转化为最终产出的总体效率（鲁晓东、连玉君，2012）。换句话讲，全要素生产增长率反映的是经济增长效率变化的动态水平，从投入产出角度分析，表示以前期相同的要素投入水平获得比前期更大的产出总量，体现的是全要素生产的动态增量水平（韩增林等，2017）。

对于全要素生产率的测度方法，主要有增长核算法、生产函数法、随机前沿分析法和数据包络分析法（Malmquist 指数法）（章祥荪、贵斌威，2008）。Malmquist 指数法构造在每一个时期总体的生产最佳实践前沿面，把每一个生产单元的生产同最佳实践前沿面进行比较，从而对效率变化和技术进步进行测度。有些学者利用 ML 指数方法分解研究包含非期望产出的效率，但 ML 指数均采用两个当期 ML 值的几何平均值，形式上很难满足传递性和循环性要求，传统也无法解决非径向要素变动带来的效率评价有偏的问题。在测度跨期方向性距离函数时可能存在线性规划无解问题，所得到的效率值很难作跨期比较分析。为了考察全域生产可能集的全要素生产率，同时克服传统 ML 指数测算可能出现的技术退步现象、非同期的线性规划可能存在的无可行解以及不满足传递性的缺点，本书用 GML 模型从非径向角度出发，采用定向距离函数处理同时变化的投入要素及产量水平。该方法的公式如下：

$$
\begin{aligned}
GML_t^{t+1} &= (ML_i^t \times ML_i^{t+1})^{\frac{1}{2}} \\
&= \left\{\frac{[1+D_i^{t+1}(x^t,\ y^t,\ b^t,\ g^t)]}{[1+D_i^t(x^t,\ y^t,\ b^{t+1},\ g^t)]} \times \frac{[1+D_i^{t+1}(x^{t+1},\ y^{t+1},\ b^t,\ g^{t+1})]}{[1+D_i^t(x^{t+1},\ y^{t+1},\ b^{t+1},\ g^{t+1})]}\right\}^{\frac{1}{2}} \times \\
&\quad \left\{\frac{1+D_i^{t+1}(x^t,\ y^t,\ b^t,\ g^t)}{1+D_i^{t+1}(x^{t+1},\ y^{t+1},\ b^{t+1},\ g^{t+1})}\right\} \\
&= GTC \times GEC
\end{aligned}
$$

式中，GML 指数大于 1、小于 1 和等于 1 分别表示从 t 到 $t+1$ 时期特色油料全要素生产率的增长、下降和不变，GML 指数可以分解为全域技术进步指数（Global Technical Change，GTC）和全域技术效率变化指数（Global Efficiency Change，GEC）。全域技术进步指数反映的是生产前沿的变动，属于前沿型技术进步，全域技术效率变化指数反映的是生产技术效率的动态优化，即效率型技术进步。本章主要采用技术效率、全域技术效率和技术进步等指标，首先测算每一年度的技术效率，其次从全局出发，测算 2016 年和 2017 年两个年度的 Global 技术效率及技术效率的变动，这些效率指标反映的是投入产出的优化程度，技术效率指数增大，技术效率变动指数大于 1 说明效率达到优化，生产发生了效率型技术进步。本章采用技术进步指标反映前沿型技术进步，技术进步大于 1，就说明生产发生了前沿型技术进步。

第二节　胡麻全要素生产率测算分析

一、投入视角下胡麻全要素生产率

在投入视角下，胡麻的全要素生产率在规模不变的情况下是恶化的，主要受到胡麻全域技术效率变化的影响。在规模不变时，GML 指数平均值为 0.9558，小于 1，说明全要素生产率总体上是恶化的。GML 指数最小值为 0.3000，最大值为1.3750，虽然总体上全要素生产率是恶化的，但是也存在部分农户在不断地完善投入，提高了全域的技术效率，从而带动了全要素生产率的提高（见表5－1）。从全要素生产率的分解来看，技术效率平均值从0.5573下降到0.4880，2017年技术效率的平均变动为－2.0188，最小值达到－634.6401，说明技术效率下降特别明显，虽然在2017年技术进步值为1.1406，存在着生产前沿面的优化，但是技术效率下降的幅度太大，其潜在的原因可能是胡麻的种植户管理粗放，造成了要素投入的冗余。

表5－1 投入视角下胡麻全要素生产率

Variables	不变规模				可变规模			
	Mean	Sd	Min	Max	Mean	Sd	Min	Max
技术效率2016	0.5573	0.2194	0.0000	1.0000	0.7407	0.1888	0.1205	1.0000
技术效率2017	0.4880	0.2312	0.0000	1.0000	0.7048	0.2002	0.3179	1.0000
Global技术效率2016	0.4891	0.2094	0.0000	1.0000	0.7031	0.1939	0.1205	1.0000
Global技术效率2017	0.4733	0.2146	0.0000	1.0000	0.6985	0.2002	0.3179	1.0000
技术效率变动2017	－2.0188	42.6514	－634.6401	1.2507	0.9713	0.3050	0.5950	4.1578
技术进步2017	1.1406	0.2060	－0.0016	2.9757	1.0507	0.0830	0.7080	1.3679
GML指数	0.9558	0.2147	0.3000	1.3750	1.0090	0.2573	0.6759	4.1578

注：表中的均值和标准差都以每户样本的效率值计算结果取均值求得。

在规模可变时，全要素生产率是增加的，且主要受到技术进步的影响。在规模效率可变的情况下，GML指数为1.0090，说明规模的变动对于全要素生产率的提高有明显的改善作用，全要素生产率具有规模效应，通过规模的改变可以减少投入，降低生产成本。与规模不变不同的是，在规模可变时，胡麻的技术效率和全域技术效率在2016年和2017年相对稳定，均值都在0.7附近，技术效率的变动值为0.9713，说明技术效率在2017年没有明显的降低，加上2017年技术进步值为1.0507，全域技术前沿面得到了优化，从而导致了GML指数（全要素生产率指数）的增加。

二、产出视角下胡麻全要素生产率

在规模不变时，从产出导向看胡麻的全要素生产率是恶化的，主要原因是全域技术效率的下降。胡麻的GML指数为0.9496，呈现恶化的趋势（见表5－2）。

其主要原因是全域技术效率的下降，从技术效率的年际变化来看，均值从2016年的0.5766下降到2017年的0.4949，下降了14%，最小值也从0.2500下降到0.1163，下降了53.48%。从全域的技术效率水平来看，2016~2017年，技术效率处于衰减的状态。从2016年的0.5059下降到2017年的0.4801，下降了5.09%。从技术进步的角度看，2017年该指标的均值为1.1399，说明技术进步的幅度较大，在相同投入的情况下，2017年，胡麻的最优产出水平提高。由此可以看出，胡麻的全要素生产率下滑，主要是由于全域技术效率进步缓慢造成的。而造成技术效率低下的原因可能是胡麻生产过程中生产要素的投入不够集约，粗放型的要素使用造成了技术效率的损失。

表5-2 产出视角下胡麻全要素生产率

Variables	不变规模				可变规模			
	Mean	Sd	Min	Max	Mean	Sd	Min	Max
技术效率2016	0.5766	0.1972	0.2500	1.0000	0.6211	0.2001	0.2652	1.0000
技术效率2017	0.4949	0.2255	0.1163	1.0000	0.5378	0.2357	0.1398	1.0000
Global 技术效率2016	0.5059	0.1924	0.2093	1.0000	0.5486	0.2002	0.2251	1.0000
Global 技术效率2017	0.4801	0.2087	0.1163	1.0000	0.5206	0.2205	0.1398	1.0000
技术效率变动2017	0.8459	0.2261	0.3634	1.9484	0.8538	0.2284	0.4111	2.0173
技术进步2017	1.1399	0.1413	0.5000	1.3855	1.1305	0.1442	0.3856	1.3877
GML指数	0.9496	0.2179	0.3000	1.5333	0.9497	0.2184	0.3000	1.5333

注：表中的均值和标准差都以每户样本的效率值计算结果取均值求得。

在规模可变的情况下，全要素生产率也是恶化的，但胡麻生产仍存在产出导向下的规模效应。全局GML指数为0.9497，表示全要素生产率相对于上一年来说是退步的。无论是2016年还是2017年，可变规模下胡麻的技术效率都高于不变规模下胡麻的技术效率，以2017年为例进行分析，2017年胡麻可变规模下的技术效率为0.5378，高于不变规模下胡麻的技术效率为0.4949，说明胡麻的技术效率存在规模效应。通过对最优生产规模的选择，可以提高技术效率，效率的提高可能会带动制度的进步、科研的创新，从而提高胡麻生产的全要素生产率。

第三节 芝麻全要素生产率测算分析

一、投入视角下芝麻全要素生产率

在投入视角下，芝麻的全要素生产率是递增的，且全要素生产率主要来自技术效率的改善。在规模报酬不变的假设下，GML 指数为 1.135，在规模报酬可变的假设下，GML 指数为 1.809，都说明了全要素生产率的优化（见表 5－3）。从其分解值来看，无论是技术效率、全域技术效率还是技术效率变动，都是优化的，在规模报酬不变的假设下，技术效率由 2016 年的 0.394 增加到 2017 年的 0.446，全域技术效率由 2016 年的 0.361 增加到 2017 年的 0.375，2017 年技术效率变动为 1.376，技术效率变动值大于 1，技术效率得到了优化。说明芝麻种植户在生产经营方面优化生产方式，不断提高经营效率。

表 5－3 投入视角下芝麻全要素生产率

Variables	不变规模				可变规模			
	Mean	Sd	Min	Max	Mean	Sd	Min	Max
技术效率 2016	0.394	0.236	0.006	1.000	0.601	0.282	0.008	1.000
技术效率 2017	0.446	0.204	0.000	1.000	0.643	0.238	0.173	1.000
Global 技术效率 2016	0.361	0.207	0.005	1.000	0.593	0.281	0.008	1.000
Global 技术效率 2017	0.375	0.213	0.062	1.000	0.619	0.250	0.172	1.000
技术效率变动 2017	1.376	1.389	0.000	19.411	1.873	5.744	0.376	65.233
技术进步 2017	0.874	0.200	0.482	2.000	0.968	0.083	0.667	1.093
GML 指数	1.135	0.852	0.333	12.000	1.809	5.616	0.381	63.827

注：表中的均值和标准差都以每户样本的效率值计算结果取均值求得。

在规模报酬可变的情况下，反映全要素生产率的 GML 指数为 1.809，高于规模报酬不变情况下的 1.135。说明规模报酬的变动对于全要素生产率的提高有明显的改善作用，芝麻的生产具有规模效率。即芝麻种植户通过规模的改变，改变规模报酬，减少投入，降低生产成本，带来了全要素生产率的优化。此外，在规模报酬可变的假设下，芝麻的技术效率也是优化的，2016～2007年，芝麻的技术效率由0.601增加至0.643，全域技术效率由0.593增加至0.619，技术效率变动值为1.873，技术效率得到了优化。无论规模报酬是否可变，技术进步的值都小于1，说明技术是退步的。但是技术的相对退步并未带来全要素生产率的恶化，说明全要素生产率更多还是依赖技术效率的改进。

二、产出视角下芝麻全要素生产率

基于产出视角，芝麻的全要素生产率依然是优化状态，全要素生产率的优化也是由于技术效率的改进。在规模报酬不变的情况下，GML指数为1.136，技术效率由2016年的0.456增加到2017年的0.512，全域技术效率由2016年的0.435增加到2017年的0.445，技术效率变动为1.362，也处于优化状态（见表5-4）。在产出导向下，全要素生产率的改进依赖技术效率的改进，其可能的原因是，在投入既定规模报酬不变的条件下，芝麻的生产主体不断地提高自身技能，提高技术效率，同时增加了产出，通过技能的改进提高了生产产出能力，从而提高了全要素生产率。

表5-4 产出视角下芝麻全要素生产率

Variables	不变规模				可变规模			
	Mean	Sd	Min	Max	Mean	Sd	Min	Max
技术效率2016	0.456	0.241	0.042	1.000	0.561	0.268	0.085	1.000
技术效率2017	0.512	0.207	0.125	1.000	0.587	0.232	0.125	1.000
Global技术效率2016	0.435	0.222	0.042	1.000	0.531	0.250	0.083	1.000
Global技术效率2017	0.445	0.219	0.083	1.000	0.536	0.245	0.083	1.000
技术效率变动2017	1.362	1.297	0.376	18.000	1.226	0.717	0.368	8.667
技术进步2017	0.881	0.192	0.588	2.000	0.943	0.179	0.584	2.000
GML指数	1.136	0.850	0.333	12.000	1.136	0.850	0.333	12.000

注：表中的均值和标准差都以每户样本的效率值计算结果取均值求得。

在规模报酬可变的情况下，全要素生产率仍然为1.136，与规模报酬不变假设下的情况一样，说明规模报酬不变时全要素生产率达到规模报酬可变情况下的最优状态。在规模报酬可变的情况下，芝麻的技术效率、全域技术效率分别由0.561和0.531增长到0.587和0.536，技术效率变动为1.226，大于1，可见，技术效率是全要素生产率增长的重要来源。在规模可变情况下，技术效率之所以是全要素生产率增长的重要来源，其可能的原因是随着规模报酬的变化，芝麻种植户不断优化生产方式，提高生产技能，能根据规模变化自觉调整生产制度，通过技能和制度等的优化，在对应规模下增加产出，实现了每个生产规模对应的最有效率产出。

第四节 食用葵全要素生产率测算分析

一、投入视角下食用葵全要素生产率

（一）在投入视角下，食用葵的全要素生产率在规模不变的情况下是优化的，主要受到食用葵技术效率变动的影响

在规模不变时，GML 指数平均值为 1.093，大于 1，说明了全要素生产率是优化的（见表 5－5）。GML 指数最小值为 0.333，最大值为 3.896，总体上全要素生产率是优化的，说明大部分农户在不断地完善投入，提高了技术效率，从而带动了全要素生产率的提高。从全要素生产率的分解来看，技术效率平均值从 0.396 上升到 0.447，全域技术效率值由 0.363 上升到 0.375，2017 年技术效率的平均变动为 1.303，最大值达到 4.146，说明技术效率上升得特别明显，虽然在 2017 年技术进步值为 0.876，并不存在技术进步，但是技术效率和全域技术效率都有所提高，其潜在的原因可能是食用葵的种植户通过改进生产方式，提高了既定技术下的技术效率，优化了全要素生产率。

表 5－5 投入视角下食用葵全要素生产率

Variables	不变规模				可变规模			
	Mean	Sd	Min	Max	Mean	Sd	Min	Max
技术效率 2016	0.396	0.235	0.064	1.000	0.601	0.282	0.008	1.000
技术效率 2017	0.447	0.203	0.107	1.000	0.643	0.238	0.173	1.000
Global 技术效率 2016	0.363	0.207	0.060	1.000	0.593	0.282	0.008	1.000
Global 技术效率 2017	0.375	0.214	0.062	1.000	0.619	0.251	0.172	1.000

续表

Variables	不变规模				可变规模			
	Mean	Sd	Min	Max	Mean	Sd	Min	Max
技术效率变动 2017	1.303	0.534	0.343	4.146	1.873	5.757	0.376	65.233
技术进步 2017	0.876	0.199	0.482	2.000	0.968	0.083	0.667	1.093
GML 指数	1.093	0.394	0.333	3.896	1.809	5.629	0.381	63.827

注：表中的均值和标准差都以每户样本的效率值计算结果取均值求得。

（二）规模可变时，全要素生产率是增加的，且主要受到技术效率变动的影响

在规模效率可变的情况下，GML 指数为 1.809。在规模可变时，2017 年食用葵的技术进步率仅仅是 0.968，生产前沿面并未实现优化，食用葵的技术效率由 2016 年的 0.601 上升到 2017 年的 0.643，全域技术效率由 0.593 上升到 0.619，2017 年食用葵的技术效率变动值为 1.873，技术效率的优化带来了全要素生产率的提高。其可能的原因是食用葵的种植户优化要素投入技术，提高了技术效率，从而带来了 GML 指数的增加。

二、产出视角下食用葵全要素生产率

（一）在规模报酬不变时，从产出导向看，食用葵的全要素生产率是优化的，且主要原因是技术效率变动

食用葵的 GML 指数为 1.136，大于 1，其全要素生产率是优化的（见表 5－6）。2017 年的技术进步仅仅是 0.881，说明技术没有实现较大的进步。从技术效率的角度看，技术效率均值由 2016 年的 0.456 上升到 2017 年的 0.512，全域技术效率由 2016 年的 0.435 上升到 2017 年的 0.445，技术效率值增长；2017 年技术效率变动达到 1.362，最大值达到 18.000，技术效率变动大于 1，就表明技术效率有所改善。反之，则表示技术效率下降。通过对技术进步和技术效率的分析可以发现，2017 年 GML 指数改进的主要原因源自技术效率的优化。其可能的原因是河北、吉林、山西等省份农技推广部门总结了食用葵的生产经验，在种植户中推广，农户积极学习生产经验，改善种植技术，从而提高了全要素生产率。

表 5-6 产出视角下食用葵全要素生产率

Variables	不变规模				可变规模			
	Mean	Sd	Min	Max	Mean	Sd	Min	Max
技术效率 2016	0.456	0.242	0.042	1.000	0.561	0.269	0.085	1.000
技术效率 2017	0.512	0.207	0.125	1.000	0.587	0.233	0.125	1.000
Global 技术效率 2016	0.435	0.223	0.042	1.000	0.531	0.251	0.083	1.000
Global 技术效率 2017	0.445	0.220	0.083	1.000	0.536	0.246	0.083	1.000
技术效率变动 2017	1.362	1.300	0.376	18.000	1.226	0.719	0.368	8.667
技术进步 2017	0.881	0.193	0.588	2.000	0.943	0.179	0.584	2.000
GML 指数	1.136	0.852	0.333	12.000	1.136	0.852	0.333	12.000

注：表中的均值和标准差都以每户样本的效率值计算结果取均值求得。

（二）在规模报酬可变的情况下，全要素生产率也是优化状态，其动力依然是效率的提高

生产效率的均值由 2016 年的 0.561 增加到 2017 年的 0.587，全域技术效率由 2016 年的 0.531 增加到 2017 年的 0.536，生产效率和全域技术效率都得到增长，技术效率变动为 1.226，说明技术效率确实得到优化。反观技术进步，仅仅是 0.943，处于退步状态。通过分析可以发现，GML 指数大于 1 的原因还是在于生产效率的改进。可能是知识和教育的发展，新时期互联网的发展带动了教育的平民化，农民在接受政府组织的培训的同时，也可以通过手机等媒介学习食用葵种植技术，与专家互动可以提高技术效率，技术效率的改善，进一步带动全要素生产率的提高。

第五节 油葵全要素生产率测算分析

一、投入视角下油葵全要素生产率

（一）投入视角下，油葵的全要素生产率在规模不变的情况下是优化的，主要受到油葵的技术效率变动的影响

在规模不变时，GML 指数平均值为 3.812，远远大于 1，说明了全要素生产率是优化的（见表 5-7）。GML 指数最小值为 -11.672，最大值为 43.000，总

体上全要素生产率是优化的，说明大部分农户在不断地完善投入，提高了技术效率，从而带动了全要素生产率的提高。从全要素生产率的分解来看，技术效率平均值从0.296上升到0.355，2017年技术效率的平均变动为4.526，最大值达到52.533，说明技术效率上升得特别明显。虽然在2017年技术进步值为0.896，并不存在技术进步，但是技术效率上升的幅度太大。其潜在的原因可能是油葵的种植户通过改进生产方式，提高了既定技术下的技术效率，优化了全要素生产率。

表5-7　投入视角下油葵全要素生产率

Variables	不变规模				可变规模			
	Mean	Sd	Min	Max	Mean	Sd	Min	Max
技术效率2016	0.296	0.231	-0.012	1.000	0.708	0.201	0.000	1.000
技术效率2017	0.355	0.194	0.000	1.000	0.760	0.158	0.000	1.000
Global 技术效率2016	0.281	0.210	-0.013	1.000	0.653	0.215	0.000	1.000
Global 技术效率2017	0.315	0.206	0.000	1.000	0.655	0.215	0.000	1.000
技术效率变动2017	4.526	10.491	-14.816	52.533	1.215	1.353	0.623	20.681
技术进步2017	0.896	0.191	0.558	1.637	0.918	0.153	0.472	1.566
GML 指数	3.812	8.753	-11.672	43.000	1.057	0.755	0.333	11.984

注：表中的均值和标准差都以每户样本的效率值计算结果取均值求得。

（二）在规模可变时，全要素生产率是增加的，且主要受到技术效率变动的影响

在规模效率可变的情况下，GML指数为1.057。在规模可变时，油葵的技术效率和全域技术效率在2016年和2017年相对稳定，均值都在0.655附近，2017年油葵的技术进步值仅仅是0.918，生产前沿面并未实现优化，但2017年油葵的技术效率变动为1.215，技术效率的优化带来了全要素生产率的提高。其可能的原因是油葵种植户优化要素投入技术，提高了技术效率，从而带来了GML指数的增加。

二、产出视角下油葵全要素生产率

（一）在规模不变时，从产出导向看，油葵的全要素生产率是优化的，且主要原因是技术效率变动

油葵的GML指数为3.869，远远大于1，其全要素生产率是优化的（见

表5-8)。其主要原因是2017年技术效率的变动，2017年技术效率变动达到5.594，最大值达到64.500，技术效率变动大于1，就表明技术效率有所改善；反之，则表示技术效率下降。此外，对比2016年和2017年的全域技术效率，全域技术效率值由0.317增长到0.354，没有太大增幅。2017年的技术进步仅仅是0.752，说明技术也没有实现较大的进步。全要素生产率的增长更多的还是依赖于技术效率的变动。其可能的原因是河北、吉林、山西等省份农技推广部门总结了油葵的生产经验，在种植户中推广，农户积极学习生产经验，改善种植技术，从而提高了全要素生产率。

表5-8 产出视角下油葵全要素生产率

Variables	不变规模				可变规模			
	Mean	Sd	Min	Max	Mean	Sd	Min	Max
技术效率2016	0.329	0.236	0.000	1.000	0.565	0.286	0.000	1.000
技术效率2017	0.468	0.205	0.000	1.000	0.644	0.198	0.000	1.000
Global 技术效率2016	0.317	0.218	0.000	1.000	0.528	0.265	0.000	1.000
Global 技术效率2017	0.354	0.209	0.000	1.000	0.611	0.214	0.000	1.000
技术效率变动2017	5.594	12.762	0.500	64.500	3.840	8.489	0.337	43.403
技术进步2017	0.752	0.179	0.463	1.333	1.006	0.194	0.461	2.000
GML 指数	3.869	8.692	0.333	43.000	3.869	8.692	0.333	43.000

注：表中的均值和标准差都以每户样本的效率值计算结果取均值求得。

（二）在规模可变时，油葵的全要素生产率也优化，主要驱动力来自技术效率的变动

油葵的GML指数的均值达到3.869，最大值为43.000，说明多数农户的全要素生产率都大于1，全要素生产率大于1，表明在制度、技术等因素的影响下，油葵的生产得到优化。全域技术效率从2016年的0.528增长到2017年的0.611，2017年技术进步为1.006，也大于1，说明全域技术效率略有改善，技术也没有实现较大进步。但是2017年技术效率变动为3.840，大于1，表明技术效率得到改善，技术效率的改善带动了全要素生产率的优化。在规模报酬可变的情况下，技术效率改善的原因可能是知识和教育的发展，新时期互联网的发展带动了教育的平民化，农民在接受政府组织的培训的同时，也可以通过手机等媒介学习油葵种植技术，与专家互动可以提高技术效率，技术效率的改善，进一步带动全要素

生产率的提高。

第六节　本章小结

本章运用 GML 指数测算了特色油料作物的全要素生产率。分析结论如下：

第一，特色油料作物的全要素生产率具有规模效应，在规模报酬可变的情况下，其全要素生产率是优化的，种植户可以通过对最优生产规模的选择，实现全要素生产率的优化。

第二，特色油料作物全要素生产率优化的主要来源是技术效率的改进，尽管胡麻等技术实现了一定的进步，但是技术进步的转化率相对较低，生产主体全要素生产率的增长更多的还是来自效率的改进。在投入导向下，不断降低投入要素的成本，提高技术效率，在产出导向下，不断地学习种植知识，增加产出，提高对应的生产技术效率，通过技术效率的改善来提高全要素生产率。

第六章　基于区域视角的特色油料生产效率分析

特色油料在中国种植区域广泛。由于不同产区的气候条件、资源禀赋差异较大，生产主体的种植习惯各不相同，因此特色油料生产效率也会呈现出区域差异。为进一步分析不同区域特色油料生产效率异同，本章基于区域视角对不同产区特色油料技术效率和全要素生产率进行分析测算和比较。

第一节　胡麻生产效率的区域差异

一、投入视角下胡麻的生产效率地域比较

（一）技术效率的区域比较

胡麻主产区技术效率测算显示，在规模报酬不变假设条件下，新疆生产效率最优，河北和宁夏的生产效率最低（见表6－1）。新疆生产效率达到了0.7905，基本上是其他主产区的两倍，虽然新疆胡麻种植面积相对较小，但是新疆通过较少的投入实现了较高的生产效率；河北的生产效率最低，宁夏次低。在规模可变假设下，宁夏的生产效率最低，仅为0.5415；方差值（0.1409）显示大多数指标值都集中在均值周围，说明宁夏胡麻生产集约度相对较低。但宁夏可变规模和不变规模的生产效率对比显示，规模变化可以带来规模效率。

从表6－2可以看出，在区域比较中，新疆的生产效率是最优的，其他省区分别受到土地、劳动力和直接费用等不同程度的制约。新疆各松弛改进值和比例改进值都相对较小，说明其效率状态接近于最优。在不变规模情况下，宁夏劳动力投入冗余较多，松弛改进值达到－153.2692，比例改进值达到－242.3130，远远高于山西、河北、内蒙古和甘肃，原因可能是宁夏胡麻机械化程度较低，农业

人口众多，胡麻生产过程中劳动力投入较多。甘肃和内蒙古直接费用冗余最为严重，两省（区）直接费用的松弛改进值分别为 -90.3545、-75.8287，比例改进值分别为 -83.9439、-82.1392，说明投入结构不合理，水、肥、药等投入较多，在很大程度上造成资源配置的浪费。内蒙古土地费用的松弛改进值和比例改进值是最高的，分别为 -82.3472 和 -74.5145，这也与成本构成和地区比重、内蒙古的土地租金高于其他地区有较大关系。

表 6-1　投入视角下胡麻产区生产效率的比较

地区	不变规模				可变规模			
	Mean	Sd	Min	Max	Mean	Sd	Min	Max
内蒙古	0.4670	0.1986	0.1367	1.0000	0.6576	0.1940	0.3205	1.0000
甘肃	0.4584	0.2075	-0.0010	1.0000	0.6969	0.1665	0.3718	1.0000
河北	0.3333	0.1526	0.0962	0.7932	0.6164	0.1923	0.3359	1.0000
山西	0.3975	0.2979	0.0000	1.0000	0.6045	0.2241	0.2861	1.0000
新疆	0.7905	0.2963	0.5810	1.0000	0.7822	0.3080	0.5645	1.0000
宁夏	0.3773	0.1888	0.2140	1.0000	0.5415	0.1409	0.3581	1.0000

注：表中的均值和标准差都以每户样本的效率值计算结果取均值求得。

表 6-2　投入视角下胡麻主产区不变规模时比例改进变量与松弛改进变量

地区	Variables	Mean	Sd	Min	Max
内蒙古	PM 种植面积	-8.8030	10.8577	-43.5140	0.0000
	PM 劳动力	-64.2783	99.5183	-378.4773	0.0000
	SM 劳动力	-39.4847	55.1022	-212.3447	0.0000
	PM 直接费用	-82.1392	49.1627	-237.9119	0.0000
	SM 直接费用	-75.8287	71.6383	-299.6306	0.0000
	PM 土地费用	-74.5145	75.2954	-288.8372	0.0000
	SM 土地费用	-82.3472	121.3329	-483.8629	0.0000
甘肃	PM 种植面积	-3.2813	6.7107	-40.0232	0.0000
	PM 劳动力	-105.2537	156.4472	-1278.5589	0.0000
	SM 劳动力	-78.0635	76.6567	-380.9305	0.0000
	PM 直接费用	-83.9439	57.8351	-317.4422	0.0000
	SM 直接费用	-90.3545	100.2620	-588.3588	0.0000
	PM 土地费用	-43.6211	44.2580	-279.0701	0.0000
	SM 土地费用	-42.3112	82.9479	-517.9590	0.0000

续表

地区	Variables	Mean	Sd	Min	Max
河北	PM 种植面积	-6.7920	10.1802	-41.6745	-1.1054
	PM 劳动力	-115.4512	118.1948	-503.0610	-0.0003
	SM 劳动力	-50.4491	50.5943	-177.1759	0.0000
	PM 直接费用	-53.1678	16.2488	-86.0508	-12.3588
	SM 直接费用	-20.5972	15.4987	-53.9485	0.0000
	PM 土地费用	-58.2083	65.5086	-315.7162	-3.1587
	SM 土地费用	-20.4683	31.8999	-146.4275	0.0000
山西	PM 种植面积	-12.2727	20.1595	-98.5656	0.0000
	PM 劳动力	-86.6807	73.6936	-258.1404	0.0000
	SM 劳动力	-19.7799	17.8995	-54.9770	0.0000
	PM 直接费用	-86.7585	57.0675	-188.3738	0.0000
	SM 直接费用	-36.3211	36.4551	-119.2797	0.0000
	PM 土地费用	-43.3311	27.6785	-106.3000	0.0000
	SM 土地费用	-19.3607	37.0898	-163.6662	0.0000
新疆	PM 种植面积	-9.6469	13.6428	-19.2938	0.0000
	PM 劳动力	-5.7883	8.1860	-11.5767	0.0000
	SM 劳动力	0.0000	0.0000	0.0000	0.0000
	PM 直接费用	-24.6969	34.9267	-49.3938	0.0000
	SM 直接费用	-22.6250	31.9965	-45.2499	0.0000
	PM 土地费用	-34.0150	48.1045	-68.0301	0.0000
	SM 土地费用	-9.5058	13.4432	-19.0116	0.0000
宁夏	PM 种植面积	-3.2900	3.3257	-19.9037	0.0000
	PM 劳动力	-242.3130	458.7831	-2762.7914	0.0000
	SM 劳动力	-153.2692	208.2841	-1232.2608	0.0000
	PM 直接费用	-70.9227	29.2713	-137.6781	0.0000
	SM 直接费用	-47.0009	34.6559	-149.9909	0.0000
	PM 土地费用	-54.6688	24.6029	-134.8837	0.0000
	SM 土地费用	-50.2880	78.5492	-277.7433	0.0000

注：表中的均值和标准差都以每户样本的效率值计算结果取均值求得。

在规模报酬可变时，新疆生产效率仍为最优，其他省区仍然受土地、劳动力等因素的制约，未实现最优（见表6－3）。各省的要素投入松弛改进值和比例改进值的情况基本与规模报酬不变时类似，略有差异。宁夏的劳动力投入冗余仍然最多，但是比例改进值和松弛改进值相对于规模不变时有所降低，随着胡麻种植的规模经营，种植户规模的扩大会吸纳部分冗余劳动力，在一定程度上也会提高效率，在规模可变时宁夏胡麻的生产效率高于规模不变时胡麻的生产技术效率，为了提高生产的技术效率，有必要在宁夏推广适度规模经营，培育新型农业经营主体。山西直接费用的比例改进值相对较高，达到－50.5595，内蒙古和甘肃直接费用的松弛改进值较高，分别为－71.1133和－71.9729，显示农业生产资料的过度投入，制约了农业生产效率的提高。新疆的松弛改进值和比例改进值在各省区中仍然是最小的，显示资源配置效率相对最高。河北在劳动力费用上有较大的改进空间，松弛改进值为－80.1565，在六个主产区中，河北位置相对靠东，而且位于北京周边，经济状况相对较好，劳动力成本较高，其冗余的原因可能是相对高价的劳动力。

表6－3　投入视角下胡麻主产区可变规模时改进变量与松弛变量

地区	Variables	Mean	Sd	Min	Max
内蒙古	PM 种植面积	－5.9167	9.2887	－43.3532	0.0000
	SM 种植面积	－1.2241	2.0803	－7.7619	0.0000
	PM 劳动力	－48.4256	77.4907	－293.7105	0.0000
	SM 劳动力	－43.3610	71.2749	－274.4649	0.0000
	PM 直接费用	－43.1800	42.7656	－155.7392	0.0000
	SM 直接费用	－71.1133	81.6667	－403.4950	0.0000
	PM 土地费用	－48.2059	66.5000	－246.3158	0.0000
	SM 土地费用	－78.0019	120.3862	－466.1287	0.0000
甘肃	PM 种植面积	－1.9850	4.5492	－32.1962	0.0000
	SM 种植面积	－0.0537	0.2759	－2.0000	0.0000
	PM 劳动力	－56.2767	102.7012	－856.5141	0.0000
	SM 劳动力	－98.3789	115.1866	－693.1263	0.0000
	PM 直接费用	－40.5850	39.0474	－204.9656	0.0000
	SM 直接费用	－71.9729	104.4120	－629.3389	0.0000
	PM 土地费用	－21.1864	24.4816	－118.5885	0.0000
	SM 土地费用	－33.3526	114.2564	－746.2190	0.0000

续表

地区	Variables	Mean	Sd	Min	Max
河北	PM 种植面积	-5.0988	10.0632	-41.1668	0.0000
	SM 种植面积	-0.1227	0.3450	-1.4130	0.0000
	PM 劳动力	-66.2670	81.2522	-342.4721	0.0000
	SM 劳动力	-80.1565	84.6859	-273.0147	0.0000
	PM 直接费用	-26.5269	16.1444	-56.7634	0.0000
	SM 直接费用	-16.7502	28.6672	-87.8020	0.0000
	PM 土地费用	-37.9721	64.1707	-311.8698	0.0000
	SM 土地费用	-12.8483	28.5705	-111.2429	0.0000
山西	PM 种植面积	-5.7061	9.6035	-36.1009	0.0000
	SM 种植面积	-1.4874	4.0470	-22.5362	0.0000
	PM 劳动力	-52.9653	45.0592	-126.4825	0.0000
	SM 劳动力	-43.0203	45.5501	-163.6512	0.0000
	PM 直接费用	-50.5595	44.0890	-135.9692	0.0000
	SM 直接费用	-35.9852	61.3879	-199.3623	0.0000
	PM 土地费用	-24.4572	22.3341	-72.3961	0.0000
	SM 土地费用	-15.0264	39.5391	-142.3190	0.0000
新疆	PM 种植面积	-9.5199	13.4632	-19.0399	0.0000
	SM 种植面积	0.0000	0.0000	0.0000	0.0000
	PM 劳动力	-5.7121	8.0782	-11.4243	0.0000
	SM 劳动力	0.0000	0.0000	0.0000	0.0000
	PM 直接费用	-24.3718	34.4669	-48.7436	0.0000
	SM 直接费用	-22.5908	31.9482	-45.1816	0.0000
	PM 土地费用	-33.5673	47.4713	-67.1345	0.0000
	SM 土地费用	-13.2278	18.7070	-26.4557	0.0000
宁夏	PM 种植面积	-2.2126	2.0181	-11.2123	0.0000
	SM 种植面积	0.0000	0.0000	0.0000	0.0000
	PM 劳动力	-170.2794	361.2729	-2163.2323	0.0000
	SM 劳动力	-195.6788	287.6803	-1754.6311	0.0000
	PM 直接费用	-48.5381	23.4748	-106.3711	0.0000
	SM 直接费用	-23.8993	26.9092	-94.3972	0.0000
	PM 土地费用	-38.4680	20.2609	-88.1579	0.0000
	SM 土地费用	-29.9860	72.6184	-239.0597	0.0000

注：表中的均值和标准差都以每户样本的效率值计算结果取均值求得。

（二）全要素生产率的区域比较

从投入视角看，在规模报酬不变的情况下，全要素生产率西北最高，全要素生产率的提高主要源自技术效率的提高（见表6-4）。从全域全要素生产率看，新疆的全要素生产率最高，为1.0833，显示效率得到了优化；然后是甘肃，GML指数为1.0107；接下来是宁夏、内蒙古、河北和山西，虽然GML指数都在0.8以上，但是全要素生产率趋于恶化。

表6-4 投入视角下胡麻产区规模不变时全要素生产率比较

地区	Variables	Mean	Sd	Min	Max
内蒙古	技术效率2016	0.5836	0.2449	0.0000	1.0000
	技术效率2017	0.5225	0.2215	0.1535	1.0000
	Global 技术效率2016	0.5331	0.2294	0.0000	0.9667
	Global 技术效率2017	0.5135	0.2186	0.1535	1.0000
	技术效率变动2017	0.8804	0.1895	0.5550	1.2507
	技术进步2017	1.0933	0.1246	0.7489	1.3512
	GML 指数	0.9497	0.2086	0.6250	1.3750
甘肃	技术效率2016	0.6064	0.2104	0.0000	1.0000
	技术效率2017	0.5328	0.2101	-0.0000	1.0000
	Global 技术效率2016	0.5270	0.1922	-0.0000	1.0000
	Global 技术效率2017	0.5322	0.2093	-0.0000	1.0000
	技术效率变动2017	-5.8843	65.5488	-634.6401	1.2507
	技术进步2017	1.1654	0.2424	-0.0016	2.9757
	GML 指数	1.0107	0.1845	0.5556	1.3750
河北	技术效率2016	0.4809	0.1368	0.2657	0.7741
	技术效率2017	0.3765	0.1633	0.1163	0.8637
	Global 技术效率2016	0.3937	0.1147	0.2326	0.7380
	Global 技术效率2017	0.3724	0.1516	0.1163	0.7768
	技术效率变动2017	0.7802	0.2358	0.3634	1.2192
	技术进步2017	1.2189	0.1261	0.8997	1.3758
	GML 指数	0.9359	0.2384	0.5000	1.3750
山西	技术效率2016	0.5141	0.2507	0.0000	1.0000
	技术效率2017	0.4308	0.3044	0.0000	1.0000
	Global 技术效率2016	0.4711	0.2665	0.0000	1.0000

续表

地区	Variables	Mean	Sd	Min	Max
山西	Global 技术效率 2017	0.3679	0.2242	0.0000	0.9565
	技术效率变动 2017	0.7603	0.2503	0.4158	1.2507
	技术进步 2017	1.0598	0.2340	0.5000	1.3621
	GML 指数	0.8010	0.2452	0.3000	1.3500
新疆	技术效率 2016	0.7201	0.1698	0.6000	0.8401
	技术效率 2017	0.8060	0.2743	0.6121	1.0000
	Global 技术效率 2016	0.7193	0.1697	0.5993	0.8394
	Global 技术效率 2017	0.7893	0.2687	0.5993	0.9792
	技术效率变动 2017	1.1052	0.1203	1.0201	1.1903
	技术进步 2017	0.9802	0.0001	0.9802	0.9803
	GML 指数	1.0833	0.1179	1.0000	1.1667
宁夏	技术效率 2016	0.4860	0.1931	0.0000	0.8983
	技术效率 2017	0.4450	0.2032	0.2558	1.0000
	Global 技术效率 2016	0.4107	0.1743	0.0000	0.8093
	Global 技术效率 2017	0.4298	0.1715	0.2558	0.8372
	技术效率变动 2017	0.8226	0.1733	0.4476	1.2507
	技术进步 2017	1.1646	0.1348	0.6368	1.3119
	GML 指数	0.9706	0.1741	0.5500	1.3750

注：表中的均值和标准差都以每户样本的效率值计算结果取均值求得。

新疆和甘肃全要素生产率的提高主要源自技术效率的进步，2016～2017 年，新疆的全域技术效率由 0.7193 增加到 0.7893，但技术进步仅为 0.9802，显示技术处于退步状态，全要素生产率的提高主要来自技术效率的提高。同样，甘肃 2017 年胡麻技术进步为 1.1654，生产前沿面得到了进步，但是甘肃的全域技术效率由 0.5270 增加到 0.5322，在一定程度上推动了全要素生产率的提高。全要素生产率的增加，说明新疆和甘肃在胡麻的投入方面带动了胡麻生产的制度创新，不断优化要素投入使得全要素生产率得以提高。内蒙古、河北和山西的胡麻 GML 指数小于 1，显示全要素生产率是退化的。同时三地全域技术效率均下降，显示技术进步没有带动全要素生产率的进步，说明全域技术效率的变化对全域全要素生产率的影响更大。

在规模报酬可变时，全要素生产率得到提高，技术效率对全要素生产率的影响仍然较大。通过表6－5可以看出，除了内蒙古的GML指数主要受到技术进步影响以外，其他胡麻主产区的全要素生产率主要受到技术效率的影响。其中，新疆2017年技术进步为0.9939，全要素生产率并没有受到技术退步的影响，保持为1.0000，与全域技术效率保持不变的情况一致。河北和山西的技术进步值分别为1.0442和1.0181，均实现了胡麻种植技术的进步，但是两省GML指数均小于1，显示全要素生产率均下降了，其原因在于全域技术效率均表现为下降。

表6－5　投入视角下胡麻产区规模可变时全要素生产率比较

地区	Variables	Mean	Sd	Min	Max
内蒙古	技术效率2016	0.7692	0.2239	0.1205	1.0000
	技术效率2017	0.7416	0.2221	0.3801	1.0000
	Global技术效率2016	0.7401	0.2315	0.1205	1.0000
	Global技术效率2017	0.7328	0.2262	0.3801	1.0000
	技术效率变动2017	1.0396	0.5638	0.6409	4.1578
	技术进步2017	1.0330	0.0854	0.7437	1.2075
	GML指数	1.0656	0.5575	0.6798	4.1578
甘肃	技术效率2016	0.8000	0.1506	0.4151	1.0000
	技术效率2017	0.7552	0.1700	0.4151	1.0000
	Global技术效率2016	0.7538	0.1592	0.4151	1.0000
	Global技术效率2017	0.7537	0.1695	0.4151	1.0000
	技术效率变动2017	0.9449	0.1174	0.6483	1.2053
	技术进步2017	1.0658	0.0811	0.9085	1.3679
	GML指数	1.0012	0.1040	0.7589	1.4131
河北	技术效率2016	0.6937	0.1876	0.3076	1.0000
	技术效率2017	0.6581	0.1891	0.3674	1.0000
	Global技术效率2016	0.6646	0.1928	0.2977	1.0000
	Global技术效率2017	0.6558	0.1893	0.3644	1.0000
	技术效率变动2017	0.9570	0.1237	0.6162	1.1945
	技术进步2017	1.0442	0.0428	0.9835	1.1125
	GML指数	0.9970	0.1208	0.6759	1.2872

续表

地区	Variables	Mean	Sd	Min	Max
山西	技术效率 2016	0.6867	0.2287	0.3179	1.0000
	技术效率 2017	0.6549	0.2503	0.3179	1.0000
	Global 技术效率 2016	0.6679	0.2382	0.3179	1.0000
	Global 技术效率 2017	0.6450	0.2548	0.3179	1.0000
	技术效率变动 2017	0.9466	0.1225	0.5950	1.3413
	技术进步 2017	1.0181	0.0779	0.7745	1.2583
	GML 指数	0.9568	0.0877	0.7412	1.2055
新疆	技术效率 2016	0.8045	0.2765	0.6090	1.0000
	技术效率 2017	0.8083	0.2711	0.6165	1.0000
	Global 技术效率 2016	0.8009	0.2816	0.6018	1.0000
	Global 技术效率 2017	0.8009	0.2816	0.6018	1.0000
	技术效率变动 2017	1.0062	0.0087	1.0000	1.0123
	技术进步 2017	0.9939	0.0086	0.9878	1.0000
	GML 指数	1.0000	0.0000	1.0000	1.0000
宁夏	技术效率 2016	0.6298	0.1301	0.3032	0.9096
	技术效率 2017	0.6032	0.1517	0.3875	1.0000
	Global 技术效率 2016	0.5794	0.1175	0.3032	0.8263
	Global 技术效率 2017	0.5874	0.1242	0.3873	0.8542
	技术效率变动 2017	1.0114	0.4885	0.6147	3.2979
	技术进步 2017	1.0696	0.1013	0.7080	1.2016
	GML 指数	1.0386	0.2819	0.7217	2.3348

注：表中的均值和标准差都以每户样本的效率值计算结果取均值求得。

二、产出视角下胡麻的生产效率地域比较

在产出视角下，胡麻的生产效率呈现由东部向西北内陆地区逐渐递减的趋势（见表6-6）。区域比较显示，新疆的生产效率最高。在规模不变和规模可变的情况下新疆胡麻生产效率分别达到0.8060和0.7822，远超其他胡麻产区，而且新疆胡麻生产效率的最小值也远远高于其他地区。在可变规模的情况下，宁夏胡

麻生产效率最低，其次是山西，平均值仅为0.6045。在不变规模的情况下，河北胡麻生产效率最低，仅有0.3765，最高的仍然是新疆，生产效率均值达到0.8060，是河北的两倍。从区域生产比较来看，新疆的胡麻种植面积在六大主产区中是最小的，2016年仅达到9.41千公顷，产量也只有1.7万吨，远不及其他地区，其效率最高的原因是新疆胡麻的单产高，新疆的单产在全国6大胡麻主产区中位居第2，达到1776公斤/公顷。

表6-6 产出视角下胡麻产区生产效率的比较

地区	不变规模				可变规模			
	Mean	Sd	Min	Max	Mean	Sd	Min	Max
内蒙古	0.5225	0.2215	0.1535	1.0000	0.6576	0.1940	0.3205	1.0000
甘肃	0.5328	0.2101	0.0000	1.0000	0.6969	0.1665	0.3718	1.0000
河北	0.3765	0.1633	0.1163	0.8637	0.6164	0.1923	0.3359	1.0000
山西	0.4308	0.3044	0.0000	1.0000	0.6045	0.2241	0.2861	1.0000
新疆	0.8060	0.2743	0.6121	1.0000	0.7822	0.3080	0.5645	1.0000
宁夏	0.4450	0.2032	0.2558	1.0000	0.5415	0.1409	0.3581	1.0000

注：表中均值和标准差都以每户样本的效率值计算结果取均值求得。

通过表6-7的比较可以发现，在规模不变的情况下，各省区产出的比例改进值都较大，显示可以通过增加胡麻产出来提高生产效率。以总产量的比例改进值为例，改进值均值由大到小分别是山西、新疆、内蒙古、河北、甘肃和宁夏。各主产区可以在不改变要素投入数量的情况下通过技术创新和制度进步，引入高产稳产技术等途径增加胡麻产量，通过总产量的增加推动胡麻的生产效率最优化。

表6-7 产出视角下胡麻产区不变规模比例改进变量与松弛改进变量

地区	Variables	Mean	Sd	Min	Max
内蒙古	SM 劳动力	-86.7918	141.9309	-549.9628	0.0000
	SM 直接费用	-103.7135	105.4185	-343.4039	-103.7135
	SM 土地费用	-129.4818	181.9568	-630.4880	0.0000
	PM 总产量	2833.4645	3070.3033	0.0000	12931.0060
	SM 总产量	0.0000	0.0000	0.0000	0.0000

续表

地区	Variables	Mean	Sd	Min	Max
甘肃	SM 劳动力	-173.0537	213.4575	-1638.0010	0.0000
	SM 直接费用	-160.7157	148.6364	-903.5509	0.0000
	SM 土地费用	-70.8297	120.5807	-795.4370	0.0000
	PM 总产量	1312.9500	2570.6906	0.0000	15158.9643
	SM 总产量	0.0000	0.0000	0.0000	0.0000
河北	SM 劳动力	-149.9577	156.2704	-629.7517	0.0000
	SM 直接费用	-52.0563	32.8323	-110.3058	0.0000
	SM 土地费用	-43.2887	46.8448	-143.0884	0.0000
	PM 总产量	2470.0513	3124.3316	315.6502	12589.0925
	SM 总产量	0.0000	0.0000	0.0000	0.0000
山西	SM 劳动力	-85.6500	89.1137	-288.0010	0.0000
	SM 直接费用	-77.0014	74.4053	-216.4019	0.0000
	SM 土地费用	-36.4047	42.7342	-143.6990	0.0000
	PM 总产量	3246.8362	4137.8142	0.0000	15115.1210
	SM 总产量	0.0000	0.0000	0.0000	0.0000
新疆	SM 劳动力	0.0000	0.0000	0.0000	0.0000
	SM 直接费用	0.0000	0.0000	0.0000	0.0000
	SM 土地费用	0.0000	0.0000	0.0000	0.0000
	PM 总产量	2852.2707	4033.7199	0.0000	5704.5415
	SM 总产量	0.0000	0.0000	0.0000	0.0000
宁夏	SM 劳动力	-384.3318	655.0262	-3984.0010	0.0000
	SM 直接费用	-105.9548	40.2064	-186.4049	0.0000
	SM 土地费用	-92.4152	92.0472	-336.3120	0.0000
	PM 总产量	1259.6611	744.2309	0.0000	3442.3178
	SM 总产量	0.0000	0.0000	0.0000	0.0000

注：表中仅留下不为0的投入变量，但从产出视角考虑，虽总产出松弛改进值为0，也留在了表中。

在规模报酬可变的情况下，从产出导向的视角看，各省区均可以通过变动生产规模增加产出的方式提高生产效率。其中，新疆总产量的比例改进值最大；其次是山西、内蒙古。在规模报酬可变的情况下，可以通过改变规模，优化投入配置，使生产效率得以提升（见表6-8）。

表 6-8 产出视角下胡麻产区可变规模比例改进变量与松弛改进变量

地区	Variables	Mean	Sd	Min	Max
内蒙古	SM 劳动力	-38.0938	95.5640	-381.0176	0.0000
	SM 直接费用	-41.9508	56.5938	-203.0589	0.0000
	SM 土地费用	-112.4519	168.3815	-594.9953	0.0000
	PM 总产量	2566.9677	2826.2993	0.0000	12460.4862
	SM 总产量	0.0000	0.0000	0.0000	0.0000
甘肃	SM 劳动力	-98.7092	198.0037	-1527.5728	0.0000
	SM 直接费用	-67.8426	129.3856	-766.0258	0.0000
	SM 土地费用	-38.0462	118.2864	-749.9990	0.0000
	PM 总产量	1054.0686	1829.3583	0.0000	9750.0000
	SM 总产量	0.0000	0.0000	0.0000	0.0000
河北	SM 劳动力	-100.5111	151.4014	-593.7864	0.0000
	SM 直接费用	0.0000	0.0000	0.0000	0.0000
	SM 土地费用	-33.3922	83.1236	-380.6613	0.0000
	PM 总产量	2106.1116	3133.7239	0.0000	12450.8515
	SM 总产量	0.0000	0.0000	0.0000	0.0000
山西	SM 劳动力	-32.4805	53.9240	-230.0196	0.0000
	SM 直接费用	-23.4950	36.9086	-96.8176	0.0000
	SM 土地费用	-20.3081	40.5887	-143.6990	0.0000
	PM 总产量	2698.4214	3639.3927	0.0000	15094.5431
	SM 总产量	0.0000	0.0000	0.0000	0.0000
新疆	SM 劳动力	0.0000	0.0000	0.0000	0.0000
	SM 直接费用	0.0000	0.0000	0.0000	0.0000
	SM 土地费用	-38.7932	54.8619	-77.5864	0.0000
	PM 总产量	2709.8537	3832.3119	0.0000	5419.7074
	SM 总产量	0.0000	0.0000	0.0000	0.0000
宁夏	SM 劳动力	-304.8371	650.9263	-3890.9091	0.0000
	SM 直接费用	-10.5056	17.3140	-61.9697	0.0000
	SM 土地费用	-52.8045	88.5603	-291.7919	0.0000
	PM 总产量	1130.7929	656.8938	0.0000	2663.3712
	SM 总产量	0.0000	0.0000	0.0000	0.0000

注：表中仅留下不为 0 的投入变量，但从产出视角考虑，虽总产出松弛改进值为 0，也留在了表中。

在规模报酬不变假设条件下，从产出最大化视角考虑，技术效率的提升对全要素生产率的优化至关重要（见表6－9）。各产区胡麻全要素生产率从高到低的排列顺序为新疆、甘肃、宁夏、河北、内蒙古和山西。新疆的技术效率水平呈现递增趋势，而其他省区都呈现递减趋势。2017年技术进步最高的为河北，最低的是新疆。通过对比可以发现，新疆全要素生产率的递增主要来自技术效率的贡献，新疆2016年的技术效率和全域技术效率分别为0.7201和0.7193，在2017年技术效率有了比较不错的提升，分别达到0.8060和0.7893，技术效率的提升弥补了技术进步的缺陷，使得新疆的GML指数仍然大于1，由于技术创新等可能的原因，新疆的全要素生产率是优化的。

表6－9 产出视角下胡麻产区规模不变时全要素生产率比较

地区	Variables	Mean	Sd	Min	Max
内蒙古	技术效率2016	0.6201	0.2013	0.3279	1.0000
	技术效率2017	0.5225	0.2215	0.1535	1.0000
	Global技术效率2016	0.5665	0.1911	0.2760	0.9667
	Global技术效率2017	0.5135	0.2186	0.1535	1.0000
	技术效率变动2017	0.8576	0.1707	0.5550	1.2626
	技术进步2017	1.0861	0.1207	0.7489	1.3512
	GML指数	0.9270	0.1951	0.6250	1.5000
甘肃	技术效率2016	0.6196	0.1923	0.2724	1.0000
	技术效率2017	0.5443	0.1968	0.2163	1.0000
	Global技术效率2016	0.5384	0.1775	0.2093	1.0000
	Global技术效率2017	0.5438	0.1960	0.2163	1.0000
	技术效率变动2017	0.8865	0.1945	0.4823	1.4264
	技术进步2017	1.1584	0.0949	0.9461	1.3855
	GML指数	1.0185	0.2032	0.5556	1.5333
河北	技术效率2016	0.4809	0.1368	0.2657	0.7741
	技术效率2017	0.3765	0.1633	0.1163	0.8637
	Global技术效率2016	0.3937	0.1147	0.2326	0.7380
	Global技术效率2017	0.3724	0.1516	0.1163	0.7768
	技术效率变动2017	0.7802	0.2358	0.3634	1.2192
	技术进步2017	1.2189	0.1261	0.8997	1.3758
	GML指数	0.9359	0.2384	0.5000	1.3750

续表

地区	Variables	Mean	Sd	Min	Max
山西	技术效率 2016	0.5288	0.2382	0.2500	1.0000
	技术效率 2017	0.4431	0.2996	0.1395	1.0000
	Global 技术效率 2016	0.4846	0.2576	0.2326	1.0000
	Global 技术效率 2017	0.3785	0.2183	0.1395	0.9565
	技术效率变动 2017	0.8010	0.3558	0.4158	1.9484
	技术进步 2017	1.0529	0.2337	0.5000	1.3621
	GML 指数	0.7953	0.2464	0.3000	1.3500
新疆	技术效率 2016	0.7201	0.1698	0.6000	0.8401
	技术效率 2017	0.8060	0.2743	0.6121	1.0000
	Global 技术效率 2016	0.7193	0.1697	0.5993	0.8394
	Global 技术效率 2017	0.7893	0.2687	0.5993	0.9792
	技术效率变动 2017	1.1052	0.1203	1.0201	1.1903
	技术进步 2017	0.9802	0.0001	0.9802	0.9803
	GML 指数	1.0833	0.1179	1.0000	1.1667
宁夏	技术效率 2016	0.5173	0.1517	0.3056	0.8983
	技术效率 2017	0.4450	0.2032	0.2558	1.0000
	Global 技术效率 2016	0.4372	0.1429	0.2558	0.8093
	Global 技术效率 2017	0.4298	0.1715	0.2558	0.8372
	技术效率变动 2017	0.7950	0.1379	0.4476	1.1577
	技术进步 2017	1.1934	0.0697	1.0826	1.3119
	GML 指数	0.9445	0.1440	0.5500	1.2917

注：表中的均值和标准差都以每户样本的效率值计算结果取均值求得。

在规模报酬可变的条件下，规模扩大可以实现技术的进步，但是技术效率在全要素生产率的提高方面起到关键作用（见表 6 - 10）。根据全要素生产率的高低进行排序，可以发现最优的是宁夏，之后是甘肃、内蒙古、河北、新疆和山西。甘肃和宁夏的全域技术效率是增加的，其余省区则是减少的，甘肃和宁夏同样也存在技术进步，2017 年两个产区技术进步水平分别为 1.1525 和 1.0678，但是宁夏的全域全要素生产率仍高于甘肃，说明技术效率提升对全要素生产率优化的贡献度更大。反过来看其他省区，内蒙古、河北、山西和新疆，技术进步水平都大于 1，说明在规模可变的情况下，规模的增加可以推动技术进步，技术进步不一定能推动全要素生产率的提高，如果想要提升全要素生产率还需要技术效率的优化。

表 6-10 产出视角下胡麻产区规模可变时全要素生产率比较

地区	Variables	Mean	Sd	Min	Max
内蒙古	技术效率 2016	0.5557	0.1454	0.3331	0.9073
	技术效率 2017	0.4675	0.2017	0.2584	1.0000
	Global 技术效率 2016	0.4618	0.1426	0.2791	0.8232
	Global 技术效率 2017	0.4541	0.1740	0.2584	0.8516
	技术效率变动 2017	0.7802	0.1388	0.4368	1.1623
	技术进步 2017	1.2169	0.0718	1.0666	1.3247
	GML 指数	0.9445	0.1440	0.5500	1.2917
甘肃	技术效率 2016	0.6667	0.1896	0.2971	1.0000
	技术效率 2017	0.5908	0.2033	0.2380	1.0000
	Global 技术效率 2016	0.5844	0.1845	0.2251	1.0000
	Global 技术效率 2017	0.5897	0.2018	0.2380	1.0000
	技术效率变动 2017	0.8929	0.2007	0.4738	1.4567
	技术进步 2017	1.1525	0.1001	0.8985	1.3877
	GML 指数	1.0185	0.2032	0.5556	1.5333
河北	技术效率 2016	0.6529	0.2023	0.3368	1.0000
	技术效率 2017	0.5536	0.2374	0.1653	1.0000
	Global 技术效率 2016	0.6009	0.2083	0.2888	1.0000
	Global 技术效率 2017	0.5436	0.2362	0.1653	1.0000
	技术效率变动 2017	0.8581	0.1644	0.5815	1.2862
	技术进步 2017	1.0829	0.1132	0.7427	1.2898
	GML 指数	0.9270	0.1951	0.6250	1.5000
山西	技术效率 2016	0.5461	0.2294	0.2652	1.0000
	技术效率 2017	0.4689	0.3002	0.1677	1.0000
	Global 技术效率 2016	0.5036	0.2466	0.2551	1.0000
	Global 技术效率 2017	0.3929	0.2118	0.1677	0.9565
	技术效率变动 2017	0.8242	0.3600	0.4111	2.0173
	技术进步 2017	1.0259	0.2365	0.3856	1.3361
	GML 指数	0.7953	0.2464	0.3000	1.3500

续表

地区	Variables	Mean	Sd	Min	Max
新疆	技术效率 2016	0.5795	0.1988	0.3020	1.0000
	技术效率 2017	0.4822	0.2369	0.1398	1.0000
	Global 技术效率 2016	0.5008	0.1897	0.2797	1.0000
	Global 技术效率 2017	0.4736	0.2237	0.1398	1.0000
	技术效率变动 2017	0.8202	0.2399	0.4118	1.2196
	技术进步 2017	1.1581	0.1170	0.9205	1.3196
	GML 指数	0.9359	0.2384	0.5000	1.3750
宁夏	技术效率 2016	0.8024	0.2795	0.6048	1.0000
	技术效率 2017	0.8121	0.2658	0.6241	1.0000
	Global 技术效率 2016	0.7289	0.1814	0.6006	0.8571
	Global 技术效率 2017	0.8003	0.2824	0.6006	1.0000
	技术效率变动 2017	1.0160	0.0227	1.0000	1.0321
	技术进步 2017	1.0678	0.1398	0.9689	1.1667
	GML 指数	1.0833	0.1179	1.0000	1.1667

注：表中的均值和标准差都以每户样本的效率值计算结果取均值求得。

第二节　芝麻生产效率的区域差异

一、投入视角下芝麻的生产效率地域比较

（一）技术效率的区域比较

投入视角下，在规模报酬不变的假设下，中国中部的芝麻产区生产效率较高，其次是东北，华北和西北的省区生产效率总体偏低（见表 6－11）。具体来看，安徽芝麻生产效率最高，达到 0.598，其次是河南，为 0.575，然后依次是辽宁、江西、湖北、河北、吉林和山西等省。存在区域差异的主要原因有：第一，中部地区资源禀赋基础相对更优，自然地理条件可能更适合芝麻的生长，河南、湖北和安徽的单产和播种面积始终处于全国前列。以河南的南阳和周口为

例，南阳位于河南西南部，土壤肥沃，光照充足，雨量充沛，非常适合芝麻的生长发育；河南东南部的周口地区属于黄淮海芝麻生态区，该区生产出的芝麻籽粒饱满、色正、含油量高、品质优。第二，中部地区是中国芝麻的主产区，种植历史悠久，芝麻种植户有丰富的种植经验。

表 6－11 投入视角下芝麻产区生产效率的比较

地区	不变规模				可变规模			
	Mean	Sd	Min	Max	Mean	Sd	Min	Max
湖北	0.429	0.133	0.233	0.699	0.678	0.245	0.304	1.000
河南	0.575	0.191	0.173	1.000	0.748	0.206	0.250	1.000
江西	0.432	0.114	0.243	0.622	0.626	0.227	0.301	1.000
甘肃	0.000	0.000	0.000	0.000	1.000	0.000	1.000	1.000
山西	0.301	0.031	0.249	0.358	1.000	0.000	1.000	1.000
辽宁	0.457	0.068	0.342	0.565	0.580	0.092	0.423	0.755
吉林	0.307	0.076	0.217	0.497	0.416	0.110	0.299	0.665
安徽	0.598	0.141	0.000	0.744	0.825	0.198	0.000	1.000
河北	0.393	0.161	0.180	0.821	0.548	0.238	0.220	1.000

注：表中的均值和标准差都以每户样本的效率值计算结果取均值求得。

在规模报酬可变的假设条件下，芝麻的生产效率整体上有所提升，说明芝麻的生产存在着规模效率。在规模报酬可变时，安徽、河南和湖北的生产效率分别为0.825、0.748和0.678，高于规模报酬不变时的0.598、0.575和0.429。说明在规模报酬可变的情况下，芝麻生产者可以选择最优生产规模提高生产技术效率。

从投入视角看，劳动力费用、土地费用和直接费用是制约芝麻主产区生产效率提升的关键因素（见表6－12）。各主产区中，山西总体表现较好，只有劳动力和直接费用存在松弛改进值和比例改进值，从调研样本看，土地费用基本上不存在比例改进值和松弛改进值。除了山西以外，其余省份均存在土地费用的改进值，以吉林为例，吉林芝麻种植户的土地费用的比例改进值为－120.165，松弛改进值为－100.787，根据调研数据，土地流转成本约为436元，说明就目前产出而言，土地成本仍然有缩减空间。其余各省投入均有较大的冗余和一定改进空间。

表6-12　投入视角下芝麻主产区不变规模时比例改进变量与松弛改进变量

地区	Variables	Mean	Sd	Min	Max
湖北	PM 种植面积	-5.147	11.744	-52.727	0.000
	SM 种植面积	0.000	0.000	0.000	0.000
	PM 劳动力	-68.344	64.659	-237.274	0.000
	SM 劳动力	-115.099	98.997	-400.006	-26.092
	PM 直接费用	-67.779	31.395	-112.275	0.000
	SM 直接费用	-103.808	53.053	-284.267	-39.524
	PM 土地费用	-202.318	607.471	-3540.790	0.000
	SM 土地费用	-331.534	1016.440	-5888.157	0.000
	PM 总产量	0.000	0.000	0.000	0.000
	SM 总产量	0.000	0.000	0.000	0.000
河南	PM 种植面积	-2.743	6.398	-47.727	0.000
	SM 种植面积	0.000	0.000	0.000	0.000
	PM 劳动力	-78.506	108.247	-686.185	0.000
	SM 劳动力	-188.644	167.095	-713.791	0.000
	PM 直接费用	-41.849	51.383	-369.233	0.000
	SM 直接费用	-108.395	85.482	-341.168	0.000
	PM 土地费用	-202.950	347.258	-2711.843	0.000
	SM 土地费用	-383.830	342.515	-1499.979	0.000
	PM 总产量	0.000	0.000	0.000	0.000
	SM 总产量	0.000	0.000	0.000	0.000
江西	PM 种植面积	-2.478	3.320	-12.336	-0.260
	SM 种植面积	0.000	0.000	0.000	0.000
	PM 劳动力	-152.558	179.616	-888.464	0.000
	SM 劳动力	-209.741	193.700	-824.427	-0.001
	PM 直接费用	-76.496	71.842	-392.540	-33.001
	SM 直接费用	-113.174	78.161	-330.616	-19.078
	PM 土地费用	-50.797	62.954	-276.923	0.000
	SM 土地费用	-54.164	61.721	-265.863	-0.001
	PM 总产量	0.000	0.000	0.000	0.000
	SM 总产量	0.000	0.000	0.000	0.000
甘肃	PM 种植面积	-0.001	0.000	-0.001	-0.001
	SM 种植面积	0.000	0.000	0.000	0.000

续表

地区	Variables	Mean	Sd	Min	Max
甘肃	PM 劳动力	-0.001	0.000	-0.001	-0.001
	SM 劳动力	0.000	0.000	0.000	0.000
	PM 直接费用	-0.001	0.000	-0.001	-0.001
	SM 直接费用	0.000	0.000	0.000	0.000
	PM 土地费用	-133.334	115.470	-200.001	-0.001
	SM 土地费用	0.000	0.000	0.000	0.000
	PM 总产量	0.000	0.000	0.000	0.000
	SM 总产量	0.000	0.000	0.000	0.000
山西	PM 种植面积	-5.641	3.241	-12.000	-1.755
	SM 种植面积	0.000	0.000	0.000	0.000
	PM 劳动力	-94.900	49.575	-130.004	-0.001
	SM 劳动力	-63.726	33.492	-88.002	0.000
	PM 直接费用	-134.869	72.682	-201.002	-0.001
	SM 直接费用	-91.135	50.726	-146.627	0.000
	PM 土地费用	-0.001	0.000	-0.001	-0.001
	SM 土地费用	0.000	0.000	0.000	0.000
	PM 总产量	0.000	0.000	0.000	0.000
	SM 总产量	0.000	0.000	0.000	0.000
辽宁	PM 种植面积	-2.314	1.275	-5.000	-0.746
	SM 种植面积	0.000	0.000	0.000	0.000
	PM 劳动力	-70.405	22.656	-129.548	-27.637
	SM 劳动力	-137.024	60.255	-286.352	-52.272
	PM 直接费用	-53.538	14.506	-75.003	-30.228
	SM 直接费用	-97.043	35.432	-163.624	-44.432
	PM 土地费用	-141.414	59.288	-286.364	-50.000
	SM 土地费用	-242.655	86.319	-380.542	-110.541
	PM 总产量	0.000	0.000	0.000	0.000
	SM 总产量	0.000	0.000	0.000	0.000
吉林	PM 种植面积	-6.869	4.523	-19.091	-2.966
	SM 种植面积	0.000	0.000	0.000	0.000
	PM 劳动力	-114.369	44.927	-190.910	-65.458

续表

地区	Variables	Mean	Sd	Min	Max
吉林	SM 劳动力	-102.059	62.540	-218.174	-43.636
	PM 直接费用	-85.136	26.004	-136.820	-46.365
	SM 直接费用	-71.504	28.763	-123.630	-38.174
	PM 土地费用	-120.165	37.647	-181.855	-39.546
	SM 土地费用	-100.787	52.896	-261.809	-58.180
	PM 总产量	0.000	0.000	0.000	0.000
	SM 总产量	0.000	0.000	0.000	0.000
安徽	PM 种植面积	-11.458	54.728	-300.000	0.000
	SM 种植面积	0.000	0.000	0.000	0.000
	PM 劳动力	-57.470	60.995	-207.694	0.000
	SM 劳动力	-331.768	190.633	-683.286	0.000
	PM 直接费用	-19.570	20.748	-90.004	0.000
	SM 直接费用	-107.414	65.104	-238.879	0.000
	PM 土地费用	-73.077	103.621	-400.000	0.000
	SM 土地费用	-272.748	254.417	-999.942	-0.001
	PM 总产量	0.000	0.000	0.000	0.000
	SM 总产量	0.000	0.000	0.000	0.000
河北	PM 种植面积	-9.009	27.482	-121.818	0.000
	SM 种植面积	0.000	0.000	0.000	0.000
	PM 劳动力	-120.951	76.224	-276.924	0.000
	SM 劳动力	-168.694	175.608	-669.804	0.000
	PM 直接费用	-76.152	41.163	-158.366	0.000
	SM 直接费用	-87.796	66.211	-299.861	-0.001
	PM 土地费用	-135.803	73.951	-266.447	0.000
	SM 土地费用	-159.322	159.999	-662.513	0.000
	PM 总产量	0.000	0.000	0.000	0.000
	SM 总产量	0.000	0.000	0.000	0.000

注：表中的均值和标准差都以每户样本的效率值计算结果取均值求得。

在规模报酬可变的情况下，甘肃的生产处于最优状态，投入产出要素均无冗余，湖北和河南则相对较差，劳动力、直接费用和土地费用均存在冗余（见

表 6 – 13）。江西和安徽的劳动力费用冗余程度相对较高，主要影响因素是芝麻生产机械化程度较低。以江西为例，江西是中国黑芝麻的主产区，芝麻种植面积在 42 万亩左右，人均耕地面积少，规模化经营面积少，人工成本相应较高。山西的直接费用冗余程度较高，达到 – 226.003。调研样本显示山西芝麻种植农户排灌费、机械作业费以及化肥投入相对较高，投入的过量带来相应的冗余。

表 6 – 13　投入视角下芝麻主产区可变规模时改进变量与松弛变量

地区	Variables	Mean	Sd	Min	Max
湖北	PM 种植面积	– 3.819	10.380	– 51.033	0.000
	SM 种植面积	– 0.425	0.999	– 4.591	0.000
	PM 劳动力	– 61.674	70.336	– 238.063	0.000
	SM 劳动力	– 81.269	74.365	– 355.654	0.000
	PM 直接费用	– 54.614	40.147	– 124.216	0.000
	SM 直接费用	– 83.794	61.107	– 190.003	0.000
	PM 土地费用	– 211.078	572.762	– 3343.343	0.000
	SM 土地费用	– 171.949	958.577	– 5509.293	0.000
	PM 总产量	0.000	0.000	0.000	0.000
	SM 总产量	0.000	0.000	0.000	0.000
河南	PM 种植面积	– 2.364	4.536	– 26.920	0.000
	SM 种植面积	– 0.143	1.028	– 10.246	0.000
	PM 劳动力	– 79.617	97.357	– 511.598	0.000
	SM 劳动力	– 110.937	126.523	– 515.309	0.000
	PM 直接费用	– 45.372	55.026	– 383.700	0.000
	SM 直接费用	– 49.623	63.703	– 251.993	0.000
	PM 土地费用	– 232.794	363.489	– 2701.107	0.000
	SM 土地费用	– 55.479	155.688	– 815.092	0.000
	PM 总产量	0.000	0.000	0.000	0.000
	SM 总产量	1.124	9.948	0.000	99.857
江西	PM 种植面积	– 2.025	3.236	– 12.391	0.000
	SM 种植面积	– 0.320	0.738	– 2.399	0.000
	PM 劳动力	– 151.372	196.201	– 935.043	0.000
	SM 劳动力	– 173.746	198.538	– 799.316	0.000
	PM 直接费用	– 70.335	81.638	– 413.119	0.000

续表

地区	Variables	Mean	Sd	Min	Max
江西	SM 直接费用	-89.601	90.897	-304.182	0.000
	PM 土地费用	-52.185	64.523	-279.706	0.000
	SM 土地费用	0.000	0.000	0.000	0.000
	PM 总产量	0.000	0.000	0.000	0.000
	SM 总产量	0.000	0.000	0.000	0.000
甘肃	PM 种植面积	0.000	0.000	0.000	0.000
	SM 种植面积	0.000	0.000	0.000	0.000
	PM 劳动力	0.000	0.000	0.000	0.000
	SM 劳动力	0.000	0.000	0.000	0.000
	PM 直接费用	0.000	0.000	0.000	0.000
	SM 直接费用	0.000	0.000	0.000	0.000
	PM 土地费用	0.000	0.000	0.000	0.000
	SM 土地费用	0.000	0.000	0.000	0.000
	PM 总产量	0.000	0.000	0.000	0.000
	SM 总产量	0.000	0.000	0.000	0.000
山西	PM 种植面积	0.000	0.000	0.000	0.000
	SM 种植面积	-5.671	3.267	-11.999	-1.754
	PM 劳动力	0.000	0.000	0.000	0.000
	SM 劳动力	-158.625	82.452	-200.005	0.000
	PM 直接费用	0.000	0.000	0.000	0.000
	SM 直接费用	-226.003	122.609	-345.003	0.000
	PM 土地费用	0.000	0.000	0.000	0.000
	SM 土地费用	0.000	0.000	0.000	0.000
	PM 总产量	0.000	0.000	0.000	0.000
	SM 总产量	0.000	0.000	0.000	0.000
辽宁	PM 种植面积	-2.868	1.581	-5.913	-0.807
	SM 种植面积	0.000	0.000	0.000	0.000
	PM 劳动力	-84.957	24.532	-156.718	-49.464
	SM 劳动力	-77.988	39.607	-151.275	0.000
	PM 直接费用	-64.459	12.827	-83.840	-44.390
	SM 直接费用	-31.673	23.571	-71.051	0.000

续表

地区	Variables	Mean	Sd	Min	Max
辽宁	PM 土地费用	-168.530	59.317	-331.225	-72.409
	SM 土地费用	-3.390	15.159	-67.792	0.000
	PM 总产量	0.000	0.000	0.000	0.000
	SM 总产量	0.000	0.000	0.000	0.000
吉林	PM 种植面积	-7.126	4.242	-18.761	-3.221
	SM 种植面积	0.000	0.000	0.000	0.000
	PM 劳动力	-121.861	48.680	-202.020	-68.324
	SM 劳动力	-25.288	40.431	-111.881	0.000
	PM 直接费用	-90.625	28.111	-144.782	-56.970
	SM 直接费用	-6.832	15.772	-47.469	0.000
	PM 土地费用	-128.619	42.596	-205.634	-42.945
	SM 土地费用	0.000	0.000	0.000	0.000
	PM 总产量	0.000	0.000	0.000	0.000
	SM 总产量	0.000	0.000	0.000	0.000
安徽	PM 种植面积	-1.522	4.678	-25.363	0.000
	SM 种植面积	0.000	0.000	0.000	0.000
	PM 劳动力	-57.625	69.526	-222.370	0.000
	SM 劳动力	-229.488	184.462	-655.529	0.000
	PM 直接费用	-18.940	21.544	-89.965	0.000
	SM 直接费用	-50.103	49.112	-156.529	0.000
	PM 土地费用	-75.395	83.760	-299.870	0.000
	SM 土地费用	-20.764	75.557	-388.001	0.000
	PM 总产量	0.000	0.000	0.000	0.000
	SM 总产量	10.492	24.098	0.000	89.900
河北	PM 种植面积	-6.993	19.979	-89.978	0.000
	SM 种植面积	-0.007	0.041	-0.249	0.000
	PM 劳动力	-119.643	79.520	-303.841	0.000
	SM 劳动力	-123.481	155.438	-596.733	0.000
	PM 直接费用	-74.493	39.924	-145.525	0.000
	SM 直接费用	-69.681	55.158	-226.625	0.000
	PM 土地费用	-140.537	69.565	-265.380	0.000

续表

地区	Variables	Mean	Sd	Min	Max
河北	SM 土地费用	-31.474	113.585	-600.000	0.000
	PM 总产量	0.000	0.000	0.000	0.000
	SM 总产量	2.617	13.343	0.000	79.833

注：表中的均值和标准差都以每户样本的效率值计算结果取均值求得。

上述分析可知，芝麻生产效率的提高，需建立在直接要素投入、土地费用和劳动力费用优化基础上（见表6－14）。从投入视角看，无论是规模可变还是规模不变，芝麻主产区的劳动力、土地费用和直接费用都存在冗余，基本还存在着比例改进值和松弛改进值，为了优化生产效率，仍然需要严格按照“一控、两减、三基本”的要求，推行绿色发展，改变传统发展理念，转变发展方式，减少农药化肥等要素的投入，因地制宜进行合理的生产种植；同时，减少劳动力和土地费用的过量投入。就江西和安徽而言，大量的农业劳动力投入到芝麻的生产中从事除草等工作，造成了劳动力的冗余。为了改进效率，可以结合区域地理特征发展适度规模经营，提高机械化水平，减少劳动力投入。

表6－14　投入视角下芝麻产区规模不变时全要素生产率比较

地区	Variables	Mean	Sd	Min	Max
湖北	技术效率 2016	0.570	0.148	0.372	0.955
	技术效率 2017	0.554	0.166	0.304	0.870
	Global 技术效率 2016	0.558	0.145	0.367	0.913
	Global 技术效率 2017	0.551	0.167	0.289	0.870
	技术效率变动 2017	0.969	0.138	0.654	1.436
	技术进步 2017	1.015	0.024	0.950	1.047
	GML 指数	0.979	0.130	0.682	1.333
河南	技术效率 2016	0.627	0.286	0.000	1.000
	技术效率 2017	0.704	0.186	0.247	1.000
	Global 技术效率 2016	0.610	0.279	0.000	1.000
	Global 技术效率 2017	0.699	0.183	0.247	1.000
	技术效率变动 2017	3.331	6.415	0.466	20.905
	技术进步 2017	1.003	0.213	0.000	2.237
	GML 指数	1.052	0.211	0.000	1.333

续表

地区	Variables	Mean	Sd	Min	Max
江西	技术效率 2016	0. 449	0. 193	0. 019	0. 776
	技术效率 2017	0. 570	0. 149	0. 301	0. 865
	Global 技术效率 2016	0. 442	0. 192	0. 019	0. 767
	Global 技术效率 2017	0. 561	0. 146	0. 300	0. 855
	技术效率变动 2017	2. 618	4. 571	1. 016	20. 905
	技术进步 2017	1. 000	0. 023	0. 957	1. 048
	GML 指数	1. 161	0. 105	1. 030	1. 333
甘肃	技术效率 2016	0. 005	0. 000	0. 005	0. 005
	技术效率 2017	0. 000	—	0. 000	0. 000
	Global 技术效率 2016	0. 005	0. 000	0. 005	0. 005
	Global 技术效率 2017	0. 000	0. 000	0. 000	0. 000
	技术效率变动 2017	0. 001	—	0. 001	0. 001
	技术进步 2017	—	—	—	—
	GML 指数	0. 000	0. 000	0. 000	0. 000
山西	技术效率 2016	0. 421	0. 029	0. 379	0. 475
	技术效率 2017	0. 385	0. 034	0. 326	0. 436
	Global 技术效率 2016	0. 415	0. 030	0. 375	0. 474
	Global 技术效率 2017	0. 374	0. 028	0. 320	0. 417
	技术效率变动 2017	0. 915	0. 053	0. 832	0. 999
	技术进步 2017	0. 988	0. 030	0. 954	1. 047
	GML 指数	0. 902	0. 034	0. 842	0. 957
辽宁	技术效率 2016	0. 546	0. 069	0. 402	0. 670
	技术效率 2017	0. 578	0. 089	0. 423	0. 739
	Global 技术效率 2016	0. 540	0. 069	0. 398	0. 661
	Global 技术效率 2017	0. 573	0. 087	0. 422	0. 726
	技术效率变动 2017	1. 069	0. 177	0. 689	1. 492
	技术进步 2017	1. 003	0. 016	0. 968	1. 049
	GML 指数	1. 063	0. 151	0. 688	1. 333
吉林	技术效率 2016	0. 441	0. 110	0. 288	0. 633
	技术效率 2017	0. 408	0. 105	0. 295	0. 654
	Global 技术效率 2016	0. 434	0. 105	0. 284	0. 611

续表

地区	Variables	Mean	Sd	Min	Max
吉林	Global 技术效率 2017	0.397	0.103	0.284	0.638
	技术效率变动 2017	0.935	0.121	0.694	1.074
	技术进步 2017	0.987	0.023	0.954	1.026
	GML 指数	0.921	0.109	0.692	1.067
安徽	技术效率 2016	0.681	0.244	0.000	1.000
	技术效率 2017	0.763	0.178	0.000	0.960
	Global 技术效率 2016	0.665	0.236	0.000	0.962
	Global 技术效率 2017	0.760	0.176	0.000	0.958
	技术效率变动 2017	1.837	3.615	0.861	20.905
	技术进步 2017	1.020	0.020	0.983	1.049
	GML 指数	1.132	0.149	0.900	1.333
河北	技术效率 2016	0.470	0.206	0.000	0.905
	技术效率 2017	0.503	0.202	0.220	0.955
	Global 技术效率 2016	0.460	0.197	0.000	0.864
	Global 技术效率 2017	0.501	0.201	0.219	0.955
	技术效率变动 2017	1.599	3.263	0.839	20.905
	技术进步 2017	1.014	0.023	0.948	1.048
	GML 指数	1.085	0.093	0.877	1.333

注：表中的均值和标准差都以每户样本的效率值计算结果取均值求得。

（二）全要素生产率的区域比较

从投入视角来看，在规模报酬不变的假设条件下，安徽和江西的全要素生产率较高，山西和吉林的全要素生产率最低，全要素生产率的降低主要由于技术效率的退步（见表6－15）。各主产省中，湖北、吉林、山西的技术效率是减退的。其中，2016～2017年吉林芝麻生产技术效率由0.441下降为0.416，全域技术效率由0.438下降为0.400，技术效率下降较多显示技术相对而言处于退步状态。湖北也呈现相似的趋势。各主产区中全要素生产率优化的省份为河南。河南的技术效率由2016年的0.696增长到2017年的0.748，全域技术效率由2016年的0.662增加到2017年的0.736，技术效率变动达到1.130，其可能的原因是河南播种面积全国最多产量逐年增加，河南农技部门的重视程度不断加强，不断推进新品种的研发、推广、示范，提高了芝麻种植户的技能，促进了效率的改进，带来了全要素生产率的优化。

表 6－15 投入视角下芝麻产区规模可变时全要素生产率比较

地区	Variables	Mean	Sd	Min	Max
湖北	技术效率 2016	0.692	0.229	0.372	1.000
	技术效率 2017	0.678	0.245	0.304	1.000
	Global 技术效率 2016	0.565	0.153	0.367	1.000
	Global 技术效率 2017	0.562	0.187	0.289	1.000
	技术效率变动 2017	0.972	0.108	0.654	1.192
	技术进步 2017	1.014	0.101	0.895	1.529
	GML 指数	0.980	0.132	0.667	1.333
河南	技术效率 2016	0.696	0.289	0.000	1.000
	技术效率 2017	0.748	0.206	0.250	1.000
	Global 技术效率 2016	0.662	0.281	0.000	1.000
	Global 技术效率 2017	0.736	0.202	0.250	1.000
	技术效率变动 2017	1.130	0.463	0.466	2.548
	技术进步 2017	1.038	0.133	0.835	1.944
	GML 指数	1.051	0.169	0.632	1.333
江西	技术效率 2016	0.513	0.289	0.020	1.000
	技术效率 2017	0.626	0.227	0.301	1.000
	Global 技术效率 2016	0.510	0.290	0.020	1.000
	Global 技术效率 2017	0.620	0.231	0.300	1.000
	技术效率变动 2017	1.290	0.483	1.000	2.548
	技术进步 2017	0.996	0.015	0.957	1.016
	GML 指数	1.141	0.111	1.000	1.333
甘肃	技术效率 2016	1.000	0.000	1.000	1.000
	技术效率 2017	1.000	0.000	1.000	1.000
	Global 技术效率 2016	1.000	0.000	1.000	1.000
	Global 技术效率 2017	1.000	0.000	1.000	1.000
	技术效率变动 2017	1.000	0.000	1.000	1.000
	技术进步 2017	1.000	0.000	1.000	1.000
	GML 指数	1.000	0.000	1.000	1.000

续表

地区	Variables	Mean	Sd	Min	Max
山西	技术效率 2016	0. 901	0. 210	0. 393	1. 000
	技术效率 2017	1. 000	0. 000	1. 000	1. 000
	Global 技术效率 2016	0. 708	0. 308	0. 368	1. 000
	Global 技术效率 2017	0. 687	0. 331	0. 313	1. 000
	技术效率变动 2017	1. 219	0. 493	1. 000	2. 548
	技术进步 2017	0. 855	0. 212	0. 342	1. 000
	GML 指数	0. 946	0. 059	0. 849	1. 000
辽宁	技术效率 2016	0. 546	0. 069	0. 402	0. 670
	技术效率 2017	0. 580	0. 092	0. 423	0. 755
	Global 技术效率 2016	0. 541	0. 069	0. 398	0. 661
	Global 技术效率 2017	0. 574	0. 088	0. 422	0. 733
	技术效率变动 2017	1. 073	0. 182	0. 690	1. 524
	技术进步 2017	1. 000	0. 018	0. 956	1. 048
	GML 指数	1. 063	0. 151	0. 688	1. 333
吉林	技术效率 2016	0. 441	0. 110	0. 288	0. 633
	技术效率 2017	0. 416	0. 110	0. 299	0. 665
	Global 技术效率 2016	0. 438	0. 108	0. 284	0. 631
	Global 技术效率 2017	0. 400	0. 105	0. 284	0. 641
	技术效率变动 2017	0. 950	0. 118	0. 694	1. 091
	技术进步 2017	0. 970	0. 015	0. 954	0. 998
	GML 指数	0. 921	0. 109	0. 692	1. 067
安徽	技术效率 2016	0. 692	0. 255	0. 000	1. 000
	技术效率 2017	0. 825	0. 198	0. 000	1. 000
	Global 技术效率 2016	0. 700	0. 268	0. 000	1. 000
	Global 技术效率 2017	0. 823	0. 198	0. 000	1. 000
	技术效率变动 2017	1. 223	0. 323	1. 000	2. 548
	技术进步 2017	0. 993	0. 058	0. 818	1. 101
	GML 指数	1. 132	0. 129	1. 000	1. 333
河北	技术效率 2016	0. 529	0. 260	0. 000	1. 000
	技术效率 2017	0. 548	0. 238	0. 220	1. 000
	Global 技术效率 2016	0. 500	0. 245	0. 000	1. 000

续表

地区	Variables	Mean	Sd	Min	Max
河北	Global 技术效率 2017	0.545	0.238	0.219	1.000
	技术效率变动 2017	1.082	0.270	0.635	2.548
	技术进步 2017	1.055	0.175	0.947	1.896
	GML 指数	1.092	0.092	0.917	1.333

注：表中的均值和标准差都以每户样本的效率值计算结果取均值求得。

在规模报酬可变的假设条件下，全要素生产率均值的排序为江西、安徽、河北、辽宁、河南、湖北和山西，最后是吉林。由全要素生产率恶化的省份可知，全域技术效率的退步制约了全要素生产率的提升。以山西为例，山西的全域技术效率由0.708下降为0.687，虽然山西的技术效率由0.901增加到1.000，技术效率变动为1.219，技术效率显示优化，但是全域技术效率衰退导致全要素生产率下降。就全要素生产率增长的省份来说，其技术效率和全域技术效率都增加，技术效率变动优化。以河南为例，技术效率由0.696增加到0.748，全域技术效率由0.662增加到0.736，技术效率变动为1.130，河南规模化、集约化不断发展，几十亩、几百亩经营的规模化大户相对较多，促进了技术效率和全域技术效率的进步。

二、产出视角下芝麻的生产效率地域比较

分析显示，在规模报酬可变条件下，芝麻生产技术效率要优于规模报酬不变时的生产技术效率，且无论规模报酬是否可变，安徽和河南的生产技术效率都要优于其他芝麻主产区（见表6-16）。

表6-16 产出视角下芝麻产区生产效率的比较

地区	不变规模				可变规模			
	Mean	Sd	Min	Max	Mean	Sd	Min	Max
湖北	0.555	0.166	0.304	0.870	0.566	0.177	0.305	1.000
河南	0.704	0.186	0.247	1.000	0.719	0.190	0.247	1.000
江西	0.570	0.149	0.301	0.865	0.578	0.153	0.301	0.947
甘肃	0.000	0.000	0.000	0.000	0.000	0.000	0.000	0.000

续表

地区	不变规模				可变规模			
	Mean	Sd	Min	Max	Mean	Sd	Min	Max
山西	0.386	0.033	0.326	0.436	0.386	0.033	0.326	0.436
辽宁	0.578	0.089	0.423	0.739	0.580	0.092	0.423	0.756
吉林	0.408	0.105	0.295	0.654	0.418	0.110	0.304	0.667
安徽	0.763	0.178	0.000	0.960	0.787	0.178	0.000	1.000
河北	0.503	0.202	0.220	0.955	0.523	0.203	0.220	0.955

注：表中的均值和标准差都以每户样本的效率值计算结果取均值求得。

在规模报酬可变时，各省生产技术效率依次为安徽、河南、辽宁、江西、湖北、河北和吉林，最后是山西。与规模报酬不变假设下的情况相比，除了山西、甘肃外，其余省份规模报酬可变情况下的生产技术效率更优，如河北，规模报酬可变情况下的生产技术效率为0.523，优于0.503。其可能的原因是芝麻是可以机械化作业的油料作物，规模的变动可以带来规模效益。从不同省份来看，在芝麻主产省之间，生产效率也存在差异，安徽、河南等芝麻生产大省生产效率较高，达到0.7以上，其可能的原因是自然地理条件更适宜芝麻的生长，加之先进技术推广应用相对更好。根据统计资料可以发现，安徽的单产由2000年的1047公斤/公顷增加到2016年的1529公斤/公顷，河南的单产由2000年的863公斤/公顷增加到2016年的1637公斤/公顷，均位于全国前列。

产出视角下，在规模报酬不变时，芝麻主产区生产技术效率均处于弱有效状态，江西和河南的比例改进值相对较少（见表6-17）。其中，湖北、河南、江西、山西、辽宁、吉林和安徽总产量的松弛改进值均为0.000，可知其均处于生产的弱有效状态，可以通过比例改进实现生产的帕累托最优。江西和河南的比例改进值相对较少，说明在既定的投入状态下，其产出相对更接近最优。主要原因有：河南是我国白芝麻主产区，气候适宜，芝麻品质和产出水平均较高；江西是我国黑芝麻主产区。两个产区均是优良品种和良法试验推广的重点地区，因而要素配置的状态相对其他产区更优。

表 6-17 产出视角下芝麻产区不变规模比例改进变量与松弛改进变量

地区	Variables	Mean	Sd	Min	Max
湖北	PM 种植面积	0.000	0.000	0.000	0.000
	SM 种植面积	0.000	0.000	0.000	0.000
	PM 劳动力	0.000	0.000	0.000	0.000
	SM 劳动力	-111.537	131.019	-499.994	0.000
	PM 直接费用	0.000	0.000	0.000	0.000
	SM 直接费用	-89.537	53.915	-162.813	0.000
	PM 土地费用	0.000	0.000	0.000	0.000
	SM 土地费用	-280.303	1557.238	-8949.998	0.000
	PM 总产量	1247.981	2633.389	88.842	11903.434
	SM 总产量	0.000	0.000	0.000	0.000
河南	PM 种植面积	0.000	0.000	0.000	0.000
	SM 种植面积	0.000	0.000	0.000	0.000
	PM 劳动力	0.000	0.000	0.000	0.000
	SM 劳动力	-200.565	227.740	-1399.951	0.000
	PM 直接费用	0.000	0.000	0.000	0.000
	SM 直接费用	-64.857	88.506	-464.893	0.000
	PM 土地费用	0.000	0.000	0.000	0.000
	SM 土地费用	-116.840	396.411	-3390.001	0.000
	PM 总产量	794.639	1578.920	0.000	11222.998
	SM 总产量	0.000	0.000	0.000	0.000
江西	PM 种植面积	0.000	0.000	0.000	0.000
	SM 种植面积	0.000	0.000	0.000	0.000
	PM 劳动力	0.000	0.000	0.000	0.000
	SM 劳动力	-249.638	384.428	-1629.486	0.000
	PM 直接费用	0.000	0.000	0.000	0.000
	SM 直接费用	-108.602	131.080	-701.980	0.000
	PM 土地费用	0.000	0.000	0.000	0.000
	SM 土地费用	0.000	0.000	0.000	0.000
	PM 总产量	608.958	779.251	72.000	2973.152
	SM 总产量	0.000	0.000	0.000	0.000
甘肃	PM 种植面积	0.000	0.000	0.000	0.000
	SM 种植面积	0.000	0.000	0.000	0.000

续表

地区	Variables	Mean	Sd	Min	Max
甘肃	PM 劳动力	0.000	0.000	0.000	0.000
	SM 劳动力	0.000	0.000	0.000	0.000
	PM 直接费用	0.000	0.000	0.000	0.000
	SM 直接费用	0.000	0.000	0.000	0.000
	PM 土地费用	0.000	0.000	0.000	0.000
	SM 土地费用	0.000	0.000	0.000	0.000
	PM 总产量	0.000	0.000	0.000	0.000
	SM 总产量	0.000	0.000	0.000	0.000
山西	PM 种植面积	0.000	0.000	0.000	0.000
	SM 种植面积	0.000	0.000	0.000	0.000
	PM 劳动力	0.000	0.000	0.000	0.000
	SM 劳动力	-12.644	28.286	-88.892	0.000
	PM 直接费用	0.000	0.000	0.000	0.000
	SM 直接费用	-119.221	84.948	-278.334	0.000
	PM 土地费用	0.000	0.000	0.000	0.000
	SM 土地费用	0.000	0.000	0.000	0.000
	PM 总产量	1181.697	634.138	422.546	2408.333
	SM 总产量	0.000	0.000	0.000	0.000
辽宁	PM 种植面积	0.000	0.000	0.000	0.000
	SM 种植面积	0.000	0.000	0.000	0.000
	PM 劳动力	0.000	0.000	0.000	0.000
	SM 劳动力	-148.165	68.556	-267.635	0.000
	PM 直接费用	0.000	0.000	0.000	0.000
	SM 直接费用	-56.443	41.072	-113.036	0.000
	PM 土地费用	0.000	0.000	0.000	0.000
	SM 土地费用	-7.555	33.785	-151.090	0.000
	PM 总产量	742.013	397.060	220.819	1508.047
	SM 总产量	0.000	0.000	0.000	0.000
吉林	PM 种植面积	0.000	0.000	0.000	0.000
	SM 种植面积	0.000	0.000	0.000	0.000
	PM 劳动力	0.000	0.000	0.000	0.000

续表

地区	Variables	Mean	Sd	Min	Max
吉林	SM 劳动力	-82.989	99.615	-291.948	0.000
	PM 直接费用	0.000	0.000	0.000	0.000
	SM 直接费用	-20.398	42.485	-123.847	0.000
	PM 土地费用	0.000	0.000	0.000	0.000
	SM 土地费用	0.000	0.000	0.000	0.000
	PM 总产量	1737.314	985.560	775.219	4406.922
	SM 总产量	0.000	0.000	0.000	0.000
安徽	PM 种植面积	0.000	0.000	0.000	0.000
	SM 种植面积	0.000	0.000	0.000	0.000
	PM 劳动力	0.000	0.000	0.000	0.000
	SM 劳动力	-292.344	217.499	-870.643	0.000
	PM 直接费用	0.000	0.000	0.000	0.000
	SM 直接费用	-44.697	44.509	-167.525	0.000
	PM 土地费用	0.000	0.000	0.000	0.000
	SM 土地费用	-19.745	72.020	-352.641	0.000
	PM 总产量	2674.689	12084.320	21.456	66329.785
	SM 总产量	0.000	0.000	0.000	0.000
河北	PM 种植面积	0.000	0.000	0.000	0.000
	SM 种植面积	0.000	0.000	0.000	0.000
	PM 劳动力	0.000	0.000	0.000	0.000
	SM 劳动力	-257.727	198.558	-695.922	0.000
	PM 直接费用	0.000	0.000	0.000	0.000
	SM 直接费用	-117.934	68.011	-258.122	0.000
	PM 土地费用	0.000	0.000	0.000	0.000
	SM 土地费用	-42.105	117.935	-550.000	0.000
	PM 总产量	2078.345	6127.032	10.000	27206.261
	SM 总产量	0.000	0.000	0.000	0.000

注：表中的均值和标准差都以每户样本的效率值计算结果取均值求得。

基于产出视角，在规模报酬可变的情况下，芝麻的生产技术效率并没有得到太多优化（见表6-18）。安徽和湖北的总产量的比例改进值变化较大。在规模报酬可变的假设下，芝麻主产省的比例改进值和松弛改进值与规模不变时相比没有太大的波动，说明在这个角度上，规模的变化对产出的增加作用不大。与规模报酬不变（见表6－17）的情况相比，安徽和湖北的总产量的比例改进值变化较大，安徽总产量的比例改进值由2674.689（规模报酬不变）变为357.143（规模报酬可变），湖北则由1247.981（规模报酬不变）变为906.931（规模报酬可变），说明在规模报酬可变的情况下，湖北和安徽可以通过适度规模经营增产生产技术效率增加产出。因为芝麻适于机械化作业，在湖北和安徽推广适度规模经营，可以提高机械化程度，进而提高生产技术效率，使产出更加接近最优点。

表6－18　产出视角下芝麻产区可变规模比例改进变量与松弛改进变量

地区	Variables	Mean	Sd	Min	Max
湖北	PM 种植面积	0.000	0.000	0.000	0.000
	SM 种植面积	0.000	0.000	0.000	0.000
	PM 劳动力	0.000	0.000	0.000	0.000
	SM 劳动力	-106.186	127.754	-548.132	0.000
	PM 直接费用	0.000	0.000	0.000	0.000
	SM 直接费用	-89.349	57.700	-176.685	0.000
	PM 土地费用	0.000	0.000	0.000	0.000
	SM 土地费用	-281.430	1540.907	-8859.343	0.000
	PM 总产量	906.931	1952.904	0.000	9467.611
	SM 总产量	0.000	0.000	0.000	0.000
河南	PM 种植面积	0.000	0.000	0.000	0.000
	SM 种植面积	0.000	0.000	0.000	0.000
	PM 劳动力	0.000	0.000	0.000	0.000
	SM 劳动力	-175.306	194.698	-884.329	0.000
	PM 直接费用	0.000	0.000	0.000	0.000
	SM 直接费用	-68.820	87.001	-492.490	0.000
	PM 土地费用	0.000	0.000	0.000	0.000
	SM 土地费用	-122.933	418.659	-3262.334	0.000
	PM 总产量	594.799	999.456	0.000	6100.000
	SM 总产量	0.000	0.000	0.000	0.000
江西	PM 种植面积	0.000	0.000	0.000	0.000
	SM 种植面积	0.000	0.000	0.000	0.000

续表

地区	Variables	Mean	Sd	Min	Max
江西	PM 劳动力	0. 000	0. 000	0. 000	0. 000
	SM 劳动力	-254. 489	382. 513	-1629. 486	0. 000
	PM 直接费用	0. 000	0. 000	0. 000	0. 000
	SM 直接费用	-116. 857	130. 979	-701. 986	0. 000
	PM 土地费用	0. 000	0. 000	0. 000	0. 000
	SM 土地费用	0. 000	0. 000	0. 000	0. 000
	PM 总产量	526. 125	646. 370	71. 963	2707. 274
	SM 总产量	0. 000	0. 000	0. 000	0. 000
甘肃	PM 种植面积	0. 000	0. 000	0. 000	0. 000
	SM 种植面积	0. 000	0. 000	0. 000	0. 000
	PM 劳动力	0. 000	0. 000	0. 000	0. 000
	SM 劳动力	0. 000	0. 000	0. 000	0. 000
	PM 直接费用	0. 000	0. 000	0. 000	0. 000
	SM 直接费用	0. 000	0. 000	0. 000	0. 000
	PM 土地费用	0. 000	0. 000	0. 000	0. 000
	SM 土地费用	0. 000	0. 000	0. 000	0. 000
	PM 总产量	0. 000	0. 000	0. 000	0. 000
	SM 总产量	0. 000	0. 000	0. 000	0. 000
山西	PM 种植面积	0. 000	0. 000	0. 000	0. 000
	SM 种植面积	0. 000	0. 000	0. 000	0. 000
	PM 劳动力	0. 000	0. 000	0. 000	0. 000
	SM 劳动力	-12. 644	28. 286	-88. 892	0. 000
	PM 直接费用	0. 000	0. 000	0. 000	0. 000
	SM 直接费用	-119. 221	84. 948	-278. 334	0. 000
	PM 土地费用	0. 000	0. 000	0. 000	0. 000
	SM 土地费用	0. 000	0. 000	0. 000	0. 000
	PM 总产量	1181. 697	634. 138	422. 546	2408. 333
	SM 总产量	0. 000	0. 000	0. 000	0. 000
辽宁	PM 种植面积	0. 000	0. 000	0. 000	0. 000
	SM 种植面积	0. 000	0. 000	0. 000	0. 000
	PM 劳动力	0. 000	0. 000	0. 000	0. 000

续表

地区	Variables	Mean	Sd	Min	Max
辽宁	SM 劳动力	-134.041	68.275	-267.635	0.000
	PM 直接费用	0.000	0.000	0.000	0.000
	SM 直接费用	-56.446	41.074	-113.040	0.000
	PM 土地费用	0.000	0.000	0.000	0.000
	SM 土地费用	-7.559	33.804	-151.175	0.000
	PM 总产量	726.082	372.292	220.720	1377.769
	SM 总产量	0.000	0.000	0.000	0.000
吉林	PM 种植面积	0.000	0.000	0.000	0.000
	SM 种植面积	0.000	0.000	0.000	0.000
	PM 劳动力	0.000	0.000	0.000	0.000
	SM 劳动力	-66.017	101.553	-291.948	0.000
	PM 直接费用	0.000	0.000	0.000	0.000
	SM 直接费用	-30.863	54.747	-150.688	0.000
	PM 土地费用	0.000	0.000	0.000	0.000
	SM 土地费用	0.000	0.000	0.000	0.000
	PM 总产量	1632.167	841.957	737.306	3960.833
	SM 总产量	0.000	0.000	0.000	0.000
安徽	PM 种植面积	0.000	0.000	0.000	0.000
	SM 种植面积	0.000	0.000	0.000	0.000
	PM 劳动力	0.000	0.000	0.000	0.000
	SM 劳动力	-262.695	232.139	-870.643	0.000
	PM 直接费用	0.000	0.000	0.000	0.000
	SM 直接费用	-44.741	44.498	-167.531	0.000
	PM 土地费用	0.000	0.000	0.000	0.000
	SM 土地费用	-36.149	119.578	-495.179	0.000
	PM 总产量	357.143	895.689	0.000	4863.521
	SM 总产量	0.000	0.000	0.000	0.000
河北	PM 种植面积	0.000	0.000	0.000	0.000
	SM 种植面积	0.000	0.000	0.000	0.000
	PM 劳动力	0.000	0.000	0.000	0.000
	SM 劳动力	-216.079	194.404	-695.922	0.000

续表

地区	Variables	Mean	Sd	Min	Max
河北	PM 直接费用	0.000	0.000	0.000	0.000
	SM 直接费用	-115.478	64.357	-264.146	0.000
	PM 土地费用	0.000	0.000	0.000	0.000
	SM 土地费用	-27.063	94.041	-470.483	0.000
	PM 总产量	975.511	2214.316	9.963	10158.999
	SM 总产量	0.000	0.000	0.000	0.000

注：表中的均值和标准差都以每户样本的效率值计算结果取均值求得。

在规模报酬不变的假设条件下，从产出视角出发可以发现，在全域技术效率优化的条件下，芝麻的全要素生产率是优化的，在全域技术效率衰退的前提下，芝麻的全要素生产率是恶化的（见表 6－19）。从区域来看，全要素生产率由高到低依次为甘肃、河南、山西、辽宁、河北、吉林和湖北，最后是江西。全要素生产率仍然是由全域技术效率驱动的，由辽宁的数据可以清晰地看出，辽宁技术效率减退，由 0.710 减少到 0.704，相反全域技术效率增加，由 0.610 增加到 0.699。但是 GML 指数却是增加的，更加说明了技术效率同技术进步一样，对于提高全要素生产率的影响不大，全要素生产率的提高更依赖全域技术效率。其可能的原因是全域技术效率是根据所有时期的生产状况得到的生产前沿，全域技术效率的优化意味着生产效率相对于以往生产效率是进步的，能真正体现出生产效率的改进。这说明辽宁芝麻种植户的生产技术效率在纵向历史层面是进步的，效率的改进带来农业技术的优化和产出的增加，所以全要素生产率优化。

表 6－19　产出视角下芝麻产区规模不变时全要素生产率比较

地区	Variables	Mean	Sd	Min	Max
湖北	技术效率 2016	0.441	0.110	0.288	0.633
	技术效率 2017	0.408	0.105	0.295	0.654
	Global 技术效率 2016	0.434	0.105	0.284	0.611
	Global 技术效率 2017	0.397	0.103	0.284	0.638
	技术效率变动 2017	0.935	0.121	0.694	1.074
	技术进步 2017	0.987	0.023	0.954	1.026
	GML 指数	0.921	0.109	0.692	1.067

续表

地区	Variables	Mean	Sd	Min	Max
河南	技术效率 2016	0.730	0.165	0.388	1.000
	技术效率 2017	0.763	0.178	0.000	0.960
	Global 技术效率 2016	0.665	0.236	0.000	0.962
	Global 技术效率 2017	0.760	0.176	0.000	0.958
	技术效率变动 2017	1.103	0.155	0.861	1.346
	技术进步 2017	1.020	0.020	0.983	1.049
	GML 指数	1.146	0.169	0.900	1.402
江西	技术效率 2016	0.421	0.029	0.379	0.475
	技术效率 2017	0.386	0.033	0.326	0.436
	Global 技术效率 2016	0.415	0.030	0.375	0.474
	Global 技术效率 2017	0.374	0.028	0.320	0.417
	技术效率变动 2017	0.918	0.049	0.838	0.999
	技术进步 2017	0.984	0.025	0.954	1.033
	GML 指数	0.902	0.034	0.842	0.957
甘肃	技术效率 2016	0.449	0.193	0.019	0.776
	技术效率 2017	0.570	0.149	0.301	0.865
	Global 技术效率 2016	0.442	0.192	0.019	0.767
	Global 技术效率 2017	0.561	0.146	0.300	0.855
	技术效率变动 2017	1.164	0.109	1.016	1.346
	技术进步 2017	1.000	0.023	0.957	1.048
	GML 指数	1.172	0.125	1.030	1.402
山西	技术效率 2016	0.483	0.192	0.213	0.905
	技术效率 2017	0.503	0.202	0.220	0.955
	Global 技术效率 2016	0.460	0.197	0.000	0.864
	Global 技术效率 2017	0.501	0.201	0.219	0.955
	技术效率变动 2017	1.063	0.088	0.839	1.275
	技术进步 2017	1.015	0.024	0.948	1.048
	GML 指数	1.087	0.098	0.877	1.402
辽宁	技术效率 2016	0.710	0.183	0.308	1.000
	技术效率 2017	0.704	0.186	0.247	1.000
	Global 技术效率 2016	0.610	0.279	0.000	1.000

续表

地区	Variables	Mean	Sd	Min	Max
辽宁	Global 技术效率 2017	0.699	0.183	0.247	1.000
	技术效率变动 2017	1.009	0.165	0.466	1.346
	技术进步 2017	1.022	0.026	0.947	1.083
	GML 指数	1.076	0.203	0.453	1.402
吉林	技术效率 2016	0.570	0.148	0.372	0.955
	技术效率 2017	0.555	0.166	0.304	0.870
	Global 技术效率 2016	0.558	0.145	0.367	0.913
	Global 技术效率 2017	0.551	0.167	0.289	0.870
	技术效率变动 2017	0.967	0.129	0.654	1.346
	技术进步 2017	1.014	0.023	0.950	1.046
	GML 指数	0.981	0.136	0.682	1.402
安徽	技术效率 2016	—	—	—	—
	技术效率 2017	—	—	—	—
	Global 技术效率 2016	0.005	0.000	0.005	0.005
	Global 技术效率 2017	—	—	—	—
	技术效率变动 2017	—	—	—	—
	技术进步 2017	—	—	—	—
	GML 指数	—	—	—	—
河北	技术效率 2016	0.546	0.069	0.402	0.670
	技术效率 2017	0.578	0.089	0.423	0.739
	Global 技术效率 2016	0.540	0.069	0.398	0.661
	Global 技术效率 2017	0.573	0.087	0.422	0.726
	技术效率变动 2017	1.062	0.160	0.689	1.346
	技术进步 2017	1.003	0.016	0.968	1.049
	GML 指数	1.066	0.158	0.688	1.402

注：表中的均值和标准差都以每户样本的效率值计算结果取均值求得。

从产出导向来看，在规模报酬可变的情况下，全域全要素生产率还受到全域技术效率的影响（见表 6 - 20）。从区域层面看，江西的全要素生产率最高，达到 1.172，其次是安徽、河北和辽宁，这些省份全要素生产率增加，湖北、吉林和山西的全要素生产率恶化，分别为 0.981、0.921 和 0.902，全要素生产率恶化主要也是由于全域技术效率的减少，湖北由0.568减少为0.562，吉林由0.440减少为0.402，山西由0.415减少为0.374，全域技术效率的减少促使全域全要素生产率的恶化。湖北、吉林和山西的全域全要素生产率之所以恶化，是因为技术进步较为缓慢，缺乏提高生产效率的技术，由于芝麻产业发展较为缓慢，芝麻的生产加工环节比较落后，更多的是散户种植和民间作坊，缺少具有技术的规模种植户和大企业，无法调动种植户优化生产方式在既定产出下提高产出的积极性，也就无法提高农户的种植技能，从而制约了全要素生产率的优化。

表6-20 产出视角下芝麻产区规模可变时全要素生产率比较

地区	Variables	Mean	Sd	Min	Max
湖北	技术效率2016	0.592	0.166	0.372	1.000
	技术效率2017	0.566	0.177	0.305	1.000
	Global 技术效率2016	0.568	0.146	0.367	0.913
	Global 技术效率2017	0.562	0.178	0.289	1.000
	技术效率变动2017	0.955	0.122	0.565	1.193
	技术进步2017	1.032	0.094	0.945	1.500
	GML 指数	0.981	0.136	0.682	1.402
河南	技术效率2016	0.725	0.187	0.308	1.000
	技术效率2017	0.719	0.190	0.247	1.000
	Global 技术效率2016	0.618	0.280	0.000	1.000
	Global 技术效率2017	0.713	0.188	0.247	1.000
	技术效率变动2017	1.003	0.160	0.466	1.336
	技术进步2017	1.029	0.061	0.927	1.500
	GML 指数	1.076	0.203	0.453	1.402
江西	技术效率2016	0.449	0.192	0.019	0.776
	技术效率2017	0.578	0.153	0.301	0.947
	Global 技术效率2016	0.444	0.191	0.019	0.767
	Global 技术效率2017	0.566	0.152	0.300	0.937
	技术效率变动2017	1.171	0.103	1.054	1.336
	技术进步2017	0.993	0.029	0.951	1.083
	GML 指数	1.172	0.125	1.030	1.402

续表

地区	Variables	Mean	Sd	Min	Max
甘肃	技术效率 2016	—	—	—	—
	技术效率 2017	—	—	—	—
	Global 技术效率 2016	1.000	0.000	1.000	1.000
	Global 技术效率 2017	—	—	—	—
	技术效率变动 2017	—	—	—	—
	技术进步 2017	—	—	—	—
	GML 指数	—	—	—	—
山西	技术效率 2016	0.421	0.029	0.379	0.475
	技术效率 2017	0.386	0.033	0.326	0.436
	Global 技术效率 2016	0.415	0.030	0.375	0.474
	Global 技术效率 2017	0.374	0.028	0.320	0.417
	技术效率变动 2017	0.918	0.049	0.838	0.999
	技术进步 2017	0.984	0.025	0.954	1.033
	GML 指数	0.902	0.034	0.842	0.957
辽宁	技术效率 2016	0.546	0.069	0.402	0.670
	技术效率 2017	0.580	0.092	0.423	0.756
	Global 技术效率 2016	0.541	0.069	0.400	0.661
	Global 技术效率 2017	0.574	0.088	0.422	0.734
	技术效率变动 2017	1.064	0.161	0.689	1.336
	技术进步 2017	0.999	0.019	0.949	1.048
	GML 指数	1.066	0.158	0.688	1.402
吉林	技术效率 2016	0.442	0.112	0.288	0.649
	技术效率 2017	0.418	0.110	0.304	0.667
	Global 技术效率 2016	0.440	0.110	0.287	0.640
	Global 技术效率 2017	0.402	0.106	0.287	0.643
	技术效率变动 2017	0.955	0.123	0.694	1.094
	技术进步 2017	0.967	0.018	0.945	0.998
	GML 指数	0.921	0.109	0.692	1.067
安徽	技术效率 2016	0.737	0.166	0.389	1.000
	技术效率 2017	0.787	0.178	0.000	1.000
	Global 技术效率 2016	0.670	0.237	0.000	0.962

续表

地区	Variables	Mean	Sd	Min	Max
安徽	Global 技术效率 2017	0.783	0.176	0.000	1.000
	技术效率变动 2017	1.104	0.154	0.861	1.336
	技术进步 2017	1.021	0.031	0.983	1.119
	GML 指数	1.146	0.169	0.900	1.402
河北	技术效率 2016	0.524	0.214	0.213	1.000
	技术效率 2017	0.523	0.203	0.220	0.955
	Global 技术效率 2016	0.476	0.195	0.000	0.864
	Global 技术效率 2017	0.520	0.202	0.219	0.955
	技术效率变动 2017	1.034	0.121	0.693	1.281
	技术进步 2017	1.056	0.153	0.939	1.654
	GML 指数	1.087	0.098	0.877	1.402

注：表中的均值和标准差都以每户样本的效率值计算结果取均值求得。

第三节　食用葵生产效率的区域差异

一、投入视角下食用葵的生产效率地域比较

（一）技术效率的区域比较

在规模报酬不变的情况下，西北陕甘宁地区的食用葵生产效率最高，黑龙江和河北的生产效率最低（见表 6－21）。在规模报酬不变的情况下，陕西的生产效率为 0.851，仅次于宁夏的 0.861①，其次是甘肃、新疆、吉林、山西、内蒙古、河北，最后是黑龙江，生产效率仅为 0.438，黑龙江的生产技术效率差不多是陕西的 1/2。出现这种情况的原因可能是陕西和甘肃等地重视葵花籽的生产，不断地提高生产水平。从全国数据来看，陕西葵花籽的单产逐渐增加，陕西地区葵花籽的单产由 2000 年的 832 公斤/公顷增加到 2016 年的 1924 公斤/公顷，单产的增加意味着生产效率的优化。甘肃食用葵单产始终位居前列，2016 年为 3370

① 宁夏在调研中仅有一个样本，所以在分析中不分析宁夏的数据。下同。

公斤/公顷；播种面积和产量近10年也处于上升趋势，显示产业发展地位较高。反观黑龙江和河北，食用葵生产处于持续萎缩状态。以黑龙江为例，黑龙江近10年播种面积和产量逐年下降，根据历年的《中国农业统计资料》可以发现，黑龙江的播种面积已经从2000年的183.2千公顷下降为2016年的17.2千公顷，产量由26万吨下降为3.984万吨。

表6－21　投入视角下食用葵产区生产效率的比较

地区	不变规模				可变规模			
	Mean	Sd	Min	Max	Mean	Sd	Min	Max
黑龙江	0.438	0.078	0.286	0.612	0.369	0.096	0.198	0.572
内蒙古	0.642	0.227	0.173	1.000	0.541	0.215	0.108	1.000
甘肃	0.780	0.240	0.227	1.000	0.478	0.158	0.225	0.733
新疆	0.775	0.153	0.619	1.000	0.742	0.157	0.589	1.000
吉林	0.730	0.249	0.338	1.000	0.482	0.245	0.243	1.000
山西	0.650	0.227	0.388	0.948	0.338	0.072	0.000	0.440
河北	0.577	0.245	0.174	1.000	0.416	0.191	0.151	1.000
陕西	0.851	0.180	0.337	1.000	0.225	0.117	0.106	0.508
宁夏	0.861	—	0.861	0.861	0.462	—	0.462	0.462

注：表中的均值和标准差都以每户样本的效率值计算结果取均值求得。

测算显示，在规模报酬可变假设前提下，新疆和内蒙古生产效率较高，处于第一梯队，其生产效率值分别为0.742和0.541，其次是吉林、甘肃、宁夏、河北、黑龙江，最后是山西和陕西，分别为0.338和0.225。在规模报酬可变的情况下，内蒙古和新疆的生产效率最高，陕西生产效率最低。究其原因，可能是新疆和内蒙古土地面积较大，在规模报酬可变的前提下，随着播种面积的扩大，其规模效益凸显。以内蒙古为例，2000～2016年，内蒙古的播种面积由363.4千公顷增加至639.9千公顷，产量由69.1万吨增加到166.162万吨，其单产在各葵花籽主产省中名列前茅，说明随着规模的增加，其规模报酬增加，生产效率得到优化。

在规模报酬不变的假设下，吉林省的生产状态相对较优，内蒙古和河北的生产状态最差，直接费用的冗余直接影响了生产效率的提高（见表6－22）。从松弛改进值和比例改进值的数据看，吉林种植面积、劳动力、直接费用和土地费用的冗余程度和改进程度较少，吉林劳动力的比例改进值为－52.749，土地费用的比例改进值为－53.281，远低于其他省份。其次是陕西，只有直接费用的松弛改进值较高，为 -94.294，内蒙古和河北的各投入要素的松弛改进值和比例改进值均相对较高，以内蒙古为例，除了种植面积外，劳动力、直接费用和土地费用的松弛改进值和比例改进值的绝对值都大于 100 或者接近 100。其可能的原因是，陕西和吉林在既有的生产规模下重视食用葵的生产，不断优化投入结构，实现生产效率的优化，而内蒙古、新疆等地由于生产方式较为落后、生产粗放，导致生产要素冗余相对较多。从各个省份的比例改进值和松弛改进值的数据看，每个省份直接费用都有较大的冗余和改进空间，山西的直接费用松弛改进值为 -120.574、陕西是 -94.294，新疆的直接费用松弛改进值为 -191.108，其原因可能是各省份在农业投入方面还不够集约，投入结构不够科学。

表 6-22　投入视角下食用葵主产区不变规模时比例改进变量与松弛改进变量

地区	Variables	Mean	Sd	Min	Max
黑龙江	PM 种植面积	-45.310	89.377	-379.963	-3.438
	SM 种植面积	0.000	0.000	0.000	0.000
	PM 劳动力	-88.991	26.973	-173.356	-48.927
	SM 劳动力	-35.045	41.893	-147.980	0.000
	PM 直接费用	-80.279	110.966	-640.082	-11.287
	SM 直接费用	-71.222	120.566	-677.942	0.000
	PM 土地费用	-226.400	64.632	-394.409	-93.133
	SM 土地费用	-162.835	152.076	-582.434	0.000
	PM 总产量	0.000	0.000	0.000	0.000
	SM 总产量	0.000	0.000	0.000	0.000
内蒙古	PM 种植面积	-39.937	78.888	-422.141	0.000
	SM 种植面积	-1.299	3.880	-17.994	0.000
	PM 劳动力	-132.855	113.516	-406.312	0.000
	SM 劳动力	-194.362	157.845	-576.500	0.000
	PM 直接费用	-106.437	142.052	-884.638	0.000
	SM 直接费用	-186.665	261.867	-1709.327	0.000
	PM 土地费用	-104.021	94.950	-319.479	0.000
	SM 土地费用	-99.858	144.310	-584.347	0.000
	PM 总产量	0.000	0.000	0.000	0.000
	SM 总产量	0.000	0.003	0.000	0.027

续表

地区	Variables	Mean	Sd	Min	Max
甘肃	PM 种植面积	-22.669	85.781	-373.342	0.000
	SM 种植面积	-1.782	2.501	-8.150	0.000
	PM 劳动力	-102.643	216.541	-679.379	0.000
	SM 劳动力	-5605.340	22949.779	-100369.843	0.000
	PM 直接费用	-94.103	229.121	-896.021	0.000
	SM 直接费用	-148.505	165.887	-431.993	0.000
	PM 土地费用	-44.256	93.780	-308.652	0.000
	SM 土地费用	-24.960	58.176	-224.969	0.000
	PM 总产量	0.000	0.000	0.000	0.000
	SM 总产量	0.000	0.000	0.000	0.000
新疆	PM 种植面积	-16.071	15.486	-33.661	0.000
	SM 种植面积	-0.546	1.222	-2.732	0.000
	PM 劳动力	-39.520	43.460	-105.203	0.000
	SM 劳动力	-245.026	276.138	-689.999	0.000
	PM 直接费用	-27.394	35.275	-86.214	0.000
	SM 直接费用	-191.108	206.680	-506.000	0.000
	PM 土地费用	-60.428	55.680	-109.130	0.000
	SM 土地费用	-188.302	172.775	-328.873	0.000
	PM 总产量	0.000	0.000	0.000	0.000
	SM 总产量	0.000	0.000	0.000	0.000
吉林	PM 种植面积	-2.732	3.845	-14.394	0.000
	SM 种植面积	-0.750	2.113	-8.472	0.000
	PM 劳动力	-52.749	60.579	-187.808	0.000
	SM 劳动力	-32.520	69.657	-205.002	0.000
	PM 直接费用	-25.334	28.978	-84.440	0.000
	SM 直接费用	-65.160	147.677	-479.999	0.000
	PM 土地费用	-53.281	67.497	-211.099	0.000
	SM 土地费用	-20.643	80.277	-349.999	0.000
	PM 总产量	0.000	0.000	0.000	0.000
	SM 总产量	0.000	0.000	0.000	0.000

续表

地区	Variables	Mean	Sd	Min	Max
山西	PM 种植面积	-4.926	4.919	-15.029	0.000
	SM 种植面积	0.000	0.000	0.000	0.000
	PM 劳动力	-51.349	47.478	-126.328	0.000
	SM 劳动力	-46.310	49.376	-141.501	0.000
	PM 直接费用	-95.694	92.365	-230.847	0.000
	SM 直接费用	-120.574	87.226	-266.151	0.000
	PM 土地费用	-57.500	48.001	-108.277	0.000
	SM 土地费用	-22.577	40.446	-108.956	0.000
	PM 总产量	0.000	0.000	0.000	0.000
	SM 总产量	0.009	0.047	0.000	0.257
河北	PM 种植面积	-45.239	69.049	-261.305	0.000
	SM 种植面积	-0.012	0.065	-0.354	0.000
	PM 劳动力	-141.214	100.441	-338.356	0.000
	SM 劳动力	-95.262	125.235	-409.605	0.000
	PM 直接费用	-141.141	134.181	-419.294	0.000
	SM 直接费用	-95.940	130.374	-578.397	0.000
	PM 土地费用	-80.980	76.081	-294.888	0.000
	SM 土地费用	-80.940	233.500	-1274.074	0.000
	PM 总产量	0.000	0.000	0.000	0.000
	SM 总产量	4.468	24.472	0.000	134.041
陕西	PM 种植面积	-0.903	3.154	-12.999	0.000
	SM 种植面积	-0.057	0.234	-0.963	0.000
	PM 劳动力	-30.931	76.609	-303.321	0.000
	SM 劳动力	-21.747	31.228	-90.000	0.000
	PM 直接费用	-37.176	73.261	-238.323	0.000
	SM 直接费用	-94.294	164.615	-530.729	0.000
	PM 土地费用	-23.356	57.925	-179.117	0.000
	SM 土地费用	-28.043	100.473	-413.364	0.000
	PM 总产量	0.000	0.000	0.000	0.000
	SM 总产量	0.023	0.065	0.000	0.216

注：表中的均值和标准差都以每户样本的效率值计算结果取均值求得。

在规模报酬可变的假设条件下，从投入视角分析各食用葵主产区生产要素的投入情况，结果显示，吉林和陕西的生产要素利用状况相对较好，河北要素投入冗余的状况最为严重，甘肃的劳动力投入状况最差（见表6－23）。其中，吉林种植面积平均的比例改进值仅为－4.714，劳动力、直接费用和土地费用的比例改进值和松弛改进值均值的绝对值介于50～90，投入状况相对较好。其原因可能是吉林历来是葵花籽生产大省，食用葵种植户不断优化生产投入，尽可能使要素之间匹配，投入结构较为合理。在要素利用相对较差的产区中，河北劳动力、土地费用和直接费用都存在着绝对值大于100的比例改进值和松弛改进值，PM总产量和SM总产量又均为0.000，甘肃食用葵种植户的比例改进值和松弛改进值绝对值更大。之所以出现以上这些情况，可能的原因有以下三点：首先，土地费用、直接费用和劳动力是食用葵生产中的重要投入，各食用葵主产区的种植户绿色发展意识不够强，投入不够集约。其次，河北各种投入的冗余都较大，河北农业以粮食作物为主，传统的粮食作物以提高单产为目标，过度施肥、过度打药，农业的直接费用投入较多，农户受到当地种植习惯的影响，直接费用投入较高，加上京津冀协同发展，河北的土地费用和劳动力费用同步上涨。最后，甘肃劳动力投入冗余较多，其城市化水平相对较低，多数食用葵的生产者在家务农，投入了大量的劳动力，造成了投入要素的冗余，也制约了生产效率的改进。

表6－23 投入视角下食用葵主产区可变规模时比例改进变量与松弛改进变量

地区	Variables	Mean	Sd	Min	Max
黑龙江	PM 种植面积	－43.759	77.594	－332.500	－4.131
	SM 种植面积	0.000	0.000	0.000	0.000
	PM 劳动力	－97.087	29.508	－181.553	－53.537
	SM 劳动力	－49.197	46.083	－187.293	0.000
	PM 直接费用	－84.883	115.229	－670.347	－14.003
	SM 直接费用	－78.365	133.675	－762.309	－5.014
	PM 土地费用	－245.443	63.130	－372.414	－93.104
	SM 土地费用	－193.955	131.865	－548.621	－19.026
	PM 总产量	0.000	0.000	0.000	0.000
	SM 总产量	0.000	0.000	0.000	0.000

续表

地区	Variables	Mean	Sd	Min	Max
内蒙古	PM 种植面积	-42.403	75.997	-400.000	0.000
	SM 种植面积	0.000	0.000	0.000	0.000
	PM 劳动力	-164.401	95.838	-393.105	0.000
	SM 劳动力	-163.325	145.911	-543.466	0.000
	PM 直接费用	-118.844	143.347	-915.518	0.000
	SM 直接费用	-190.141	256.776	-1600.001	0.000
	PM 土地费用	-117.536	96.774	-361.694	0.000
	SM 土地费用	-106.307	138.529	-558.621	0.000
	PM 总产量	0.000	0.000	0.000	0.000
	SM 总产量	0.000	0.000	0.000	0.000
甘肃	PM 种植面积	-24.806	85.048	-372.451	0.000
	SM 种植面积	0.000	0.000	0.000	0.000
	PM 劳动力	-1322.367	4673.205	-20607.955	-75.003
	SM 劳动力	-4498.439	18275.349	-79963.862	-62.858
	PM 直接费用	-155.644	223.134	-893.882	0.000
	SM 直接费用	-172.665	211.516	-900.003	0.000
	PM 土地费用	-48.241	92.581	-307.915	0.000
	SM 土地费用	-33.623	63.774	-224.790	0.000
	PM 总产量	0.000	0.000	0.000	0.000
	SM 总产量	0.000	0.000	0.000	0.000
新疆	PM 种植面积	-17.807	15.683	-35.345	0.000
	SM 种植面积	0.000	0.000	0.000	0.000
	PM 劳动力	-59.134	43.313	-116.346	0.000
	SM 劳动力	-219.414	236.136	-588.726	0.000
	PM 直接费用	-39.042	35.525	-95.345	0.000
	SM 直接费用	-178.767	188.724	-460.000	0.000
	PM 土地费用	-65.104	60.258	-120.690	0.000
	SM 土地费用	-181.104	166.023	-317.241	0.000
	PM 总产量	0.000	0.000	0.000	0.000
	SM 总产量	0.000	0.000	0.000	0.000

续表

地区	Variables	Mean	Sd	Min	Max
吉林	PM 种植面积	-4.714	4.800	-16.707	0.000
	SM 种植面积	0.000	0.000	0.000	0.000
	PM 劳动力	-85.970	60.276	-227.239	0.000
	SM 劳动力	-26.657	60.991	-263.980	0.000
	PM 直接费用	-60.464	55.561	-240.000	0.000
	SM 直接费用	-66.615	90.839	-357.207	0.000
	PM 土地费用	-98.359	74.326	-251.117	0.000
	SM 土地费用	-52.358	71.492	-299.983	0.000
	PM 总产量	0.000	0.000	0.000	0.000
	SM 总产量	0.000	0.000	0.000	0.000
山西	PM 种植面积	-5.501	5.554	-17.328	-0.001
	SM 种植面积	0.000	0.000	0.000	0.000
	PM 劳动力	-99.871	25.471	-175.006	-62.073
	SM 劳动力	-62.289	37.495	-137.474	0.000
	PM 直接费用	-165.764	62.387	-278.450	-39.313
	SM 直接费用	-132.534	61.513	-239.725	0.000
	PM 土地费用	-112.863	18.229	-200.001	-89.656
	SM 土地费用	-73.017	28.980	-99.311	0.000
	PM 总产量	0.000	0.000	0.000	0.000
	SM 总产量	0.000	0.000	0.000	0.000
河北	PM 种植面积	-45.812	67.867	-250.290	0.000
	SM 种植面积	0.000	0.000	0.000	0.000
	PM 劳动力	-160.064	88.068	-324.093	0.000
	SM 劳动力	-147.122	145.428	-598.671	0.000
	PM 直接费用	-163.133	123.556	-419.311	0.000
	SM 直接费用	-158.602	167.956	-798.669	0.000
	PM 土地费用	-117.671	121.381	-600.000	0.000
	SM 土地费用	-158.155	419.887	-2112.031	0.000
	PM 总产量	0.000	0.000	0.000	0.000
	SM 总产量	0.000	0.000	0.000	0.000

续表

地区	Variables	Mean	Sd	Min	Max
陕西	PM 种植面积	-1.144	3.144	-13.000	0.000
	SM 种植面积	0.000	0.000	0.000	0.000
	PM 劳动力	-119.526	64.372	-303.326	-37.506
	SM 劳动力	-48.999	65.211	-237.244	0.000
	PM 直接费用	-193.905	105.094	-436.371	0.000
	SM 直接费用	-78.274	74.767	-309.671	0.000
	PM 土地费用	-79.389	131.433	-490.691	0.000
	SM 土地费用	-14.488	29.816	-122.668	0.000
	PM 总产量	0.000	0.000	0.000	0.000
	SM 总产量	0.000	0.000	0.000	0.000

注：表中的均值和标准差都以每户样本的效率值计算结果取均值求得。

综上可知，要想实现食用葵生产效率的提高，仍需对直接要素和劳动力投入进行优化。从投入视角来看，规模可变与规模不变的情况类似，食用葵主产区的劳动力和直接费用或存在冗余，或存在比例改进值。为了优化生产效率，需要严格按照“一控、两减、三基本”的要求，推行绿色发展，改变传统发展理念，转变发展方式；因地制宜地改进生产方式。就甘肃而言，劳动力投入过多，大部分时间从事的农业劳动低效，为了能改进生产效率，需要发展适度规模经营，消纳劳动力。河北农业劳动力投入冗余可能的主要原因是农业劳动力成本相对较高，可以发挥位于北京周围的优势，积极实现农业机械化作业，以机械代替农业劳动力，减少劳动力人数，从而提高食用葵生产效率。

（二）全要素生产率的区域比较

从投入要素的视角来看，在规模报酬不变的假设下，除陕西外，其他食用葵主产区的全要素生产率基本上都是提高的（见表6-24）。其中，黑龙江和吉林全要素生产率最高，全要素生产率的提高主要来自2017年技术效率的变动。GML指数均值的排序为宁夏、黑龙江、吉林、河北、新疆、内蒙古和山西，最后是陕西，为0.990。多数产区的GML指数都大于1.000，显示全要素生产率得到了优化，只有陕西全要素生产率是恶化的。

表 6-24 投入视角下食用葵产区规模不变时全要素生产率比较

地区	Variables	Mean	Sd	Min	Max
黑龙江	技术效率 2016	0.183	0.213	0.000	0.693
	技术效率 2017	0.371	0.097	0.199	0.576
	Global 技术效率 2016	0.166	0.191	0.000	0.585
	Global 技术效率 2017	0.331	0.091	0.176	0.510
	技术效率变动 2017	1.437	0.480	0.343	1.869
	技术进步 2017	0.951	0.140	0.482	1.133
	GML 指数	1.305	0.372	0.333	1.632
内蒙古	技术效率 2016	0.490	0.254	0.000	1.000
	技术效率 2017	0.542	0.215	0.108	1.000
	Global 技术效率 2016	0.445	0.219	0.000	1.000
	Global 技术效率 2017	0.477	0.229	0.071	1.000
	技术效率变动 2017	1.165	0.364	0.343	1.869
	技术进步 2017	0.924	0.162	0.618	1.133
	GML 指数	1.060	0.302	0.333	1.632
甘肃	技术效率 2016	0.401	0.187	0.000	0.757
	技术效率 2017	0.480	0.159	0.225	0.735
	Global 技术效率 2016	0.369	0.169	0.000	0.704
	Global 技术效率 2017	0.400	0.162	0.147	0.690
	技术效率变动 2017	1.211	0.357	0.712	1.869
	技术进步 2017	0.892	0.167	0.618	1.009
	GML 指数	1.026	0.175	0.700	1.632
新疆	技术效率 2016	0.706	0.187	0.497	1.000
	技术效率 2017	0.745	0.156	0.592	1.000
	Global 技术效率 2016	0.663	0.207	0.455	1.000
	Global 技术效率 2017	0.700	0.180	0.527	1.000
	技术效率变动 2017	1.068	0.079	1.000	1.191
	技术进步 2017	1.002	0.026	0.972	1.038
	GML 指数	1.069	0.077	1.000	1.158
吉林	技术效率 2016	0.358	0.275	0.029	1.000
	技术效率 2017	0.483	0.244	0.244	1.000
	Global 技术效率 2016	0.319	0.220	0.027	0.858

续表

地区	Variables	Mean	Sd	Min	Max
吉林	Global 技术效率 2017	0.390	0.256	0.139	1.000
	技术效率变动 2017	1.436	0.324	0.765	1.869
	技术进步 2017	0.835	0.219	0.482	1.133
	GML 指数	1.175	0.295	0.769	1.632
山西	技术效率 2016	0.248	0.073	0.006	0.406
	技术效率 2017	0.340	0.072	0.000	0.441
	Global 技术效率 2016	0.236	0.070	0.005	0.373
	Global 技术效率 2017	0.246	0.054	0.181	0.344
	技术效率变动 2017	1.383	0.302	0.343	1.719
	技术进步 2017	0.733	0.130	0.610	0.973
	GML 指数	1.014	0.075	0.875	1.182
河北	技术效率 2016	0.356	0.257	0.074	1.000
	技术效率 2017	0.418	0.191	0.152	1.000
	Global 技术效率 2016	0.326	0.225	0.073	1.000
	Global 技术效率 2017	0.351	0.202	0.093	1.000
	技术效率变动 2017	1.315	0.420	0.696	1.869
	技术进步 2017	0.868	0.172	0.603	1.133
	GML 指数	1.149	0.316	0.444	1.632
陕西	技术效率 2016	0.213	0.225	0.064	1.000
	技术效率 2017	0.226	0.117	0.107	0.509
	Global 技术效率 2016	0.202	0.225	0.060	1.000
	Global 技术效率 2017	0.167	0.108	0.062	0.443
	技术效率变动 2017	1.332	0.394	0.509	1.869
	技术进步 2017	0.760	0.170	0.618	0.994
	GML 指数	0.990	0.234	0.333	1.455

注：表中的均值和标准差都以每户样本的效率值计算结果取均值求得。

从表 6－24 的数据看，黑龙江、内蒙古、吉林、山西、河北、宁夏和陕西的技术进步值小于 1，呈衰退状态，但是黑龙江、内蒙古、甘肃、新疆、吉林、山西、河北和宁夏的全要素生产率却是优化的，其潜在原因可能是技术效率的作用，技术效率和全域技术效率在其中发挥了重要的作用，最明显的是陕西，陕西

2016 年全域技术效率为 0.202，2017 年全域技术效率就下降到 0.167，直接导致了陕西食用葵的全要素生产率下降。究其原因，黑龙江和河北等技术效率变动大于 1.000 的产区通过制度机制的创新以及对食用葵生产者培训等，提高了食用葵生产者的能力，进而促进了全要素生产率的提高。

在规模报酬可变的假设下，部分省区的全域全要素生产率恶化，全域全要素生产率主要受到技术进步和全域技术效率两方面的影响（见表 6 – 25）。通过表 6 – 25 可以看出，黑龙江的全要素生产率水平最高，达到 1.427，其次是河北、吉林、新疆、内蒙古、宁夏和山西，这些省区实现了全要素生产率的优化，而甘肃、陕西全要素生产率是恶化的。相对于规模报酬不变时的情况，当规模报酬可变时，全要素生产率整体恶化。由表 6 – 25 可知，黑龙江、内蒙古、甘肃、山西、河北和陕西等省区的技术进步值小于 1，技术进步率小于 1，说明技术未优化。但是技术进步停滞并未影响黑龙江、内蒙古、河北和山西的全域全要素生产率的优化。这说明技术进步并不是影响全要素生产率的关键因素。陕西和甘肃的数据显示，两省的全域技术效率都是退步的，全域技术效率是将各期的总和作为参考集，所有时期参考同一个效率前沿，甘肃和陕西的全域技术效率降低，说明相对于同一个效率前沿，2017 年这两省技术效率退步影响了全域全要素生产率的优化。其可能的原因是，甘肃和宁夏的食用葵种植户自身的农业知识结构老化，不能及时随社会的发展变化主动提高效率，促进全要素生产率的优化。

表 6 – 25 投入视角下食用葵产区规模可变时全要素生产率比较

地区	Variables	Mean	Sd	Min	Max
黑龙江	技术效率 2016	0.316	0.177	0.008	0.727
	技术效率 2017	0.438	0.078	0.286	0.612
	Global 技术效率 2016	0.307	0.168	0.008	0.724
	Global 技术效率 2017	0.429	0.076	0.284	0.606
	技术效率变动 2017	1.435	0.550	0.589	2.267
	技术进步 2017	0.998	0.045	0.863	1.073
	GML 指数	1.427	0.529	0.590	2.252
内蒙古	技术效率 2016	0.609	0.266	0.011	1.000
	技术效率 2017	0.642	0.227	0.173	1.000
	Global 技术效率 2016	0.596	0.259	0.011	1.000
	Global 技术效率 2017	0.608	0.242	0.172	1.000

续表

地区	Variables	Mean	Sd	Min	Max
内蒙古	技术效率变动 2017	1.121	0.368	0.436	2.267
	技术进步 2017	0.959	0.107	0.667	1.094
	GML 指数	1.060	0.322	0.432	2.252
甘肃	技术效率 2016	0.759	0.258	0.210	1.000
	技术效率 2017	0.780	0.240	0.227	1.000
	Global 技术效率 2016	0.758	0.256	0.211	0.979
	Global 技术效率 2017	0.751	0.266	0.208	1.000
	技术效率变动 2017	1.061	0.195	0.699	1.595
	技术进步 2017	0.945	0.115	0.691	1.047
	GML 指数	0.983	0.079	0.700	1.102
新疆	技术效率 2016	0.748	0.181	0.541	1.000
	技术效率 2017	0.775	0.153	0.619	1.000
	Global 技术效率 2016	0.731	0.190	0.530	1.000
	Global 技术效率 2017	0.771	0.155	0.610	1.000
	技术效率变动 2017	1.046	0.066	0.994	1.143
	技术进步 2017	1.021	0.023	1.000	1.052
	GML 指数	1.068	0.075	1.000	1.153
吉林	技术效率 2016	0.680	0.265	0.217	1.000
	技术效率 2017	0.730	0.249	0.338	1.000
	Global 技术效率 2016	0.674	0.268	0.215	1.000
	Global 技术效率 2017	0.706	0.262	0.336	1.000
	技术效率变动 2017	1.106	0.145	0.933	1.554
	技术进步 2017	0.971	0.040	0.910	1.031
	GML 指数	1.074	0.156	0.882	1.563
山西	技术效率 2016	0.618	0.253	0.343	0.938
	技术效率 2017	0.650	0.227	0.388	0.948
	Global 技术效率 2016	0.610	0.257	0.333	0.934
	Global 技术效率 2017	0.612	0.253	0.373	0.939
	技术效率变动 2017	1.082	0.108	0.939	1.319
	技术进步 2017	0.938	0.071	0.805	1.010
	GML 指数	1.008	0.047	0.922	1.122

续表

地区	Variables	Mean	Sd	Min	Max
河北	技术效率 2016	0.546	0.273	0.111	1.000
	技术效率 2017	0.577	0.245	0.174	1.000
	Global 技术效率 2016	0.538	0.272	0.106	1.000
	Global 技术效率 2017	0.561	0.255	0.172	1.000
	技术效率变动 2017	1.154	0.329	0.741	2.225
	技术进步 2017	0.980	0.067	0.813	1.040
	GML 指数	1.125	0.306	0.614	2.252
陕西	技术效率 2016	0.875	0.164	0.332	1.000
	技术效率 2017	0.851	0.180	0.337	1.000
	Global 技术效率 2016	0.876	0.165	0.332	1.000
	Global 技术效率 2017	0.840	0.201	0.324	1.000
	技术效率变动 2017	0.977	0.116	0.526	1.018
	技术进步 2017	0.978	0.066	0.725	1.001
	GML 指数	0.966	0.138	0.432	1.004

注：表中的均值和标准差都以每户样本的效率值计算结果取均值求得。

二、产出视角下食用葵的生产效率地域比较

（一）技术效率的区域比较

产出视角下对各产区食用葵生产效率测算显示：规模报酬可变时的生产技术效率要优于规模报酬不变时的生产技术效率，无论规模是否可变，新疆的生产技术效率都优于其他主产区（见表 6－26）。当规模报酬可变时，除了新疆和宁夏外，其他各产区技术效率均值都在 0.6 左右。但在规模报酬不变时，主产区生产技术效率多在 0.5 周围徘徊，如吉林为 0.541、河北为 0.486，陕西和山西低于 0.45，说明规模报酬可变时的生产技术效率高于规模报酬不变时的生产技术效率，其主要原因可能是生产者对于规模的选择可以实现规模效率，使投入与产出更加匹配，在既定的投入下实现更大的产出。例如新疆，在规模报酬不变时技术效率为 0.838，远远高于排名第三的内蒙古（0.611）。在规模报酬可变时，新疆的生产技术效率为 0.839，也高于吉林（0.655），其主要的原因可能是新疆的自然条件比较适合食用葵的生产种植，自然地理条件促进了生产技术效率的提高。

表 6－26　产出视角下食用葵产区生产效率的比较

地区	不变规模				可变规模			
	Mean	Sd	Min	Max	Mean	Sd	Min	Max
黑龙江	0.430	0.117	0.241	0.692	0.435	0.116	0.247	0.705
内蒙古	0.611	0.214	0.125	1.000	0.627	0.205	0.125	1.000
甘肃	0.590	0.192	0.252	0.840	0.626	0.221	0.252	1.000
新疆	0.838	0.109	0.715	1.000	0.839	0.109	0.715	1.000
吉林	0.541	0.229	0.268	1.000	0.655	0.279	0.270	1.000
山西	0.413	0.083	0.000	0.485	0.588	0.250	0.000	0.962
河北	0.486	0.213	0.175	1.000	0.544	0.243	0.196	1.000
陕西	0.275	0.128	0.143	0.567	0.565	0.325	0.143	1.000
宁夏	0.623	—	0.623	0.623	0.830	—	0.830	0.830

注：表中的均值和标准差都以每户样本的效率值计算结果取均值求得。

在规模报酬不变的情况下，基于产出视角，各省份生产技术效率均处于弱有效状态，产出仅有比例改进值较大，且陕西的产出处于最优状态（见表 6－27）。数据显示，黑龙江、新疆、河北、内蒙古、吉林、甘肃、山西、陕西和宁夏的总产量的比例改进值和松弛改进值均为 0.000，可知其均处于生产效率的弱有效状态，可以通过比例改进实现生产的帕累托最优状态。各产区中，陕西产出的比例改进值为 807.621，与河北的 31182.625 相比几乎可以忽略不计，陕西在既定投入下产出是有效状态，虽然劳动力松弛改进值为－141.691，直接费用松弛改进值为－269.443，但是在目前的投入状态下其产出是最优的，只需要调减投入即可实现生产效率的最大化。

表 6－27　产出视角下食用葵产区不变规模比例改进变量与松弛改进变量

地区	Variables	Mean	Sd	Min	Max
黑龙江	PM 种植面积	0.000	0.000	0.000	0.000
	SM 种植面积	0.000	0.000	0.000	0.000
	PM 劳动力	0.000	0.000	0.000	0.000
	SM 劳动力	0.000	0.000	0.000	0.000
	PM 直接费用	0.000	0.000	0.000	0.000
	SM 直接费用	－100.998	233.751	－1323.300	0.000

续表

地区	Variables	Mean	Sd	Min	Max
黑龙江	PM 土地费用	0. 000	0. 000	0. 000	0. 000
	SM 土地费用	-120. 424	145. 021	-549. 017	0. 000
	PM 总产量	25994. 645	42331. 764	3280. 798	182396. 425
	SM 总产量	0. 000	0. 000	0. 000	0. 000
内蒙古	PM 种植面积	0. 000	0. 000	0. 000	0. 000
	SM 种植面积	0. 000	0. 000	0. 000	0. 000
	PM 劳动力	0. 000	0. 000	0. 000	0. 000
	SM 劳动力	-106. 387	129. 634	-435. 003	0. 000
	PM 直接费用	0. 000	0. 000	0. 000	0. 000
	SM 直接费用	-276. 752	337. 922	-1756. 455	0. 000
	PM 土地费用	0. 000	0. 000	0. 000	0. 000
	SM 土地费用	-45. 024	118. 994	-583. 324	0. 000
	PM 总产量	24839. 380	41532. 407	0. 000	208101. 130
	SM 总产量	0. 000	0. 000	0. 000	0. 000
甘肃	PM 种植面积	0. 000	0. 000	0. 000	0. 000
	SM 种植面积	0. 000	0. 000	0. 000	0. 000
	PM 劳动力	0. 000	0. 000	0. 000	0. 000
	SM 劳动力	-5675. 542	22895. 600	-100215. 496	0. 000
	PM 直接费用	0. 000	0. 000	0. 000	0. 000
	SM 直接费用	-259. 519	343. 999	-1200. 004	0. 000
	PM 土地费用	0. 000	0. 000	0. 000	0. 000
	SM 土地费用	-51. 314	101. 523	-306. 659	0. 000
	PM 总产量	13915. 305	47449. 291	0. 200	207552. 272
	SM 总产量	0. 000	0. 000	0. 000	0. 000
新疆	PM 种植面积	0. 000	0. 000	0. 000	0. 000
	SM 种植面积	0. 000	0. 000	0. 000	0. 000
	PM 劳动力	0. 000	0. 000	0. 000	0. 000
	SM 劳动力	-79. 840	178. 527	-399. 198	0. 000
	PM 直接费用	0. 000	0. 000	0. 000	0. 000
	SM 直接费用	-129. 245	161. 499	-337. 998	0. 000
	PM 土地费用	0. 000	0. 000	0. 000	0. 000

续表

地区	Variables	Mean	Sd	Min	Max
新疆	SM 土地费用	0. 000	0. 000	0. 000	0. 000
	PM 总产量	11561. 611	9976. 157	0. 000	21731. 970
	SM 总产量	0. 000	0. 000	0. 000	0. 000
吉林	PM 种植面积	0. 000	0. 000	0. 000	0. 000
	SM 种植面积	0. 000	0. 000	0. 000	0. 000
	PM 劳动力	0. 000	0. 000	0. 000	0. 000
	SM 劳动力	-43. 110	85. 224	-351. 974	0. 000
	PM 直接费用	0. 000	0. 000	0. 000	0. 000
	SM 直接费用	-118. 807	136. 072	-479. 999	0. 000
	PM 土地费用	0. 000	0. 000	0. 000	0. 000
	SM 土地费用	-81. 599	117. 077	-399. 977	0. 000
	PM 总产量	3025. 576	2918. 487	0. 000	10423. 828
	SM 总产量	0. 000	0. 000	0. 000	0. 000
山西	PM 种植面积	0. 000	0. 000	0. 000	0. 000
	SM 种植面积	0. 000	0. 000	0. 000	0. 000
	PM 劳动力	0. 000	0. 000	0. 000	0. 000
	SM 劳动力	-66. 476	87. 775	-199. 975	0. 000
	PM 直接费用	0. 000	0. 000	0. 000	0. 000
	SM 直接费用	-275. 724	120. 392	-470. 565	0. 000
	PM 土地费用	0. 000	0. 000	0. 000	0. 000
	SM 土地费用	-77. 320	96. 089	-199. 978	0. 000
	PM 总产量	3878. 968	3721. 790	0. 000	10951. 422
	SM 总产量	0. 000	0. 000	0. 000	0. 000
河北	PM 种植面积	0. 000	0. 000	0. 000	0. 000
	SM 种植面积	0. 000	0. 000	0. 000	0. 000
	PM 劳动力	0. 000	0. 000	0. 000	0. 000
	SM 劳动力	-116. 293	111. 559	-331. 060	0. 000
	PM 直接费用	0. 000	0. 000	0. 000	0. 000
	SM 直接费用	-287. 575	223. 503	-948. 896	0. 000
	PM 土地费用	0. 000	0. 000	0. 000	0. 000
	SM 土地费用	-132. 038	395. 421	-1599. 977	0. 000

续表

地区	Variables	Mean	Sd	Min	Max
河北	PM 总产量	31182.625	42754.543	0.000	138343.973
	SM 总产量	0.000	0.000	0.000	0.000
陕西	PM 种植面积	0.000	0.000	0.000	0.000
	SM 种植面积	0.000	0.000	0.000	0.000
	PM 劳动力	0.000	0.000	0.000	0.000
	SM 劳动力	-141.691	109.278	-430.004	0.000
	PM 直接费用	0.000	0.000	0.000	0.000
	SM 直接费用	-269.443	150.193	-573.980	-0.001
	PM 土地费用	0.000	0.000	0.000	0.000
	SM 土地费用	-77.297	156.389	-613.341	0.000
	PM 总产量	807.621	2219.144	0.260	9176.097
	SM 总产量	0.000	0.000	0.000	0.000

注：表中的均值和标准差都以每户样本的效率值计算结果取均值求得。

在规模报酬可变的假设下，基于产出视角，食用葵的产出并未得到优化，新疆、甘肃、河北和黑龙江有较大的增产潜力（见表6-28）。在规模报酬可变的假设下，食用葵主产区的松弛改进值和比例改进值与规模报酬不变时相比没有太大波动，说明食用葵规模的变化对产出的增加作用不大。在规模变动的基础上，山西只需要减少直接费用和增加产出就能实现效率最优。河北、黑龙江、内蒙古和甘肃的增产潜力最大，说明就目前的投入状况而言，河北和黑龙江等主产区可以通过技术效率改进、技术进步等途径增加产出，实现生产效率的优化。

表6-28 产出视角下食用葵产区可变规模比例改进变量与松弛改进变量

地区	Variables	Mean	Sd	Min	Max
黑龙江	PM 种植面积	0.000	0.000	0.000	0.000
	SM 种植面积	0.000	0.000	0.000	0.000
	PM 劳动力	0.000	0.000	0.000	0.000
	SM 劳动力	0.000	0.000	0.000	0.000
	PM 直接费用	0.000	0.000	0.000	0.000
	SM 直接费用	-90.237	232.579	-1323.944	0.000

续表

地区	Variables	Mean	Sd	Min	Max
黑龙江	PM 土地费用	0.000	0.000	0.000	0.000
	SM 土地费用	-124.566	154.658	-539.472	0.000
	PM 总产量	25397.074	40951.689	3162.103	176331.118
	SM 总产量	0.000	0.000	0.000	0.000
内蒙古	PM 种植面积	0.000	0.000	0.000	0.000
	SM 种植面积	0.000	0.000	0.000	0.000
	PM 劳动力	0.000	0.000	0.000	0.000
	SM 劳动力	-41.590	66.823	-230.468	0.000
	PM 直接费用	0.000	0.000	0.000	0.000
	SM 直接费用	-236.189	348.269	-1756.455	0.000
	PM 土地费用	0.000	0.000	0.000	0.000
	SM 土地费用	-26.427	70.613	-340.822	0.000
	PM 总产量	24371.164	39785.430	0.000	183449.975
	SM 总产量	0.000	0.000	0.000	0.000
甘肃	PM 种植面积	0.000	0.000	0.000	0.000
	SM 种植面积	0.000	0.000	0.000	0.000
	PM 劳动力	0.000	0.000	0.000	0.000
	SM 劳动力	-5436.255	22952.377	-100215.496	0.000
	PM 直接费用	0.000	0.000	0.000	0.000
	SM 直接费用	-100.126	227.389	-957.688	0.000
	PM 土地费用	0.000	0.000	0.000	0.000
	SM 土地费用	-4.350	18.963	-82.656	0.000
	PM 总产量	13898.458	47430.334	0.000	207453.386
	SM 总产量	0.000	0.000	0.000	0.000
新疆	PM 种植面积	0.000	0.000	0.000	0.000
	SM 种植面积	0.000	0.000	0.000	0.000
	PM 劳动力	0.000	0.000	0.000	0.000
	SM 劳动力	-79.840	178.527	-399.198	0.000
	PM 直接费用	0.000	0.000	0.000	0.000
	SM 直接费用	-137.320	160.733	-337.998	0.000
	PM 土地费用	0.000	0.000	0.000	0.000

续表

地区	Variables	Mean	Sd	Min	Max
新疆	SM 土地费用	-27.003	37.151	-72.613	0.000
	PM 总产量	11506.407	9918.633	0.000	21606.857
	SM 总产量	0.000	0.000	0.000	0.000
吉林	PM 种植面积	0.000	0.000	0.000	0.000
	SM 种植面积	0.000	0.000	0.000	0.000
	PM 劳动力	0.000	0.000	0.000	0.000
	SM 劳动力	0.000	0.000	0.000	0.000
	PM 直接费用	0.000	0.000	0.000	0.000
	SM 直接费用	-53.263	145.764	-479.999	0.000
	PM 土地费用	0.000	0.000	0.000	0.000
	SM 土地费用	-12.959	56.489	-246.228	0.000
	PM 总产量	2937.919	2813.445	0.000	9906.128
	SM 总产量	0.000	0.000	0.000	0.000
山西	PM 种植面积	0.000	0.000	0.000	0.000
	SM 种植面积	0.000	0.000	0.000	0.000
	PM 劳动力	0.000	0.000	0.000	0.000
	SM 劳动力	0.000	0.000	0.000	0.000
	PM 直接费用	0.000	0.000	0.000	0.000
	SM 直接费用	-95.238	108.553	-299.566	0.000
	PM 土地费用	0.000	0.000	0.000	0.000
	SM 土地费用	0.000	0.000	0.000	0.000
	PM 总产量	3694.572	3586.545	0.000	10629.476
	SM 总产量	0.000	0.000	0.000	0.000
河北	PM 种植面积	0.000	0.000	0.000	0.000
	SM 种植面积	0.000	0.000	0.000	0.000
	PM 劳动力	0.000	0.000	0.000	0.000
	SM 劳动力	-32.968	76.256	-334.703	0.000
	PM 直接费用	0.000	0.000	0.000	0.000
	SM 直接费用	-204.458	233.169	-948.895	0.000
	PM 土地费用	0.000	0.000	0.000	0.000
	SM 土地费用	-40.209	205.923	-1127.863	0.000

续表

地区	Variables	Mean	Sd	Min	Max
河北	PM 总产量	26533.035	38199.356	0.000	137722.816
	SM 总产量	0.000	0.000	0.000	0.000
陕西	PM 种植面积	0.000	0.000	0.000	0.000
	SM 种植面积	0.000	0.000	0.000	0.000
	PM 劳动力	0.000	0.000	0.000	0.000
	SM 劳动力	-10.501	43.298	-178.523	0.000
	PM 直接费用	0.000	0.000	0.000	0.000
	SM 直接费用	-108.037	168.308	-518.406	0.000
	PM 土地费用	0.000	0.000	0.000	0.000
	SM 土地费用	-7.597	31.323	-129.149	0.000
	PM 总产量	758.289	2195.230	0.000	9040.384
	SM 总产量	0.000	0.000	0.000	0.000

注：表中的均值和标准差都以每户样本的效率值计算结果取均值求得。

（二）全要素生产率的区域比较

在规模报酬不变的假设下，从产出视角看，在技术效率优化的前提下，多数食用葵主产区的全要素生产率是优化的，但是在全域技术效率降低或技术退步的情况下，食用葵的全要素生产率是下降的（见表6-29）。从区域来看，全域全要素生产率由高到低依次为宁夏、吉林、河北、新疆、内蒙古、山西、黑龙江、甘肃、陕西。调研的食用葵主产区大致分为三类：第一类是黑龙江和陕西，这两个省的全域技术效率下降，分别由0.448和0.257下降为0.403和0.224，全域技术效率的下降带来了全域全要素生产率的下降。其主要的原因是黑龙江和陕西食用葵种植户2017年的生产效率相对于所有年份的前沿而言是退化的。第二类是甘肃，其全域全要素生产率是恶化的，其主要原因在于技术的退步，甘肃2017年的技术进步为0.946，说明食用葵的生产技术恶化，技术的退步导致了全域全要素生产率的恶化。第三类是新疆、吉林、陕西和河北，这些省份的全域技术效率是改进的，技术进步是恶化的，全域全要素生产率是优化的。以新疆为例，全域技术效率由0.771增加到0.814，技术进步仅仅是0.993，GML指数为1.069。其优化的原因可能是产出视角下新疆全域技术效率改善的效果较好，生产能力在提高。2000~2016年，新疆葵花籽的单产由2259公斤/公顷增加至3110公斤/公顷。

表 6-29 产出视角下食用葵产区规模不变时全要素生产率比较

地区	Variables	Mean	Sd	Min	Max
黑龙江	技术效率 2016	0.476	0.116	0.358	0.819
	技术效率 2017	0.430	0.117	0.241	0.692
	Global 技术效率 2016	0.448	0.110	0.314	0.761
	Global 技术效率 2017	0.403	0.121	0.207	0.652
	技术效率变动 2017	1.004	0.176	0.549	1.357
	技术进步 2017	1.003	0.058	0.846	1.076
	GML 指数	0.999	0.139	0.590	1.154
内蒙古	技术效率 2016	0.567	0.230	0.200	1.000
	技术效率 2017	0.611	0.214	0.125	1.000
	Global 技术效率 2016	0.532	0.206	0.200	1.000
	Global 技术效率 2017	0.541	0.228	0.083	1.000
	技术效率变动 2017	1.144	0.340	0.376	1.863
	技术进步 2017	0.932	0.220	0.628	2.000
	GML 指数	1.030	0.276	0.333	1.667
甘肃	技术效率 2016	0.553	0.204	0.217	0.855
	技术效率 2017	0.590	0.192	0.252	0.840
	Global 技术效率 2016	0.527	0.184	0.217	0.839
	Global 技术效率 2017	0.542	0.203	0.211	0.823
	技术效率变动 2017	1.100	0.302	0.714	1.681
	技术进步 2017	0.946	0.182	0.667	1.100
	GML 指数	0.992	0.097	0.700	1.121
新疆	技术效率 2016	0.789	0.170	0.555	1.000
	技术效率 2017	0.838	0.109	0.715	1.000
	Global 技术效率 2016	0.771	0.176	0.539	1.000
	Global 技术效率 2017	0.814	0.140	0.624	1.000
	技术效率变动 2017	1.081	0.125	0.979	1.288
	技术进步 2017	0.993	0.054	0.899	1.033
	GML 指数	1.069	0.077	1.000	1.158
吉林	技术效率 2016	0.399	0.272	0.042	1.000
	技术效率 2017	0.541	0.229	0.268	1.000
	Global 技术效率 2016	0.364	0.228	0.042	0.875

续表

地区	Variables	Mean	Sd	Min	Max
吉林	Global 技术效率 2017	0.451	0.251	0.190	1.000
	技术效率变动 2017	2.290	3.821	0.720	18.000
	技术进步 2017	0.869	0.208	0.639	1.231
	GML 指数	1.198	0.281	0.769	1.667
山西	技术效率 2016	0.313	0.052	0.215	0.455
	技术效率 2017	0.427	0.029	0.351	0.485
	Global 技术效率 2016	0.309	0.047	0.214	0.420
	Global 技术效率 2017	0.311	0.042	0.236	0.404
	技术效率变动 2017	1.392	0.200	0.972	1.747
	技术进步 2017	0.741	0.106	0.648	0.951
	GML 指数	1.014	0.075	0.875	1.182
河北	技术效率 2016	0.400	0.267	0.085	1.000
	技术效率 2017	0.486	0.213	0.175	1.000
	Global 技术效率 2016	0.393	0.261	0.085	1.000
	Global 技术效率 2017	0.422	0.232	0.117	1.000
	技术效率变动 2017	1.595	0.947	0.673	4.199
	技术进步 2017	0.857	0.167	0.595	1.046
	GML 指数	1.156	0.327	0.444	1.667
陕西	技术效率 2016	0.259	0.222	0.092	1.000
	技术效率 2017	0.275	0.128	0.143	0.567
	Global 技术效率 2016	0.257	0.222	0.092	1.000
	Global 技术效率 2017	0.224	0.125	0.095	0.552
	技术效率变动 2017	1.276	0.400	0.567	2.182
	技术进步 2017	0.805	0.181	0.588	1.034
	GML 指数	0.990	0.234	0.333	1.455

注：表中的均值和标准差都以每户样本的效率值计算结果取均值求得。

从产出导向来看，在规模报酬可变的情况下，全域全要素生产率受到技术效率、全域技术效率变化、技术进步综合作用的影响（见表 6－30）。从区域层面看，吉林的 GML 指数最高，达到 1.198，其次是河北、新疆、山西和内蒙古，黑龙江、陕西和甘肃的全域全要素生产率是恶化的，分别为 0.999、0.990 和

0.992，黑龙江、陕西和甘肃的全域技术效率下降，技术进步率低或者增长缓慢，制约了全域全要素生产率的改进，其主要原因可能是这些地区的技术进步较为缓慢，加上食用葵的种植者知识结构老化，没有进一步集约化生产的意识。新疆、吉林等省份全域生产效率提高，其可能的原因是这些地区的食用葵种植户不断学习种植技术和优化生产方式，使其生产技术效率相对于其他省份和其他年度来说得到优化，所以技术效率和全域技术效率都得到了提高。

表6-30　产出视角下食用葵产区规模可变时全要素生产率比较

地区	Variables	Mean	Sd	Min	Max
黑龙江	技术效率 2016	0.492	0.110	0.363	0.819
	技术效率 2017	0.435	0.116	0.247	0.705
	Global 技术效率 2016	0.466	0.106	0.354	0.775
	Global 技术效率 2017	0.421	0.117	0.227	0.665
	技术效率变动 2017	0.976	0.168	0.559	1.340
	技术进步 2017	1.030	0.054	0.857	1.084
	GML 指数	0.999	0.139	0.590	1.154
内蒙古	技术效率 2016	0.594	0.227	0.203	1.000
	技术效率 2017	0.627	0.205	0.125	1.000
	Global 技术效率 2016	0.558	0.207	0.202	1.000
	Global 技术效率 2017	0.561	0.218	0.083	1.000
	技术效率变动 2017	1.120	0.338	0.368	1.858
	技术进步 2017	0.951	0.215	0.628	2.000
	GML 指数	1.030	0.276	0.333	1.667
甘肃	技术效率 2016	0.610	0.223	0.217	1.000
	技术效率 2017	0.626	0.221	0.252	1.000
	Global 技术效率 2016	0.577	0.202	0.217	0.917
	Global 技术效率 2017	0.591	0.225	0.211	1.000
	技术效率变动 2017	1.044	0.253	0.685	1.681
	技术进步 2017	0.983	0.158	0.667	1.100
	GML 指数	0.992	0.097	0.700	1.121
新疆	技术效率 2016	0.792	0.168	0.558	1.000
	技术效率 2017	0.839	0.109	0.715	1.000
	Global 技术效率 2016	0.773	0.175	0.541	1.000
	Global 技术效率 2017	0.817	0.138	0.627	1.000

续表

地区	Variables	Mean	Sd	Min	Max
新疆	技术效率变动 2017	1.078	0.123	0.979	1.282
	技术进步 2017	0.996	0.054	0.903	1.036
	GML 指数	1.069	0.077	1.000	1.158
吉林	技术效率 2016	0.538	0.334	0.115	1.000
	技术效率 2017	0.655	0.279	0.270	1.000
	Global 技术效率 2016	0.497	0.311	0.083	1.000
	Global 技术效率 2017	0.612	0.316	0.210	1.000
	技术效率变动 2017	1.285	0.341	0.720	1.858
	技术进步 2017	0.990	0.189	0.667	1.385
	GML 指数	1.198	0.281	0.769	1.667
山西	技术效率 2016	0.543	0.256	0.241	0.906
	技术效率 2017	0.609	0.228	0.393	0.962
	Global 技术效率 2016	0.528	0.248	0.238	0.889
	Global 技术效率 2017	0.529	0.241	0.272	0.913
	技术效率变动 2017	1.185	0.205	0.959	1.642
	技术进步 2017	0.871	0.109	0.671	0.983
	GML 指数	1.014	0.075	0.875	1.182
河北	技术效率 2016	0.486	0.315	0.085	1.000
	技术效率 2017	0.544	0.243	0.196	1.000
	Global 技术效率 2016	0.464	0.294	0.085	1.000
	Global 技术效率 2017	0.496	0.273	0.167	1.000
	技术效率变动 2017	1.241	0.383	0.675	1.858
	技术进步 2017	0.913	0.167	0.595	1.258
	GML 指数	1.156	0.327	0.444	1.667
陕西	技术效率 2016	0.567	0.383	0.112	1.000
	技术效率 2017	0.565	0.325	0.143	1.000
	Global 技术效率 2016	0.537	0.359	0.112	1.000
	Global 技术效率 2017	0.503	0.340	0.095	1.000
	技术效率变动 2017	1.149	0.307	0.570	1.666
	技术进步 2017	0.884	0.207	0.585	1.174
	GML 指数	0.990	0.234	0.333	1.455

注：表中的均值和标准差都以每户样本的效率值计算结果取均值求得。

第四节　油葵生产效率的区域差异

一、投入视角下油葵的生产效率地域比较

（一）技术效率的区域比较

从油葵的不同主产区看，在规模报酬不变时，宁夏和新疆的生产技术效率最优，黑龙江和河北的生产率较低（见表6－31）。在规模报酬不变的假设下，新疆的生产效率为0.727，仅次于宁夏的0.787，其次是甘肃、吉林、内蒙古、山西，最后是河北、陕西和黑龙江，其生产技术效率不足新疆的1/2。新疆的生产技术效率远高于其他省份的主要原因是：新疆虽然是中国向日葵第二大主产区，但油葵面积居全国前列，新疆高度重视油葵品种研发和技术推广，油葵单产水平较高、种植规模总体较大。相反，内蒙古虽然是向日葵第一大主产区，但油葵生产效率总体较低，仅为0.399。其可能的原因是内蒙古的种植户种植方式较为粗放、投入方式不合理，造成了农业生产要素的冗余。近年来的种植结构调整，使内蒙古油葵面积不断缩减，也从另一个侧面为生产效率偏低提供了支撑。

表6－31　投入视角下油葵产区生产效率的比较

地区	不变规模				可变规模			
	Mean	Sd	Min	Max	Mean	Sd	Min	Max
黑龙江	0.234	0.059	0.129	0.371	0.764	0.029	0.750	0.863
内蒙古	0.399	0.190	0.086	1.000	0.784	0.170	0.256	1.000
甘肃	0.457	0.154	0.121	0.732	0.809	0.182	0.293	1.000
新疆	0.727	0.230	0.431	1.000	0.868	0.116	0.700	1.000
吉林	0.424	0.283	0.172	1.000	0.816	0.158	0.316	1.000
山西	0.329	0.139	0.000	0.551	0.645	0.166	0.000	0.774
河北	0.288	0.152	0.086	0.782	0.760	0.096	0.420	1.000
陕西	0.262	0.154	0.098	0.595	0.700	0.212	0.132	0.916
宁夏	0.787	—	0.787	0.787	1.000	—	1.000	1.000

注：表中的均值和标准差都以每户样本的效率值计算结果取均值求得。

在规模报酬可变时，多数省份的生产技术效率普遍提高，说明油葵的主产区可以对生产规模进行调整，提高生产技术效率。以陕西为例，在不变规模报酬的情况下，陕西的生产技术效率仅为0.262，在可变规模报酬的情况下，陕西的生产技术效率达到0.700，增长了1倍多。其可能的原因是陕西的生产者目前仍未处于最优生产规模，生产者可以通过对最优生产规模的搜寻，提高生产技术效率。从各主产区来看，生产技术效率最高的省份是新疆，为0.727，最低的是黑龙江。这也与向日葵抗旱性强、耐盐碱性强、比较适合在西北干旱半干旱地区种植有关，新疆重视油葵的生产，不断优化投入方式，生产技术效率不断得到改善。

在规模不变假设下，油葵主产区劳动力和直接费用普遍存在冗余，并且存在比例改进的可能，各主产区的土地费用基本上不存在冗余或者比例改进（见表6－32）。首先，就劳动力费用而言，甘肃和新疆劳动力松弛改进值为－188.994和－188.714，分别对应着－147.810和－39.200的比例改进值。说明相对于其他要素，劳动力要素存在着较多的冗余，可以进一步改进，提高技术效率和全要素生产率。其次，就直接费用而言，黑龙江、内蒙古、河北的冗余程度较高，黑龙江直接费用的松弛改进值为－168.486，比例改进值为－306.849，河北的松弛改进值为－160.484，比例改进值为－156.478。直接费用出现如此高的松弛改进值和比例改进值的原因可能与这些主产省的农药、化肥等投入较多，投入结构不合理，受传统农业思想影响较多，盲目扩大水、肥、药的投入，造成生产资料的浪费有关。为了提高生产技术效率，实现生产的帕累托最优，北方油葵主产区有必要对生产技术进一步优化，克服发展中的障碍因子，提高生产效率。

表6－32 投入视角下油葵主产区不变规模时比例改进变量与松弛改进变量

地区	Variables	Mean	Sd	Min	Max
黑龙江	PM 劳动力	－109.477	152.219	－882.003	－14.504
	SM 劳动力	－60.284	96.693	－558.002	－5.502
	PM 直接费用	－306.849	89.656	－490.000	－147.501
	SM 直接费用	－168.486	94.200	－429.950	－37.483
	PM 土地费用	－0.001	0.000	－0.001	－0.001
	SM 土地费用	0.000	0.000	0.000	0.000
	PM 总产量	0.000	0.000	0.000	0.000
	SM 总产量	0.000	0.000	0.000	0.000

续表

地区	Variables	Mean	Sd	Min	Max
内蒙古	PM 劳动力	-148.475	143.966	-737.500	0.000
	SM 劳动力	-179.789	268.635	-1790.003	0.000
	PM 直接费用	-154.952	111.213	-361.694	0.000
	SM 直接费用	-146.294	130.333	-449.948	0.000
	PM 土地费用	-1.861	9.130	-70.000	0.000
	SM 土地费用	0.000	0.000	0.000	0.000
	PM 总产量	0.000	0.000	0.000	0.000
	SM 总产量	0.000	0.000	0.000	0.000
甘肃	PM 劳动力	-147.810	233.089	-990.001	0.000
	SM 劳动力	-188.994	238.961	-1042.440	-0.001
	PM 直接费用	-50.326	99.991	-341.025	0.000
	SM 直接费用	-29.856	70.449	-283.753	0.000
	PM 土地费用	-0.593	1.385	-4.945	0.000
	SM 土地费用	0.000	0.000	0.000	0.000
	PM 总产量	0.000	0.000	0.000	0.000
	SM 总产量	0.000	0.000	0.000	0.000
新疆	PM 劳动力	-39.200	40.970	-84.334	0.000
	SM 劳动力	-188.714	188.490	-421.667	0.000
	PM 直接费用	-43.086	75.245	-173.762	0.000
	SM 直接费用	-171.316	183.220	-418.468	0.000
	PM 土地费用	-1.000	2.236	-5.000	0.000
	SM 土地费用	0.000	0.000	0.000	0.000
	PM 总产量	0.000	0.000	0.000	0.000
	SM 总产量	0.000	0.000	0.000	0.000
吉林	PM 劳动力	-64.439	63.906	-260.000	0.000
	SM 劳动力	-59.271	76.725	-300.000	0.000
	PM 直接费用	-100.308	76.683	-236.250	0.000
	SM 直接费用	-62.517	51.457	-139.793	0.000
	PM 土地费用	-0.694	2.679	-11.667	0.000
	SM 土地费用	0.000	0.000	0.000	0.000
	PM 总产量	0.000	0.000	0.000	0.000
	SM 总产量	0.000	0.000	0.000	0.000

续表

地区	Variables	Mean	Sd	Min	Max
山西	PM 劳动力	-167.384	92.282	-305.251	-50.504
	SM 劳动力	-127.703	62.884	-287.041	0.000
	PM 直接费用	-109.597	35.417	-200.001	-45.834
	SM 直接费用	-69.122	43.150	-141.485	0.000
	PM 土地费用	-2.454	4.255	-20.000	-0.001
	SM 土地费用	0.000	0.000	0.000	0.000
	PM 总产量	0.000	0.000	0.000	0.000
	SM 总产量	0.000	0.000	0.000	0.000
河北	PM 劳动力	-206.375	155.180	-579.375	0.000
	SM 劳动力	-126.641	107.154	-450.625	-0.001
	PM 直接费用	-156.478	194.393	-1056.682	0.000
	SM 直接费用	-160.484	282.862	-1179.949	0.000
	PM 土地费用	-0.186	0.922	-5.043	0.000
	SM 土地费用	0.000	0.000	0.000	0.000
	PM 总产量	0.000	0.000	0.000	0.000
	SM 总产量	0.000	0.000	0.000	0.000
陕西	PM 劳动力	-175.020	107.690	-426.669	0.000
	SM 劳动力	-97.473	107.339	-453.568	-0.001
	PM 直接费用	-71.651	125.233	-474.358	0.000
	SM 直接费用	-32.496	79.109	-326.349	0.000
	PM 土地费用	-2.735	4.801	-14.991	-0.001
	SM 土地费用	-0.241	0.703	-2.541	0.000
	PM 总产量	0.000	0.000	0.000	0.000
	SM 总产量	0.000	0.000	0.000	0.000

注：表中的均值和标准差都以每户样本的效率值计算结果取均值求得。

在规模报酬可变的情况下，劳动力成本和直接费用仍然是制约生产效率的主要因子（见表6-33）。在规模报酬可变时，各主产区的劳动力、直接费用仍然存在着冗余，但是比例改进值相对于规模报酬不变时少了很多，说明这时生产处于弱有效状态。以黑龙江为例，黑龙江直接费用松弛改进值为-468.921、劳动力松弛改进值为-164.782，而劳动力和直接费用的比例改进值都是0.000。出现这种状况的原因可能是，在规模报酬可变时，生产者可以对生产规模进行选择，既定的生产规模可以与相应的生产要素相匹配，使得生产处于弱有效状态，只需要通过调减冗余要素即可实现生产效率的优化。各主产区进行对比可以发现，黑龙江的直接费用冗余度较高，达到 -468.921，其次是河北，其直接费用冗余值达到 -256.434，直接费用冗余值较低的是陕西，仅为 -40.020。表明农业的直接费用投入较多，这与当地种植习惯有较大关系。就劳动力的冗余值而言，河北和甘肃的劳动力冗余程度较高，分别为 -316.320 和 -285.875，显示有大量劳动力的投入（包括数量和劳动力价格），造成了投入要素的冗余，也制约了生产效率的改进。

表 6-33 投入视角下油葵主产区可变规模时比例改进变量与松弛改进变量

地区	Variables	Mean	Sd	Min	Max
黑龙江	PM 劳动力	0.000	0.000	0.000	0.000
	SM 劳动力	-164.782	244.977	-1440.004	-20.005
	PM 直接费用	0.000	0.000	0.000	0.000
	SM 直接费用	-468.921	165.848	-799.999	-200.000
	PM 土地费用	0.000	0.000	0.000	0.000
	SM 土地费用	0.000	0.000	0.000	0.000
	PM 总产量	0.000	0.000	0.000	0.000
	SM 总产量	0.043	0.051	0.000	0.150
内蒙古	PM 劳动力	-23.278	98.143	-737.484	0.000
	SM 劳动力	-286.985	296.399	-1685.001	0.000
	PM 直接费用	-21.710	67.502	-330.593	0.000
	SM 直接费用	-241.512	212.839	-773.809	0.000
	PM 土地费用	-1.861	9.130	-70.000	0.000
	SM 土地费用	0.000	0.000	0.000	0.000
	PM 总产量	0.000	0.000	0.000	0.000
	SM 总产量	0.022	0.047	0.000	0.200
甘肃	PM 劳动力	-44.971	109.027	-346.137	0.000
	SM 劳动力	-285.875	340.951	-1200.000	0.000
	PM 直接费用	-22.776	62.628	-256.627	0.000
	SM 直接费用	-42.271	118.018	-413.363	0.000

续表

地区	Variables	Mean	Sd	Min	Max
甘肃	PM 土地费用	-0.527	1.389	-4.945	0.000
	SM 土地费用	-0.082	0.274	-1.150	0.000
	PM 总产量	0.000	0.000	0.000	0.000
	SM 总产量	0.017	0.044	0.000	0.160
新疆	PM 劳动力	-7.763	14.291	-32.915	0.000
	SM 劳动力	-206.456	221.056	-506.000	0.000
	PM 直接费用	-12.819	18.824	-41.664	0.000
	SM 直接费用	-148.493	199.345	-418.470	0.000
	PM 土地费用	-6.981	12.997	-29.907	0.000
	SM 土地费用	0.000	0.000	0.000	0.000
	PM 总产量	0.000	0.000	0.000	0.000
	SM 总产量	0.000	0.000	0.000	0.000
吉林	PM 劳动力	-5.879	19.599	-81.665	0.000
	SM 劳动力	-105.199	141.453	-479.999	0.000
	PM 直接费用	-13.906	48.082	-204.160	0.000
	SM 直接费用	-127.889	128.639	-349.999	0.000
	PM 土地费用	-0.693	2.680	-11.666	0.000
	SM 土地费用	0.000	0.000	0.000	0.000
	PM 总产量	0.000	0.000	0.000	0.000
	SM 总产量	0.013	0.030	0.000	0.100
山西	PM 劳动力	-39.827	57.429	-179.997	0.000
	SM 劳动力	-253.814	143.839	-460.000	-0.008
	PM 直接费用	-32.939	47.907	-199.991	0.000
	SM 直接费用	-141.541	83.298	-200.000	0.000
	PM 土地费用	-2.501	4.270	-19.999	0.000
	SM 土地费用	0.000	0.000	0.000	0.000
	PM 总产量	0.000	0.000	0.000	0.000
	SM 总产量	0.022	0.052	0.000	0.280
河北	PM 劳动力	-9.552	39.718	-204.209	0.000
	SM 劳动力	-316.320	251.189	-1029.999	0.000
	PM 直接费用	-17.555	66.873	-274.541	0.000

续表

地区	Variables	Mean	Sd	Min	Max
河北	SM 直接费用	-256.434	386.182	-2113.363	0.000
	PM 土地费用	-0.191	0.925	-5.042	0.000
	SM 土地费用	0.000	0.000	0.000	0.000
	PM 总产量	0.000	0.000	0.000	0.000
	SM 总产量	0.050	0.065	0.000	0.200
陕西	PM 劳动力	-47.110	112.202	-378.903	0.000
	SM 劳动力	-222.120	141.653	-640.002	0.000
	PM 直接费用	-47.682	124.598	-474.295	0.000
	SM 直接费用	-40.020	64.451	-263.363	0.000
	PM 土地费用	-0.869	2.218	-8.383	0.000
	SM 土地费用	-2.426	5.870	-18.590	0.000
	PM 总产量	0.000	0.000	0.000	0.000
	SM 总产量	0.057	0.066	0.000	0.186

注：表中的均值和标准差都以每户样本的效率值计算结果取均值求得。

综上，要想实现油葵生产效率的提高，仍需对直接要素和劳动力投入进行优化。从投入视角来看，规模可变与规模不变的情况类似，油葵主产区的劳动力和直接费用或存在冗余，或存在比例改进值。为了优化生产效率，需要严格按照“一控、两减、三基本”的要求，推行绿色发展，改变传统发展理念，转变发展方式。就甘肃而言，劳动力投入过多，大部分时间从事的农业劳动低效，为了能改进生产效率，需要发展适度规模经营，消纳劳动力。河北农业劳动力投入冗余可能的原因是农业劳动力成本相对较高，可以发挥位于北京周围的优势，积极实现农业机械化作业，以机械代替农业劳动力，减少劳动力人数，从而提高油葵生产效率。

（二）全要素生产率的区域比较

基于投入要素的视角，在规模报酬不变的假设下，油葵主产省的全要素生产率基本上都是提高的，其中，黑龙江和河北全要素生产率最高，全要素生产率的提高主要来自2017年技术效率的变动（见表6-34）。GML指数均值的排序为黑龙江（1.355）、河北（1.156）、吉林（1.198）、新疆（1.069）、内蒙古（1.061）、山西（1.035）、陕西（0.990）。除陕西外，多数省份的全要素生产率都大于1，全要素生产率得到了优化，只有陕西全要素生产率是恶化的。从主要贡献组成来看，在技术进步方面，黑龙江、内蒙古、吉林、山西、河北和陕西的技术进步值小于1，显示技术是衰退状态。同时，全域技术效率变动不大，2016年和2017年内蒙古全域技术效率分别为0.335和0.357、吉林分别为0.308和0.381。而同期技术效率得到了优化，2017年黑龙江和河北的技术效率变动均大于1，显示优化的技术效率带动了全要素生产率的提高。

表6-34　投入视角下油葵产区规模不变时全要素生产率比较

地区	Variables	Mean	Sd	Min	Max
黑龙江	技术效率2016	0.090	0.100	-0.012	0.233
	技术效率2017	0.234	0.059	0.129	0.371
	Global 技术效率2016	0.089	0.099	-0.013	0.230
	Global 技术效率2017	0.189	0.048	0.105	0.300
	技术效率变动2017	1.656	0.452	0.407	2.036
	技术进步2017	0.817	0.006	0.788	0.819
	GML 指数	1.355	0.370	0.333	1.667
内蒙古	技术效率2016	0.350	0.221	0.007	1.000
	技术效率2017	0.399	0.190	0.086	1.000
	Global 技术效率2016	0.335	0.200	0.007	1.000
	Global 技术效率2017	0.357	0.213	0.070	1.000
	技术效率变动2017	1.212	0.391	0.407	2.036
	技术进步2017	0.900	0.180	0.606	1.333
	GML 指数	1.061	0.302	0.333	1.667
甘肃	技术效率2016	0.438	0.197	0.020	0.710
	技术效率2017	0.457	0.154	0.121	0.732
	Global 技术效率2016	0.407	0.174	0.018	0.648
	Global 技术效率2017	0.446	0.172	0.098	0.720
	技术效率变动2017	1.096	0.435	0.622	2.036
	技术进步2017	1.052	0.281	0.558	1.384
	GML 指数	1.028	0.181	0.700	1.667
新疆	技术效率2016	0.724	0.277	0.353	1.000
	技术效率2017	0.727	0.230	0.431	1.000
	Global 技术效率2016	0.674	0.240	0.349	0.912

续表

地区	Variables	Mean	Sd	Min	Max
新疆	Global 技术效率 2017	0.724	0.267	0.349	1.000
	技术效率变动 2017	1.044	0.173	0.835	1.222
	技术进步 2017	1.043	0.154	0.819	1.198
	GML 指数	1.069	0.077	1.000	1.158
吉林	技术效率 2016	0.334	0.283	0.039	1.000
	技术效率 2017	0.424	0.283	0.172	1.000
	Global 技术效率 2016	0.308	0.246	0.039	0.875
	Global 技术效率 2017	0.381	0.278	0.140	1.000
	技术效率变动 2017	1.334	0.394	0.529	2.036
	技术进步 2017	0.941	0.235	0.642	1.637
	GML 指数	1.198	0.281	0.769	1.667
山西	技术效率 2016	0.261	0.121	0.000	0.562
	技术效率 2017	0.329	0.139	0.000	0.551
	Global 技术效率 2016	0.256	0.115	0.000	0.532
	Global 技术效率 2017	0.257	0.114	0.000	0.562
	技术效率变动 2017	1.310	0.230	0.981	2.036
	技术进步 2017	0.805	0.103	0.592	1.078
	GML 指数	1.035	0.140	0.875	1.667
河北	技术效率 2016	0.238	0.183	0.042	0.813
	技术效率 2017	0.288	0.152	0.086	0.782
	Global 技术效率 2016	0.230	0.169	0.042	0.760
	Global 技术效率 2017	0.247	0.162	0.070	0.826
	技术效率变动 2017	1.376	0.444	0.543	2.036
	技术进步 2017	0.861	0.143	0.653	1.237
	GML 指数	1.156	0.327	0.444	1.667
陕西	技术效率 2016	0.310	0.268	0.083	1.000
	技术效率 2017	0.262	0.154	0.098	0.595
	Global 技术效率 2016	0.287	0.251	0.083	1.000
	Global 技术效率 2017	0.251	0.174	0.080	0.693
	技术效率变动 2017	1.062	0.368	0.582	2.036
	技术进步 2017	0.984	0.277	0.573	1.375
	GML 指数	0.990	0.234	0.333	1.455

注：表中的均值和标准差都以每户样本的效率值计算结果取均值求得。

在规模报酬可变的假设下，部分省份的全域全要素生产率恶化，全域全要素生产率主要受到技术进步和技术效率变动的影响（见表6－35）。各主产区中新疆GML指数最高，为1.0694，其次是吉林、甘肃、黑龙江和河北，显示全要素生产率得到了优化；山西、内蒙古和陕西的全要素生产率显示为恶化，相对于规模报酬不变时的情况，当规模报酬可变时，全要素生产率整体恶化。同时，技术效率和技术进步结果显示，黑龙江、甘肃、河北和宁夏等地2017年的油葵生产技术效率变动大于1，技术进步小于1，由此可以认为其全要素生产率的优化来源于2017年技术效率的变动。内蒙古、山西和陕西2017年技术效率变动虽然都大于1，技术效率实现了优化，但是2017年的技术进步却小于1，说明技术处于退步状态，同时也影响了全域全要素生产率的改进，其可能的原因是这些主产区的农户对于油葵的生产技术掌握得相对较少，从而影响了全要素生产率的提高。

表6－35　投入视角下油葵产区规模可变时全要素生产率比较

地区	Variables	Mean	Sd	Min	Max
黑龙江	技术效率2016	0.7118	0.0463	0.6736	0.8163
	技术效率2017	0.7641	0.0291	0.7502	0.8634
	Global技术效率2016	0.6303	0.0000	0.6303	0.6304
	Global技术效率2017	0.6321	0.0076	0.6275	0.6673
	技术效率变动2017	1.0779	0.0830	0.9527	1.2817
	技术进步2017	0.9350	0.0650	0.8099	1.0496
	GML指数	1.0028	0.0120	0.9956	1.0586
内蒙古	技术效率2016	0.7473	0.2032	0.1782	1.0000
	技术效率2017	0.7835	0.1696	0.2564	1.0000
	Global技术效率2016	0.6926	0.2231	0.1543	1.0000
	Global技术效率2017	0.6848	0.2264	0.1271	1.0000
	技术效率变动2017	1.0898	0.2157	0.7703	1.8466
	技术进步2017	0.9233	0.1353	0.5570	1.2288
	GML指数	0.9839	0.1251	0.5652	1.1767
甘肃	技术效率2016	0.7322	0.2665	0.1600	1.0000
	技术效率2017	0.8092	0.1818	0.2931	1.0000
	Global技术效率2016	0.7892	0.3064	0.1532	1.0000
	Global技术效率2017	0.7902	0.3012	0.1491	1.0000

续表

地区	Variables	Mean	Sd	Min	Max
甘肃	技术效率变动 2017	1.2001	0.3427	0.9918	1.8466
	技术进步 2017	0.8726	0.1967	0.4720	1.0083
	GML 指数	1.0060	0.0370	0.9660	1.1206
新疆	技术效率 2016	0.8301	0.1935	0.5185	1.0000
	技术效率 2017	0.8683	0.1160	0.7001	1.0000
	Global 技术效率 2016	0.7819	0.2187	0.4514	1.0000
	Global 技术效率 2017	0.8294	0.2173	0.5226	1.0000
	技术效率变动 2017	1.0739	0.1580	0.9502	1.3502
	技术进步 2017	1.0064	0.1088	0.8576	1.1250
	GML 指数	1.0694	0.0766	1.0000	1.1579
吉林	技术效率 2016	0.7688	0.2444	0.0368	1.0000
	技术效率 2017	0.8157	0.1581	0.3163	1.0000
	Global 技术效率 2016	0.6481	0.2324	0.0316	1.0000
	Global 技术效率 2017	0.7118	0.2288	0.1997	1.0000
	技术效率变动 2017	1.0647	0.2220	0.7703	1.8466
	技术进步 2017	1.0311	0.2402	0.5795	1.5660
	GML 指数	1.0308	0.0961	0.7692	1.1767
山西	技术效率 2016	0.5819	0.2225	0.0000	0.7913
	技术效率 2017	0.6449	0.1663	0.0000	0.7740
	Global 技术效率 2016	0.4998	0.1800	0.0000	0.6304
	Global 技术效率 2017	0.4991	0.1816	0.0000	0.6304
	技术效率变动 2017	1.1896	0.2840	0.9480	1.8466
	技术进步 2017	0.8752	0.1707	0.5332	1.0548
	GML 指数	0.9974	0.0260	0.9571	1.0588
河北	技术效率 2016	0.6916	0.1274	0.2678	0.9215
	技术效率 2017	0.7603	0.0961	0.4202	1.0000
	Global 技术效率 2016	0.6396	0.1559	0.2414	1.0000
	Global 技术效率 2017	0.6406	0.1559	0.2136	1.0000
	技术效率变动 2017	1.1237	0.1739	0.9394	1.8466
	技术进步 2017	0.9031	0.1060	0.5424	1.0450
	GML 指数	1.0018	0.0454	0.8334	1.1554

续表

地区	Variables	Mean	Sd	Min	Max
陕西	技术效率 2016	0.6762	0.2387	0.0721	1.0000
	技术效率 2017	0.6996	0.2121	0.1320	0.9162
	Global 技术效率 2016	0.6675	0.2590	0.0617	1.0000
	Global 技术效率 2017	0.6285	0.2546	0.0655	1.0000
	技术效率变动 2017	1.1175	0.2337	0.7703	1.8466
	技术进步 2017	0.8732	0.1546	0.5348	1.0033
	GML 指数	0.9748	0.1213	0.5652	1.1767

注：表中的均值和标准差都以每户样本的效率值计算结果取均值求得。

二、产出视角下油葵的生产效率地域比较

（一）技术效率的区域比较

技术效率的区域比较显示，规模报酬可变时的生产技术效率要优于规模不变时的生产技术效率，新疆的生产技术效率优于其他主产区（见表 6-36）。规模可变时除新疆（0.839）外，均值都在 0.6 左右。但在规模报酬不变时，生产技术效率多在 0.5 周围徘徊，如山西为 0.437、吉林为 0.520，黑龙江、陕西和河北均低于 0.4，规模报酬可变时的生产技术效率高于规模报酬不变时的生产技术效率，其主要原因可能是生产者对于规模的选择可以实现规模效率，使投入与产出更加匹配，在既定的投入下实现更大的产出。

表 6-36　产出视角下油葵产区生产效率的比较

地区	不变规模				可变规模			
	Mean	Sd	Min	Max	Mean	Sd	Min	Max
黑龙江	0.339	0.086	0.188	0.538	0.659	0.163	0.407	0.980
内蒙古	0.529	0.196	0.125	1.000	0.663	0.217	0.193	1.000
甘肃	0.580	0.179	0.175	0.899	0.639	0.202	0.227	1.000
新疆	0.839	0.151	0.625	1.000	0.875	0.101	0.769	1.000
吉林	0.520	0.247	0.250	1.000	0.772	0.185	0.347	1.000
山西	0.437	0.155	0.000	0.733	0.635	0.134	0.000	0.826
河北	0.396	0.178	0.125	0.898	0.572	0.169	0.235	1.000

续表

地区	不变规模				可变规模			
	Mean	Sd	Min	Max	Mean	Sd	Min	Max
陕西	0.347	0.195	0.143	0.800	0.463	0.175	0.157	0.800
宁夏	0.952	—	0.952	0.952	1.000	—	1.000	1.000

注：表中的均值和标准差都以每户样本的效率值计算结果取均值求得。

在规模报酬不变的情况下，基于产出视角，各省份生产技术效率均处于弱有效状态，产出仅有比例改进值较大，且黑龙江的生产技术效率最优（见表6－37）。各主产区比例改进值和松弛改进值均为0，可知其均处于生产效率的弱有效状态，可以通过比例改进实现生产的帕累托最优状态。其中，黑龙江的生产技术效率最优，黑龙江总产量的比例改进值为0.529，与新疆的3906.319相比，可以忽略不计，说明黑龙江在既定投入下产出呈有效状态，虽然劳动力松弛改进值为－169.761，直接费用松弛改进值为－475.273，但在目前的投入状态下其产出是最优的，只需要调减投入即可实现生产效率的最大化。黑龙江表现最优的原因可能是，黑龙江有广袤的黑土地，人均经营规模相对较大，规模相对比较成熟，在既定的规模下对投入要素进行调整即可实现生产技术效率的优化。

表6－37　产出视角下油葵产区不变规模比例改进变量与松弛改进变量

地区	Variables	Mean	Sd	Min	Max
黑龙江	PM 劳动力	0.000	0.000	0.000	0.000
	SM 劳动力	－169.761	246.517	－1440.005	－20.006
	PM 直接费用	0.000	0.000	0.000	0.000
	SM 直接费用	－475.273	169.927	－799.907	－199.908
	PM 土地费用	0.000	0.000	0.000	0.000
	SM 土地费用	0.000	0.000	0.000	0.000
	PM 总产量	0.529	0.069	0.370	0.650
	SM 总产量	0.000	0.000	0.000	0.000
内蒙古	PM 劳动力	0.000	0.000	0.000	0.000
	SM 劳动力	－304.036	322.053	－1580.000	0.000
	PM 直接费用	0.000	0.000	0.000	0.000
	SM 直接费用	－277.195	232.569	－799.907	0.000

续表

地区	Variables	Mean	Sd	Min	Max
内蒙古	PM 土地费用	0.000	0.000	0.000	0.000
	SM 土地费用	0.000	0.000	0.000	0.000
	PM 总产量	1017.674	4590.061	0.000	34527.299
	SM 总产量	0.000	0.000	0.000	0.000
甘肃	PM 劳动力	0.000	0.000	0.000	0.000
	SM 劳动力	-195.341	336.937	-1200.001	0.000
	PM 直接费用	0.000	0.000	0.000	0.000
	SM 直接费用	-48.761	137.987	-463.271	0.000
	PM 土地费用	0.000	0.000	0.000	0.000
	SM 土地费用	0.000	0.000	0.000	0.000
	PM 总产量	393.966	930.557	0.115	2999.960
	SM 总产量	0.000	0.000	0.000	0.000
新疆	PM 劳动力	0.000	0.000	0.000	0.000
	SM 劳动力	-76.433	86.185	-210.004	0.000
	PM 直接费用	0.000	0.000	0.000	0.000
	SM 直接费用	-92.654	207.181	-463.271	0.000
	PM 土地费用	0.000	0.000	0.000	0.000
	SM 土地费用	0.000	0.000	0.000	0.000
	PM 总产量	3906.319	6311.637	0.000	14504.272
	SM 总产量	0.000	0.000	0.000	0.000
吉林	PM 劳动力	0.000	0.000	0.000	0.000
	SM 劳动力	-105.150	107.817	-385.453	0.000
	PM 直接费用	0.000	0.000	0.000	0.000
	SM 直接费用	-141.525	126.496	-349.907	0.000
	PM 土地费用	0.000	0.000	0.000	0.000
	SM 土地费用	0.000	0.000	0.000	0.000
	PM 总产量	452.471	1731.143	0.000	7530.583
	SM 总产量	0.000	0.000	0.000	0.000
山西	PM 劳动力	0.000	0.000	0.000	0.000
	SM 劳动力	-250.906	153.496	-480.002	0.000
	PM 直接费用	0.000	0.000	0.000	0.000
	SM 直接费用	-119.945	99.609	-199.908	0.000

续表

地区	Variables	Mean	Sd	Min	Max
山西	PM 土地费用	0.000	0.000	0.000	0.000
	SM 土地费用	0.000	0.000	0.000	0.000
	PM 总产量	1505.712	2408.846	0.460	10667.435
	SM 总产量	0.000	0.000	0.000	0.000
河北	PM 劳动力	0.000	0.000	0.000	0.000
	SM 劳动力	-323.722	249.146	-1030.000	0.000
	PM 直接费用	0.000	0.000	0.000	0.000
	SM 直接费用	-269.814	389.251	-2113.271	0.000
	PM 土地费用	0.000	0.000	0.000	0.000
	SM 土地费用	0.000	0.000	0.000	0.000
	PM 总产量	333.523	1225.446	0.082	5712.430
	SM 总产量	0.000	0.000	0.000	0.000
陕西	PM 劳动力	0.000	0.000	0.000	0.000
	SM 劳动力	-219.515	138.248	-571.240	0.000
	PM 直接费用	0.000	0.000	0.000	0.000
	SM 直接费用	-61.522	103.637	-374.276	0.000
	PM 土地费用	0.000	0.000	0.000	0.000
	SM 土地费用	-0.211	0.813	-3.358	0.000
	PM 总产量	1239.776	1846.554	0.328	5018.741
	SM 总产量	0.000	0.000	0.000	0.000

注：表中的均值和标准差都以每户样本的效率值计算结果取均值求得。

在规模报酬可变的假设下，基于产出视角，油葵各主产区均可以通过对规模的调整，实现生产技术效率的优化，新疆、陕西、山西和内蒙古有较大的增产潜力（见表6-38）。在规模报酬可变的假设下，油葵主产区的松弛改进值和比例改进值相对较小，说明规模可变时在既定投入要素的情况下，变动规模更能够实现生产效率的优化。在规模变动的基础上，黑龙江减少直接费用可实现效率的最优，内蒙古、甘肃、河北和陕西减少劳动力的冗余值，增加产出，可实现生产技术效率的最优。在增长潜力较大的省份中，新疆在目前的投入下，通过技术改进实现产量的增长，可有效提高生产技术效率。在规模报酬可变的假设下，之所以会有这种情况，可能的原因在于油葵的主产区多是面积较大的省份，均可以通过对生产规模的选择实现生产技术效率的优化。

表 6-38 产出视角下油葵产区可变规模比例改进变量与松弛改进变量

地区	Variables	Mean	Sd	Min	Max
黑龙江	PM 劳动力	0.000	0.000	0.000	0.000
	SM 劳动力	-88.390	232.695	-1318.666	0.000
	PM 直接费用	0.000	0.000	0.000	0.000
	SM 直接费用	-357.367	188.638	-736.361	-81.819
	PM 土地费用	0.000	0.000	0.000	0.000
	SM 土地费用	0.000	0.000	0.000	0.000
	PM 总产量	0.140	0.068	0.009	0.231
	SM 总产量	0.000	0.000	0.000	0.000
内蒙古	PM 劳动力	0.000	0.000	0.000	0.000
	SM 劳动力	-218.615	305.325	-1596.953	0.000
	PM 直接费用	0.000	0.000	0.000	0.000
	SM 直接费用	-42.650	94.408	-466.669	0.000
	PM 土地费用	0.000	0.000	0.000	0.000
	SM 土地费用	0.000	0.000	0.000	0.000
	PM 总产量	1011.767	4584.007	0.000	34527.261
	SM 总产量	0.000	0.000	0.000	0.000
甘肃	PM 劳动力	0.000	0.000	0.000	0.000
	SM 劳动力	-205.892	313.980	-990.435	0.000
	PM 直接费用	0.000	0.000	0.000	0.000
	SM 直接费用	-0.935	4.074	-17.757	0.000
	PM 土地费用	0.000	0.000	0.000	0.000
	SM 土地费用	0.000	0.000	0.000	0.000
	PM 总产量	392.254	925.723	0.000	2985.342
	SM 总产量	0.000	0.000	0.000	0.000
新疆	PM 劳动力	0.000	0.000	0.000	0.000
	SM 劳动力	-67.168	94.422	-223.950	0.000
	PM 直接费用	0.000	0.000	0.000	0.000
	SM 直接费用	0.000	0.000	0.000	0.000
	PM 土地费用	0.000	0.000	0.000	0.000

续表

地区	Variables	Mean	Sd	Min	Max
新疆	SM 土地费用	0.000	0.000	0.000	0.000
	PM 总产量	3797.737	6281.375	0.000	14477.007
	SM 总产量	0.000	0.000	0.000	0.000
吉林	PM 劳动力	0.000	0.000	0.000	0.000
	SM 劳动力	-61.047	150.091	-479.999	0.000
	PM 直接费用	0.000	0.000	0.000	0.000
	SM 直接费用	-57.200	89.626	-349.999	0.000
	PM 土地费用	0.000	0.000	0.000	0.000
	SM 土地费用	0.000	0.000	0.000	0.000
	PM 总产量	452.214	1731.214	0.000	7530.583
	SM 总产量	0.000	0.000	0.000	0.000
山西	PM 劳动力	0.000	0.000	0.000	0.000
	SM 劳动力	-217.142	115.177	-376.360	0.000
	PM 直接费用	0.000	0.000	0.000	0.000
	SM 直接费用	-55.014	57.916	-159.998	0.000
	PM 土地费用	0.000	0.000	0.000	0.000
	SM 土地费用	0.000	0.000	0.000	0.000
	PM 总产量	1505.465	2408.985	0.067	10667.435
	SM 总产量	0.000	0.000	0.000	0.000
河北	PM 劳动力	0.000	0.000	0.000	0.000
	SM 劳动力	-242.565	220.890	-820.434	0.000
	PM 直接费用	0.000	0.000	0.000	0.000
	SM 直接费用	-84.975	302.730	-1563.364	0.000
	PM 土地费用	0.000	0.000	0.000	0.000
	SM 土地费用	0.000	0.000	0.000	0.000
	PM 总产量	136.978	654.064	0.000	3560.000
	SM 总产量	0.000	0.000	0.000	0.000
陕西	PM 劳动力	0.000	0.000	0.000	0.000
	SM 劳动力	-221.697	163.060	-640.002	0.000
	PM 直接费用	0.000	0.000	0.000	0.000
	SM 直接费用	-38.294	98.483	-374.290	0.000

续表

地区	Variables	Mean	Sd	Min	Max
陕西	PM 土地费用	0.000	0.000	0.000	0.000
	SM 土地费用	-0.211	0.813	-3.358	0.000
	PM 总产量	1236.354	1840.421	0.134	5018.741
	SM 总产量	0.000	0.000	0.000	0.000

注：表中的均值和标准差都以每户样本的效率值计算结果取均值求得。

（二）全要素生产率的区域比较

在规模报酬不变的假设下，基于产出视角考虑，在技术效率优化的前提下，各油葵主产区的全要素生产率是优化的，但是在全域技术效率降低和技术退步的情况下，油葵的全要素生产率是下降的（见表6－39）。从区域来看，全域全要素生产率由高到低依次为黑龙江、吉林、河北、新疆、内蒙古、山西、甘肃和陕西，总体来说，东北和华北的油葵全要素生产率相对较高。其中，黑龙江、内蒙古、甘肃和新疆等地2017年技术效率的变动值大于1，说明各油葵主产区的技术效率是优化的，优化的技术效率促进了全要素生产率的提高。以黑龙江为例，虽然2017年技术进步值仅仅是0.6667，但是2017年技术效率的变动值达到2.0160，极大地促进了全要素生产率的提高。相反，陕西的全要素生产率是最低的，虽然2017年技术效率变动值为1.2693，但是2017年陕西的全域技术效率由0.3191下降到0.2836，技术进步值也仅为0.8326，说明整体而言，陕西的油葵效率是降低的，从而导致了全域全要素生产率的下降。

表6－39　产出视角下油葵产区规模不变时全要素生产率比较

地区	Variables	Mean	Sd	Min	Max
黑龙江	技术效率2016	0.1158	0.1207	0.0083	0.3000
	技术效率2017	0.3390	0.0859	0.1875	0.5375
	Global 技术效率2016	0.1158	0.1207	0.0083	0.3000
	Global 技术效率2017	0.2260	0.0572	0.1250	0.3583
	技术效率变动2017	2.0160	0.4993	0.8854	2.4474
	技术进步2017	0.6667	0.0000	0.6667	0.6667
	GML 指数	1.3631	0.3499	0.5903	1.6667
内蒙古	技术效率2016	0.3891	0.2209	0.0083	1.0000
	技术效率2017	0.5289	0.1958	0.1250	1.0000
	Global 技术效率2016	0.3771	0.2044	0.0083	1.0000

续表

地区	Variables	Mean	Sd	Min	Max
内蒙古	Global 技术效率 2017	0. 4023	0. 2140	0. 0833	1. 0000
	技术效率变动 2017	1. 4537	0. 4859	0. 5000	2. 4474
	技术进步 2017	0. 7561	0. 1801	0. 5404	1. 3333
	GML 指数	1. 0606	0. 3019	0. 3333	1. 6667
甘肃	技术效率 2016	0. 4817	0. 2092	0. 0199	0. 7426
	技术效率 2017	0. 5804	0. 1792	0. 1750	0. 8987
	Global 技术效率 2016	0. 4544	0. 1879	0. 0194	0. 6975
	Global 技术效率 2017	0. 4968	0. 1817	0. 1167	0. 7745
	技术效率变动 2017	1. 2666	0. 4746	0. 7438	2. 4474
	技术进步 2017	0. 8980	0. 2251	0. 5031	1. 1428
	GML 指数	1. 0276	0. 1814	0. 7000	1. 6667
新疆	技术效率 2016	0. 7420	0. 2549	0. 4167	1. 0000
	技术效率 2017	0. 8385	0. 1506	0. 6250	1. 0000
	Global 技术效率 2016	0. 7009	0. 2192	0. 4167	0. 9161
	Global 技术效率 2017	0. 7508	0. 2432	0. 4167	1. 0000
	技术效率变动 2017	1. 2026	0. 2888	0. 9580	1. 5339
	技术进步 2017	0. 9262	0. 2015	0. 6667	1. 0985
	GML 指数	1. 0692	0. 0765	1. 0000	1. 1579
吉林	技术效率 2016	0. 3630	0. 2784	0. 0417	1. 0000
	技术效率 2017	0. 5204	0. 2473	0. 2500	1. 0000
	Global 技术效率 2016	0. 3388	0. 2407	0. 0417	0. 8750
	Global 技术效率 2017	0. 4175	0. 2699	0. 1667	1. 0000
	技术效率变动 2017	1. 5792	0. 5032	0. 6854	2. 4474
	技术进步 2017	0. 8084	0. 2186	0. 5883	1. 2644
	GML 指数	1. 1982	0. 2814	0. 7692	1. 6667
山西	技术效率 2016	0. 2882	0. 1185	0. 0000	0. 5897
	技术效率 2017	0. 4371	0. 1553	0. 0000	0. 7333
	Global 技术效率 2016	0. 2847	0. 1120	0. 0000	0. 5593
	Global 技术效率 2017	0. 2864	0. 1105	0. 0000	0. 5913
	技术效率变动 2017	1. 5765	0. 2435	1. 2435	2. 4474
	技术进步 2017	0. 6638	0. 0651	0. 5194	0. 8502
	GML 指数	1. 0354	0. 1403	0. 8750	1. 6667

续表

地区	Variables	Mean	Sd	Min	Max
河北	技术效率 2016	0.2717	0.1952	0.0500	0.8799
	技术效率 2017	0.3956	0.1780	0.1250	0.8975
	Global 技术效率 2016	0.2658	0.1815	0.0500	0.8078
	Global 技术效率 2017	0.2867	0.1720	0.0833	0.8734
	技术效率变动 2017	1.6557	0.5397	0.6667	2.4474
	技术进步 2017	0.7157	0.1347	0.6030	1.0594
	GML 指数	1.1560	0.3274	0.4444	1.6667
陕西	技术效率 2016	0.3426	0.2817	0.0917	1.0000
	技术效率 2017	0.3467	0.1952	0.1425	0.7999
	Global 技术效率 2016	0.3191	0.2599	0.0917	1.0000
	Global 技术效率 2017	0.2836	0.1972	0.095	0.7999
	技术效率变动 2017	1.2693	0.4544	0.7206	2.4250
	技术进步 2017	0.8326	0.2512	0.4626	1.1428
	GML 指数	0.9900	0.2343	0.3333	1.4545

注：表中的均值和标准差都以每户样本的效率值计算结果取均值求得。

在规模报酬可变的情况下，基于产出视角考虑，全域全要素生产率的提高，更多是受到技术效率变动的影响（见表 6－40）。从区域层面看，东北产区（黑龙江和吉林）、华北（河北）的全域全要素生产率较高，在实现产出优化的同时，全要素生产率也优于西北，黑龙江的 GML 指数为 1.3631，吉林的 GML 指数为 1.1982，河北的 GML 指数为 1.1560，大于甘肃的 1.0276。从全域全要素生产率的分解来看，全域全要素生产率较高的原因更多地来自技术效率变动。2017 年主要产区技术效率变动的大小与全要素生产率的变动基本一致，说明全域全要素生产率更多地受到技术效率变动的影响。

表 6－40 产出视角下油葵产区规模可变时全要素生产率比较

地区	Variables	Mean	Sd	Min	Max
黑龙江	技术效率 2016	0.3522	0.3705	0.0226	0.8561
	技术效率 2017	0.6589	0.1627	0.4074	0.9797
	Global 技术效率 2016	0.3338	0.3501	0.0226	0.8521

续表

地区	Variables	Mean	Sd	Min	Max
黑龙江	Global 技术效率 2017	0. 6577	0. 1627	0. 4074	0. 9707
	技术效率变动 2017	1. 5261	0. 5407	0. 5962	2. 0046
	技术进步 2017	1. 0506	0. 0693	0. 9876	1. 2016
	GML 指数	1. 3631	0. 3499	0. 5903	1. 6667
内蒙古	技术效率 2016	0. 6384	0. 2622	0. 0174	1. 0000
	技术效率 2017	0. 6629	0. 2172	0. 1925	1. 0000
	Global 技术效率 2016	0. 5985	0. 2464	0. 0162	1. 0000
	Global 技术效率 2017	0. 6369	0. 2381	0. 1667	1. 0000
	技术效率变动 2017	1. 0883	0. 3792	0. 3372	2. 0046
	技术进步 2017	1. 0151	0. 1980	0. 5404	2. 0000
	GML 指数	1. 0606	0. 3019	0. 3333	1. 6667
甘肃	技术效率 2016	0. 5785	0. 2518	0. 0208	1. 0000
	技术效率 2017	0. 6388	0. 2016	0. 2266	1. 0000
	Global 技术效率 2016	0. 5411	0. 2323	0. 0200	1. 0000
	Global 技术效率 2017	0. 5825	0. 2132	0. 2108	1. 0000
	技术效率变动 2017	1. 1556	0. 4433	0. 6799	2. 0046
	技术进步 2017	0. 9714	0. 2128	0. 5031	1. 1428
	GML 指数	1. 0276	0. 1814	0. 7000	1. 6667
新疆	技术效率 2016	0. 8406	0. 1857	0. 5477	1. 0000
	技术效率 2017	0. 8751	0. 1008	0. 7692	1. 0000
	Global 技术效率 2016	0. 7761	0. 1514	0. 5272	0. 9161
	Global 技术效率 2017	0. 8261	0. 1569	0. 6105	1. 0000
	技术效率变动 2017	1. 0819	0. 2702	0. 8989	1. 5595
	技术进步 2017	1. 0189	0. 1600	0. 7425	1. 1288
	GML 指数	1. 0692	0. 0765	1. 0000	1. 1579
吉林	技术效率 2016	0. 6935	0. 2930	0. 0417	1. 0000
	技术效率 2017	0. 7724	0. 1848	0. 3469	1. 0000
	Global 技术效率 2016	0. 6342	0. 2627	0. 0417	0. 9697
	Global 技术效率 2017	0. 7462	0. 2002	0. 2663	1. 0000
	技术效率变动 2017	1. 1787	0. 3665	0. 6895	2. 0046
	技术进步 2017	1. 0541	0. 1774	0. 5884	1. 3519
	GML 指数	1. 1982	0. 2814	0. 7692	1. 6667

续表

地区	Variables	Mean	Sd	Min	Max
山西	技术效率 2016	0.5551	0.1884	0.0000	0.8821
	技术效率 2017	0.6352	0.1341	0.0000	0.8263
	Global 技术效率 2016	0.5477	0.1860	0.0000	0.8779
	Global 技术效率 2017	0.5543	0.1870	0.0000	0.8263
	技术效率变动 2017	1.2493	0.3369	0.8701	2.0046
	技术进步 2017	0.8676	0.1854	0.5194	1.0657
	GML 指数	1.0354	0.1403	0.8750	1.6667
河北	技术效率 2016	0.5386	0.2414	0.1425	1.0000
	技术效率 2017	0.5718	0.1685	0.2351	1.0000
	Global 技术效率 2016	0.4940	0.2087	0.1405	0.9091
	Global 技术效率 2017	0.5494	0.1668	0.2341	0.9091
	技术效率变动 2017	1.1928	0.4566	0.4549	2.0046
	技术进步 2017	1.0446	0.2070	0.5884	1.7138
	GML 指数	1.1560	0.3274	0.4444	1.6667
陕西	技术效率 2016	0.5188	0.2323	0.0917	1.0000
	技术效率 2017	0.4628	0.1750	0.1570	0.8000
	Global 技术效率 2016	0.4608	0.2144	0.0917	1.0000
	Global 技术效率 2017	0.4309	0.1794	0.0950	0.8000
	技术效率变动 2017	0.9718	0.3086	0.7229	2.0046
	技术进步 2017	1.0431	0.2566	0.4611	1.4627
	GML 指数	0.9900	0.2343	0.3333	1.4545

注：表中的均值和标准差都以每户样本的效率值计算结果取均值求得。

第五节　本章小结

从区域比较来看，特色油料作物的生产效率表现出以下特点：

第一，无论是投入导向还是产出导向，新疆胡麻的生产效率都是最优的，主要受土地、劳动力等因素的制约，全要素生产率西北最高，主要受到技术效率的影响。

第二，芝麻的生产效率中部地区最高，存在规模效率，主要受到劳动力费用、土地费用和直接费用的制约，在规模报酬可变时甘肃的全要素生产率最高，在规模报酬不变时安徽和江西的全要素生产率最高，全要素生产率更多地受技术效率的影响。

第三，西北陕甘宁地区食用葵的生产效率最高，且存在着规模效益，全要素生产率受到技术进步和技术效率改进两方面的影响。

第四，新疆油葵的生产效率最高，黑龙江和河北的全要素生产率最高，油葵的生产也存在着规模效益，且同时受到技术进步和技术效率变动两方面的影响。

第七章　基于年龄视角的特色油料生产效率分析

近年来，中国农业规模经营的方式日趋多样化和灵活化，除传统土地流转方式外，土地托管、土地入股等方式逐渐增多，在很大程度上促进了种植大户、家庭农场等新型经营主体的迅速成长，并逐渐成为中国农业生产经营的引领主体和生力军，传统以老人和妇女为主的农业生产主体结构得到改善，经营主体的年龄分布更加广泛。基于这一趋势特征，为进一步研究不同年龄主体特色油料生产效率的差异，本章利用微观调研数据基于年龄视角对特色油料生产效率进行了测算和分析对比。

第一节　胡麻的生产效率及全要素生产率分析

一、技术效率比较分析

不同年龄段胡麻生产主体生产效率的测算结果呈现以下特征：

（一）无论规模报酬是否可变，胡麻生产效率随着年龄的增长呈现递减趋势

从投入最小化的角度出发考虑规模报酬不变的情况，20～40 岁的年轻人种植胡麻的生产效率最高，为 0.4837；其次是 41～60 岁的中年人，生产效率为 0.4348；61 岁及以上的人最低，生产效率仅为 0.3324（见表 7－1）。从 3 个年龄段生产主体生产效率的对比可以看出，中老年人在利用资源增加胡麻产量方面的能力可能相对弱于年轻人，在胡麻投入一定的情况下，中老年龄段的生产主体产出仍有增长空间。在规模报酬可变情况下，生产效率仍然随着年龄的增长而降低，但是随着规模收益的变动，在没有达到最大效率之前投入的边际成本是递减

的，所以随着成本的降低，生产效率也相应提高。

表7－1　胡麻生产主体不同年龄生产效率的比较

Version	年龄段（岁）	不变规模				可变规模			
		Mean	Sd	Min	Max	Mean	Sd	Min	Max
投入	20～40	0.4837	0.2335	0.1785	1.0000	0.6686	0.1897	0.3581	1.0000
	41～60	0.4384	0.2276	－0.0010	1.0000	0.6535	0.1890	0.3205	1.0000
	61及以上	0.3324	0.1502	0.0000	0.7534	0.5845	0.1779	0.2861	1.0000
产出	20～40	0.5527	0.2344	0.2163	1.0000	0.5838	0.2355	0.2388	1.0000
	41～60	0.4992	0.2352	0.0000	1.0000	0.5419	0.2442	0.0000	1.0000
	61及以上	0.3822	0.1777	0.0000	0.9302	0.4297	0.2150	0.0000	1.0000

注：表中的均值和标准差都以每户样本的效率值计算结果取均值求得。

（二）在投入产出视角下，所有年龄段生产主体均在规模收益可变时效率更高

以产出视角为例，20～40岁的经营者在规模报酬不变的情况下，生产效率的均值为0.5527，在规模报酬可变的情况下，生产效率的均值则为0.5838，高出5%还多，说明规模报酬的变化确实能改善生产效率。

（三）从资源配置角度来看，胡麻要素配置仍未实现帕累托最优

各年龄段主体的种植面积基本均已接近最优，土地费用、直接费用和劳动力投入等都有改进的余地（见表7－2）。测算结果显示，20～40岁的劳动者直接费用投入的冗余度较高，松弛改进值为－114.4137（规模不变）和－100.6994（规模可变），比例改进值为－103.4367（规模不变）和－54.9742（规模可变），冗余程度远远超过了其他两个年龄段，其原因可能是年轻人更多地通过增加农业投入增加产量。41～60岁年龄组劳动力投入的冗余度较高，劳动力的比例改进值为－123.5090（规模不变）和－76.5398（规模可变），松弛改进值为－74.7050（规模不变）和－98.1584（规模可变），过高的冗余度恰恰也说明了需要减少劳动力的投入优化效率。在土地费用方面，所有年龄段土地费用冗余基本上都是固定的，土地的租金和土地成本的折旧由当地土地流转市场的行情决定，与年龄关系不大，但是与规模报酬是否可变有关系，在规模报酬可变的情况下，土地费用

的松弛改进值和比例改进值都会减少。以 41 ~60 岁的种植户为例，在规模不变时土地费用比例改进值为 -50. 8368，到了规模可变的情况下，变化为 -30. 2421，松弛改进值由 -44. 4405 变化到 -35. 8041，需要减少的冗余绝对数值下降，说明在规模报酬可变的情况下投入得到优化。此外，在规模报酬可变的情况下，总产出存在正的松弛改进值，说明目前总产出还没有达到帕累托最优状态，通过规模经营的变动及生产经营的优化，20 ~40 岁的劳动者总产量平均可以增加 3. 58 斤，41 ~60 岁的劳动者总产量平均可以增加 15. 44 斤，61 岁及以上的劳动者总产量平均可以增加 15. 25 斤（见表 7 -3）。

表 7 -2　投入视角下胡麻生产主体不同年龄比例改进变量与松弛改进变量

年龄段（岁）	Variables	规模不变				规模可变			
		Mean	Sd	Min	Max	Mean	Sd	Min	Max
20 ~ 40	PM 种植面积	-3. 8197	4. 7557	-19. 5349	0. 0000	-2. 5088	4. 0873	-17. 4024	0. 0000
	SM 种植面积	0. 0000	0. 0000	0. 0000	0. 0000	-0. 2358	0. 8853	-4. 0930	0. 0000
	PM 劳动力	-89. 9155	96. 5423	-391. 8612	0. 0000	-55. 7399	60. 6839	-199. 7638	0. 0000
	SM 劳动力	-69. 3548	86. 0266	-355. 5358	0. 0000	-82. 9608	93. 6725	-292. 5553	0. 0000
	PM 直接费用	-103. 4367	73. 8826	-309. 3023	0. 0000	-54. 9742	51. 1902	-186. 0125	0. 0000
	SM 直接费用	-114. 4137	122. 9738	-471. 0873	0. 0000	-100. 6994	133. 3710	-403. 4950	0. 0000
	PM 土地费用	-50. 4925	43. 5577	-172. 0930	0. 0000	-30. 8344	37. 2973	-147. 2697	0. 0000
	SM 土地费用	-52. 7702	102. 4108	-483. 8629	0. 0000	-39. 3749	102. 6996	-466. 1287	0. 0000
	PM 总产量	0. 0000	0. 0000	0. 0000	0. 0000	0. 0000	0. 0000	0. 0000	0. 0000
	SM 总产量	0. 0000	0. 0000	0. 0000	0. 0000	3. 5826	17. 1817	0. 0000	82. 4007
41 ~ 60	PM 种植面积	-5. 9641	11. 6469	-98. 5656	0. 0000	-3. 5133	7. 0872	-43. 3532	0. 0000
	SM 种植面积	0. 0000	0. 0000	0. 0000	0. 0000	-0. 4834	2. 1105	-22. 5362	0. 0000
	PM 劳动力	-123. 5090	245. 8971	-2762. 7914	0. 0000	-76. 5398	186. 2304	-2163. 2323	0. 0000
	SM 劳动力	-74. 7050	114. 7913	-1232. 2608	0. 0000	-98. 1584	162. 2793	-1754. 6311	0. 0000
	PM 直接费用	-72. 3275	43. 4383	-315. 5814	0. 0000	-39. 0642	34. 4408	-204. 9656	0. 0000
	SM 直接费用	-60. 2797	61. 7132	-368. 3641	0. 0000	-46. 4110	62. 9679	-421. 9964	0. 0000
	PM 土地费用	-50. 8368	50. 5792	-315. 7162	0. 0000	-30. 2421	42. 0385	-311. 8698	0. 0000
	SM 土地费用	-44. 4405	77. 4357	-517. 9590	0. 0000	-35. 8041	92. 0409	-746. 2190	0. 0000
	PM 总产量	0. 0000	0. 0000	0. 0000	0. 0000	0. 0000	0. 0000	0. 0000	0. 0000
	SM 总产量	0. 0000	0. 0000	0. 0000	0. 0000	15. 4352	60. 6519	0. 0000	439. 9990

续表

年龄段（岁）	Variables	规模不变				规模可变			
		Mean	Sd	Min	Max	Mean	Sd	Min	Max
61及以上	PM 种植面积	-7.8387	12.1796	-45.8887	-0.0698	-4.9346	8.9798	-36.1009	0.0000
	SM 种植面积	0.0000	0.0000	0.0000	0.0000	-0.5409	1.3013	-5.1991	0.0000
	PM 劳动力	-98.5027	87.3155	-321.4890	-0.0007	-60.2446	56.8214	-224.1195	0.0000
	SM 劳动力	-48.0449	59.6177	-227.9074	0.0000	-70.6749	87.8598	-309.2908	0.0000
	PM 直接费用	-93.8248	59.2278	-317.4422	-9.0701	-49.9747	37.7789	-134.8944	0.0000
	SM 直接费用	-55.8147	103.2035	-588.3588	0.0000	-52.0780	117.2333	-629.3389	0.0000
	PM 土地费用	-54.6906	48.0373	-279.0701	-3.4884	-29.7845	26.1231	-118.5885	0.0000
	SM 土地费用	-31.2124	90.8888	-516.4740	0.0000	-23.9327	112.6494	-627.1386	0.0000
	PM 总产量	-98.5027	87.3155	-321.4890	-0.0007	0.0000	0.0000	0.0000	0.0000
	SM 总产量	0.0000	0.0000	0.0000	0.0000	15.2490	66.4660	0.0000	365.5032

注：表中的均值和标准差都以每户样本的效率值计算结果取均值求得。

表 7-3 产出视角不同规模报酬不变时胡麻生产主体年龄比例改进变量与松弛改进变量

年龄段（岁）	Variables	Mean	Sd	Min	Max
20~40	SM 劳动力	-147.1049	148.4108	-488.0010	0.0000
	SM 直接费用	-193.8990	170.9329	-687.0999	0.0000
	SM 土地费用	-87.9323	131.9768	-630.4880	0.0000
	PM 总产量	1475.3081	1935.7293	0.0000	8400.0000
	SM 总产量	0.0000	0.0000	0.0000	0.0000
41~60	SM 劳动力	-185.3002	349.6823	-3984.0010	0.0000
	SM 直接费用	-108.6567	94.3301	-577.0999	0.0000
	SM 土地费用	-74.6290	111.0613	-795.4370	0.0000
	PM 总产量	1936.9223	2860.0542	0.0000	15158.9643
	SM 总产量	0.0000	0.0000	0.0000	0.0000
61及以上	SM 劳动力	-127.5754	142.3959	-490.0010	0.0000
	SM 直接费用	-111.0320	162.0998	-903.5509	0.0000
	SM 土地费用	-60.8875	139.6030	-793.1565	0.0000
	PM 总产量	2608.3086	3887.9991	0.0000	15115.1210
	SM 总产量	0.0000	0.0000	0.0000	0.0000

注：表中仅留下不为0的投入变量，但从产出视角考虑，虽总产出松弛改进值为0，也留在了表中。

（四）从产出视角看，总产量虽然不存在松弛改进值，但存在比例改进值，生产处于弱有效状态，可以通过增加产量实现强有效

在目前的状况下，61 岁及以上的生产者比例改进值最高，其次是 41 ~ 60 岁，最后是 20 ~ 40 岁，在规模可变时这个规律表现得尤为明显，比例改进值分别为 2281.4633、1622.2839、1344.6117（见表 7 - 4）。在产出既定的情况下，随着年龄的增长，胡麻生产量增加的潜力逐渐增大。其主要原因可能是年轻人会灵活使用以及整合资源，实现投入最小化、产出高效率，而老年人往往积累了一定的经验，可以在既定投入下增加产出。

表 7 - 4　产出视角规模报酬可变时胡麻生产主体不同年龄比例改进变量与松弛改进变量

年龄段（岁）	Variables	Mean	Sd	Min	Max
20 ~ 40	SM 劳动力	-82.7787	127.1425	-407.3360	0.0000
	SM 直接费用	-100.0690	151.5419	-556.1159	0.0000
	SM 土地费用	-55.3740	129.3020	-594.9953	0.0000
	PM 总产量	1344.6117	1906.2408	0.0000	8265.4522
	SM 总产量	0.0000	0.0000	0.0000	0.0000
41 ~ 60	SM 劳动力	-119.8705	337.5159	-3890.9091	0.0000
	SM 直接费用	-32.2143	65.0134	-455.8924	0.0000
	SM 土地费用	-50.0853	108.7789	-749.9990	0.0000
	PM 总产量	1622.2839	2322.4588	0.0000	12460.4862
	SM 总产量	0.0000	0.0000	0.0000	0.0000
61 及以上	SM 劳动力	-67.4753	117.8968	-409.3988	0.0000
	SM 直接费用	-42.4083	137.7919	-766.0258	0.0000
	SM 土地费用	-33.7973	133.8006	-745.3325	0.0000
	PM 总产量	2281.4633	3653.5093	0.0000	15094.5431
	SM 总产量	0.0000	0.0000	0.0000	0.0000

注：表中仅留下不为 0 的投入变量，但从产出视角考虑，虽总产出松弛改进值为 0，也留在了表中。

二、全要素生产率比较分析

（一）从投入视角看，随着年龄的增长全要素生产率逐渐下降，全域技术效率对全要素生产率的贡献更大

3 个年龄段生产主体技术效率均呈现下降趋势（见表 7 - 5）。其中，2016 ~

2017 年，20～40 岁年龄段胡麻生产主体全域技术效率保持不变，全要素生产率未下降，所以在很大程度上全域技术效率稳定影响了全要素生产率的增加。从老龄段生产主体来看，2017 年 61 岁及以上经营者技术进步为 1.1695，技术进步程度最高，但受全域技术效率下降影响，全要素生产率却是最低的。

表 7－5　投入视角下胡麻生产主体不同年龄规模不变时全要素生产率比较

年龄段（岁）	Variables	Mean	Sd	Min	Max
20～40	技术效率 2016	0.5652	0.2369	0.0000	1.0000
	技术效率 2017	0.5527	0.2344	0.2163	1.0000
	Global 技术效率 2016	0.4955	0.2090	0.0000	0.9302
	Global 技术效率 2017	0.5216	0.1974	0.2163	1.0000
	技术效率变动 2017	0.9053	0.2272	0.4476	1.2507
	技术进步 2017	1.1092	0.1658	0.6159	1.3679
	GML 指数	1.0132	0.2185	0.5500	1.3750
41～60	技术效率 2016	0.5704	0.2222	0.0000	1.0000
	技术效率 2017	0.4992	0.2352	－0.0000	1.0000
	Global 技术效率 2016	0.5019	0.2156	－0.0000	1.0000
	Global 技术效率 2017	0.4847	0.2202	－0.0000	1.0000
	技术效率变动 2017	－2.9597	49.1758	－634.6401	1.2507
	技术进步 2017	1.1397	0.2228	－0.0016	2.9757
	GML 指数	0.9566	0.2178	0.3000	1.3750
61 及以上	技术效率 2016	0.4888	0.1799	0.0000	0.9500
	技术效率 2017	0.3822	0.1777	0.0000	0.9302
	Global 技术效率 2016	0.4214	0.1641	0.0000	0.8837
	Global 技术效率 2017	0.3789	0.1749	0.0000	0.9302
	技术效率变动 2017	0.7790	0.1868	0.4728	1.2507
	技术进步 2017	1.1695	0.1275	0.9007	1.3621
	GML 指数	0.8987	0.1806	0.5667	1.3500

注：表中的均值和标准差都以每户样本的效率值计算结果取均值求得。

此外，在规模报酬可变的情况下，规模效率变化在全要素生产率变动中也发挥了重要作用。最明显的是 41～60 岁这个年龄段，在规模报酬不变的情况下，技术效率退步，Global 技术效率仍然是退步的，其全要素生产率也相对恶化，但在规模报酬可变的情况下，其GML指数大于1，全域全要素生产率优化。这说明全要素生产率此时的提高不仅靠技术效率的改进，还有赖于规模报酬的变动（见表7－6）。

表7－6 投入视角下胡麻生产主体不同年龄规模可变时全要素生产率比较

年龄段（岁）	Variables	Mean	Sd	Min	Max
20～40	技术效率2016	0.7581	0.2010	0.3032	1.0000
	技术效率2017	0.7396	0.1992	0.3875	1.0000
	Global技术效率2016	0.7138	0.2007	0.3032	1.0000
	Global技术效率2017	0.7260	0.1915	0.3873	1.0000
	技术效率变动2017	1.0396	0.5104	0.6147	3.2979
	技术进步2017	1.0538	0.1205	0.7080	1.3096
	GML指数	1.0500	0.2947	0.7217	2.3348
41～60	技术效率2016	0.7491	0.1849	0.1205	1.0000
	技术效率2017	0.7128	0.1990	0.3566	1.0000
	Global技术效率2016	0.7117	0.1919	0.1205	1.0000
	Global技术效率2017	0.7074	0.1996	0.3505	1.0000
	技术效率变动2017	0.9685	0.2923	0.5950	4.1578
	技术进步2017	1.0515	0.0792	0.7437	1.3679
	GML指数	1.0106	0.2734	0.6759	4.1578
61及以上	技术效率2016	0.6833	0.1991	0.3179	1.0000
	技术效率2017	0.6365	0.2021	0.3179	1.0000
	Global技术效率2016	0.6497	0.2002	0.3179	1.0000
	Global技术效率2017	0.6309	0.2051	0.3179	1.0000
	技术效率变动2017	0.9368	0.1293	0.6483	1.3413
	技术进步2017	1.0443	0.0726	0.8988	1.1870
	GML指数	0.9705	0.0855	0.7589	1.2055

注：表中的均值和标准差都以每户样本的效率值计算结果取均值求得。

（二）从产出视角看，胡麻生产规模短期内最优，规模报酬的变动无法有效提高全要素生产率，全要素生产率的提高还需要依靠技术效率的提升

全要素生产率仍然是随着年龄的增长而降低，由1.0024降低到0.9526，最

终降低至0.8954（见表7－7）。同一年龄组下，无论规模报酬是否可变，全要素生产率是相等的，说明在这种情况下不存在规模效率。20～40岁年龄段的生产者全域技术效率是增加的，同时全要素生产率也是增加的，但41～60岁和61岁及以上的生产者全域技术率是减少的，与全要素生产率的优化或恶化相关。再次印证了一个观点：虽然年轻人没有老年人成熟的经验、娴熟的手艺，但是年轻人敢于创新，敢于不断地学习新知识、新技能，提高农业投入要素的利用效率，完善投入要素的有机组合，提高全要素生产率，实现胡麻生产的优化。

表7－7 产出视角下胡麻生产主体不同年龄全要素生产率比较

年龄段（岁）	Variables	规模不变				规模可变			
		Mean	Sd	Min	Max	Mean	Sd	Min	Max
20～40	技术效率2016	0.5909	0.2071	0.3056	1.0000	0.6194	0.1966	0.3368	1.0000
	技术效率2017	0.5527	0.2344	0.2163	1.0000	0.5838	0.2355	0.2388	1.0000
	Global技术效率2016	0.5180	0.1831	0.2558	0.9302	0.5479	0.1824	0.2791	0.9635
	Global技术效率2017	0.5216	0.1974	0.2163	1.0000	0.5551	0.2044	0.2388	1.0000
	技术效率变动2017	0.9218	0.3076	0.4476	1.9484	0.9323	0.3269	0.4368	2.0173
	技术进步2017	1.1232	0.1552	0.6159	1.3679	1.1183	0.1667	0.5948	1.3579
	GML指数	1.0024	0.2207	0.5500	1.5000	1.0024	0.2207	0.5500	1.5000
41～60	技术效率2016	0.5880	0.2012	0.2500	1.0000	0.6329	0.2010	0.2652	1.0000
	技术效率2017	0.5053	0.2301	0.1163	1.0000	0.5485	0.2382	0.1398	1.0000
	Global技术效率2016	0.5174	0.1996	0.2093	1.0000	0.5601	0.2039	0.2251	1.0000
	Global技术效率2017	0.4906	0.2148	0.1163	1.0000	0.5307	0.2238	0.1398	1.0000
	技术效率变动2017	0.8481	0.2179	0.3634	1.6811	0.8548	0.2160	0.4111	1.6811
	技术进步2017	1.1376	0.1426	0.5000	1.3855	1.1289	0.1452	0.3856	1.3877
	GML指数	0.9526	0.2231	0.3000	1.5333	0.9526	0.2231	0.3000	1.5333
61及以上	技术效率2016	0.5051	0.1580	0.2975	0.9500	0.5588	0.1927	0.3009	1.0000
	技术效率2017	0.3949	0.1658	0.1860	0.9302	0.4440	0.2031	0.2068	1.0000
	Global技术效率2016	0.4354	0.1468	0.2326	0.8837	0.4875	0.1869	0.2586	1.0000
	Global技术效率2017	0.3915	0.1629	0.1860	0.9302	0.4383	0.2009	0.2068	1.0000
	技术效率变动2017	0.7794	0.1900	0.4728	1.2507	0.7905	0.1949	0.4738	1.3743
	技术进步2017	1.1651	0.1273	0.9007	1.3621	1.1482	0.1229	0.8299	1.3196
	GML指数	0.8954	0.1827	0.5667	1.3500	0.8954	0.1827	0.5667	1.3500

注：表中的均值和标准差都以每户样本的效率值计算结果取均值求得。

第二节　芝麻的生产效率及全要素生产率分析

一、技术效率比较分析

不同年龄段芝麻生产主体生产效率的测算结果呈现以下特征：

（一）在规模报酬可变产出导向下，随着年龄段的增加，生产效率降低；其他情况下年龄段与生产效率呈U形分布

从投入最小化的角度出发，无论规模报酬是否可变，20～40岁的年轻人生产效率均表现为最高，其次是61岁及以上的老年人，最后是41～60岁的中年人（见表7－8）。可能的原因是，年轻人有更灵活的头脑，可以迅速接触到新的知识，可以更加灵活地整合资源，更好地利用劳动力、土地等农业生产要素，因此无论是投入视角还是产出视角，规模报酬可变还是规模报酬不变，年轻人的生产效率都比较高。61岁及以上的老年人由于长期的经验积累，更知道如何在规模报酬不变或者产出不变的情况下节约资源，实现投入最优化。在产出导向规模可变时，生产效率随着年龄的增长而降低。

表7－8　芝麻生产主体不同年龄生产效率的比较

Version	年龄段（岁）	不变规模				可变规模			
		Mean	Sd	Min	Max	Mean	Sd	Min	Max
投入	20～40	0.479	0.213	0.000	1.000	0.749	0.259	0.000	1.000
	41～60	0.471	0.182	0.000	1.000	0.701	0.240	0.250	1.000
	61及以上	0.472	0.178	0.000	1.000	0.742	0.223	0.220	1.000
产出	20～40	0.604	0.234	0.000	1.000	0.635	0.248	0.000	1.000
	41～60	0.593	0.206	0.000	1.000	0.604	0.210	0.000	1.000
	61及以上	0.598	0.210	0.000	1.000	0.602	0.214	0.000	1.000

注：表中的均值和标准差都以每户样本的效率值计算结果取均值求得。

（二）在规模报酬可变时生产效率相应提高

从同样的投入产出视角出发，分析同一个年龄段的生产效率可以看出，

在规模收益可变时效率较高。投入视角下，20～40 岁经营者在规模报酬不变的情况下，生产效率的均值为 0.479，在规模报酬可变的情况下，生产效率的均值则为 0.749，高出 56%，说明规模的变化确实能改善生产效率。其原因可能是随着规模的变动，规模报酬逐渐递增，在没有达到最大效率之前，投入的边际成本是递减的，达到一定的生产规模范围之后可以实现规模效益。

（三）规模报酬不变时，20～40 岁的芝麻生产者投入要素的冗余程度较高，规模报酬可变时，41～60 岁的芝麻生产者投入要素的冗余程度较高

在规模报酬不变的情况下，20～40 岁的芝麻种植者劳动力投入、直接费用和土地费用的冗余度较高，松弛改进值分别为 －184.524、－111.262 和 －270.463，比例改进值分别为 －110.454、－73.128 和 －143.010，冗余程度远远超过了其他两个年龄段（见表 7－9）。其可能的原因是年轻人注意增加农业投入，舍得农业投入，通过“大水漫灌”的方式增加农业投入，造成投入要素冗余。在规模报酬可变的情况下，比较各个年龄段可以发现，41～60 岁的中年人投入要素的冗余程度大致是最多的，劳动力投入、直接费用和土地费用的比例改进值和松弛改进值分别为：－81.663（PM）和 －125.337（SM）、－50.790（PM）和 －73.801（SM）、－162.831（PM）和 －54.723（SM）。之所以出现上述情况，其可能的原因是 20～40 岁的年轻人有知识、有文化，愿意尝试规模经营，获得规模效益。61 岁及以上的芝麻种植者则具有丰富的种植经验，也可以降低投入要素的浪费，而 41～60 岁的芝麻生产者则正处于事业蓬勃发展的阶段，年富力强，敢于投入，但因不善于及时调整生产规模，导致生产规模与要素投入无法实现动态的匹配，所以要素的冗余程度相对较高。

表 7－9　投入视角下芝麻生产主体不同年龄比例改进变量与松弛改进变量

年龄段（岁）	Variables	规模不变				规模可变			
		Mean	Sd	Min	Max	Mean	Sd	Min	Max
20～40	PM 种植面积	－6.572	12.722	－63.000	0.000	－4.550	9.663	－51.312	0.000
	SM 种植面积	0.000	0.000	0.000	0.000	－0.880	2.216	－8.724	0.000
	PM 劳动力	－110.454	128.005	－686.185	0.000	－79.455	105.668	－440.780	0.000
	SM 劳动力	－184.524	177.431	－713.791	0.000	－118.752	132.331	－515.309	0.000
	PM 直接费用	－73.128	63.195	－249.615	0.000	－46.728	56.087	－253.062	0.000

续表

年龄段（岁）	Variables	规模不变				规模可变			
		Mean	Sd	Min	Max	Mean	Sd	Min	Max
20～40	SM 直接费用	-111.262	78.848	-290.896	0.000	-76.166	100.882	-345.003	0.000
	PM 土地费用	-143.010	250.461	-1500.000	0.000	-150.394	268.237	-1615.174	0.000
	SM 土地费用	-270.463	315.485	-1499.979	0.000	-28.753	120.419	-650.350	0.000
	PM 总产量	0.000	0.000	0.000	0.000	0.000	0.000	0.000	0.000
	SM 总产量	0.000	0.000	0.000	0.000	2.279	12.501	0.000	79.833
41～60	PM 种植面积	-5.267	23.473	-300.000	0.000	-2.935	9.074	-89.978	0.000
	SM 种植面积	0.000	0.000	0.000	0.000	-0.622	2.013	-11.590	0.000
	PM 劳动力	-87.071	94.196	-888.464	0.000	-81.663	102.405	-935.043	0.000
	SM 劳动力	-170.342	161.744	-824.427	0.000	-125.337	141.445	-799.316	0.000
	PM 直接费用	-62.274	57.540	-392.540	0.000	-50.790	53.164	-413.119	0.000
	SM 直接费用	-100.883	69.133	-341.168	0.000	-73.801	86.113	-345.002	0.000
	PM 土地费用	-148.200	328.961	-3540.790	0.000	-162.831	327.359	-3343.343	0.000
	SM 土地费用	-254.958	472.603	-5888.157	0.000	-54.723	389.125	-5509.293	0.000
	PM 总产量	0.000	0.000	0.000	0.000	0.000	0.000	0.000	0.000
	SM 总产量	0.000	0.000	0.000	0.000	1.998	11.722	0.000	99.857
61及以上	PM 种植面积	-2.324	4.855	-27.364	0.000	-1.571	4.297	-25.363	0.000
	SM 种植面积	0.000	0.000	0.000	0.000	-0.838	2.274	-11.999	0.000
	PM 劳动力	-74.159	65.964	-253.847	0.000	-72.346	72.764	-259.437	0.000
	SM 劳动力	-170.562	161.554	-639.090	0.000	-121.081	127.137	-512.708	0.000
	PM 直接费用	-42.100	36.988	-163.803	0.000	-32.863	28.530	-85.463	0.000
	SM 直接费用	-83.658	62.087	-200.003	0.000	-65.022	76.522	-260.004	0.000
	PM 土地费用	-82.234	91.802	-318.182	0.000	-94.251	103.749	-356.092	0.000
	SM 土地费用	-159.449	194.988	-772.721	0.000	-6.005	24.384	-131.213	0.000
	PM 总产量	0.000	0.000	0.000	0.000	0.000	0.000	0.000	0.000
	SM 总产量	0.000	0.000	0.000	0.000	0.000	0.000	0.000	0.000

注：表中的均值和标准差都以每户样本的效率值计算结果取均值求得。

（四）从产出视角看，总产量仅仅存在比例改进值，其比例改进值的绝对值随着年龄段的增加逐渐减少

芝麻生产总产量虽然不存在松弛改进值，但存在着比例改进值，生产处

于弱有效状态，可以通过增加产量实现强有效（见表 7 - 10）。在目前的状况下，20 ~ 40 岁的芝麻生产者比例改进值最高，其次是 41 ~ 60 岁的芝麻生产者，最后是 61 岁及以上的芝麻生产者，在规模不变时比较明显，比例改进值分别为 1648. 581、1286. 835、600. 828。在产出既定的情况下，随着年龄的增长，芝麻生产量增加的潜力逐渐减小。其主要原因可能是年轻人可以利用灵活的头脑整合资源，增产的潜力较大，可以不断地增加产出，而老年人往往积累了一定的经验，可以在既定投入下不断优化产出，使得产出不断接近最优点（见表 7 - 11）。

表 7 - 10　产出视角规模不变时芝麻生产主体不同年龄比例改进变量与松弛改进变量

年龄段（岁）	Variables	Mean	Sd	Min	Max
20 ~ 40	PM 种植面积	0. 000	0. 000	0. 000	0. 000
	SM 种植面积	0. 000	0. 000	0. 000	0. 000
	PM 劳动力	0. 000	0. 000	0. 000	0. 000
	SM 劳动力	- 190. 786	275. 117	- 1399. 951	0. 000
	PM 直接费用	0. 000	0. 000	0. 000	0. 000
	SM 直接费用	- 70. 651	91. 028	- 441. 247	0. 000
	PM 土地费用	0. 000	0. 000	0. 000	0. 000
	SM 土地费用	- 52. 906	179. 279	- 810. 645	0. 000
	PM 总产量	1648. 581	2937. 346	0. 000	14068. 064
	SM 总产量	0. 000	0. 000	0. 000	0. 000
41 ~ 60	PM 种植面积	0. 000	0. 000	0. 000	0. 000
	SM 种植面积	0. 000	0. 000	0. 000	0. 000
	PM 劳动力	0. 000	0. 000	0. 000	0. 000
	SM 劳动力	- 178. 947	214. 501	- 1629. 486	0. 000
	PM 直接费用	0. 000	0. 000	0. 000	0. 000
	SM 直接费用	- 81. 890	85. 430	- 701. 980	0. 000
	PM 土地费用	0. 000	0. 000	0. 000	0. 000
	SM 土地费用	- 97. 050	664. 107	- 8949. 998	0. 000
	PM 总产量	1286. 835	5199. 471	0. 000	66329. 785
	SM 总产量	0. 000	0. 000	0. 000	0. 000

续表

年龄段（岁）	Variables	Mean	Sd	Min	Max
61 及以上	PM 种植面积	0.000	0.000	0.000	0.000
	SM 种植面积	0.000	0.000	0.000	0.000
	PM 劳动力	0.000	0.000	0.000	0.000
	SM 劳动力	-186.457	199.945	-708.706	0.000
	PM 直接费用	0.000	0.000	0.000	0.000
	SM 直接费用	-63.077	59.684	-218.502	0.000
	PM 土地费用	0.000	0.000	0.000	0.000
	SM 土地费用	-11.141	48.065	-250.000	0.000
	PM 总产量	600.828	1157.845	0.000	6717.593
	SM 总产量	0.000	0.000	0.000	0.000

注：表中的均值和标准差都以每户样本的效率值计算结果取均值求得。

表 7-11　产出视角规模可变时芝麻生产主体不同年龄比例改进变量与松弛改进变量

年龄段（岁）	Variables	Mean	Sd	Min	Max
20~40	PM 种植面积	0.000	0.000	0.000	0.000
	SM 种植面积	0.000	0.000	0.000	0.000
	PM 劳动力	0.000	0.000	0.000	0.000
	SM 劳动力	-138.704	196.605	-884.329	0.000
	PM 直接费用	0.000	0.000	0.000	0.000
	SM 直接费用	-72.468	87.148	-441.249	0.000
	PM 土地费用	0.000	0.000	0.000	0.000
	SM 土地费用	-65.922	309.830	-1900.000	0.000
	PM 总产量	1107.899	1577.988	0.000	6508.857
	SM 总产量	0.000	0.000	0.000	0.000
41~60	PM 种植面积	0.000	0.000	0.000	0.000
	SM 种植面积	0.000	0.000	0.000	0.000
	PM 劳动力	0.000	0.000	0.000	0.000
	SM 劳动力	-168.541	214.274	-1629.486	0.000
	PM 直接费用	0.000	0.000	0.000	0.000
	SM 直接费用	-84.965	85.553	-701.986	0.000
	PM 土地费用	0.000	0.000	0.000	0.000

续表

年龄段（岁）	Variables	Mean	Sd	Min	Max
41~60	SM 土地费用	-96.061	655.819	-8859.343	0.000
	PM 总产量	726.676	1274.237	0.000	10158.999
	SM 总产量	0.000	0.000	0.000	0.000
61 及以上	PM 种植面积	0.000	0.000	0.000	0.000
	SM 种植面积	0.000	0.000	0.000	0.000
	PM 劳动力	0.000	0.000	0.000	0.000
	SM 劳动力	-153.886	184.837	-708.706	0.000
	PM 直接费用	0.000	0.000	0.000	0.000
	SM 直接费用	-60.988	55.147	-196.437	0.000
	PM 土地费用	0.000	0.000	0.000	0.000
	SM 土地费用	-18.563	85.545	-495.179	0.000
	PM 总产量	536.158	887.668	0.000	4863.521
	SM 总产量	0.000	0.000	0.000	0.000

注：表中的均值和标准差都以每户样本的效率值计算结果取均值求得。

二、全要素生产率比较分析

（一）投入视角下，无论规模报酬是否可变，全要素生产率、技术效率、全域技术效率都是优化的

在规模报酬不变的情况下，2016~2017年，20~40岁的年轻人的技术效率、全域技术效率分别由0.585增加到0.604、0.569增加到0.598；41~60岁的中年人的技术效率、全域技术效率分别由0.546增加到0.599、0.534增加到0.588；61岁及以上的老年人的技术效率、全域技术效率分别由0.537增加到0.597、0.527增加到0.610（见表7-12）。3个年龄段的全要素生产率分别为1.020、1.037和1.065，均大于1，说明其全要素生产率都是优化的。在规模报酬可变的情况下，全要素生产率、技术效率、全域技术效率也都是优化的。

（二）投入视角下，芝麻全要素生产率随着年龄的增长而增加

在规模报酬不变的情况下，20~40岁、41~60岁、61岁及以上的芝麻生产者的全要素生产率分别为1.020、1.037、1.065，在规模报酬可变的情况下，20~40岁、41~60岁、61岁及以上的芝麻生产者的全要素生产率分别为1.013、

表7-12 投入视角下芝麻生产主体不同年龄全要素生产率比较

年龄段（岁）	Variables	规模不变				规模可变			
		Mean	Sd	Min	Max	Mean	Sd	Min	Max
20~40	技术效率 2016	0.585	0.270	0.000	1.000	0.723	0.286	0.000	1.000
	技术效率 2017	0.604	0.235	0.000	1.000	0.749	0.259	0.000	1.000
	Global 技术效率 2016	0.569	0.261	0.000	1.000	0.641	0.276	0.000	1.000
	Global 技术效率 2017	0.598	0.233	0.000	1.000	0.667	0.266	0.000	1.000
	技术效率变动 2017	1.965	4.294	0.780	20.905	1.064	0.327	0.750	2.548
	技术进步 2017	0.992	0.160	0.000	1.083	1.007	0.160	0.391	1.675
	GML 指数	1.020	0.175	0.769	1.333	1.013	0.158	0.769	1.333
41~60	技术效率 2016	0.546	0.233	0.000	1.000	0.645	0.273	0.000	1.000
	技术效率 2017	0.599	0.199	0.247	1.000	0.701	0.240	0.250	1.000
	Global 技术效率 2016	0.534	0.227	0.000	1.000	0.604	0.263	0.000	1.000
	Global 技术效率 2017	0.588	0.205	0.000	1.000	0.656	0.237	0.250	1.000
	技术效率变动 2017	2.135	4.471	0.466	20.905	1.129	0.387	0.466	2.548
	技术进步 2017	1.007	0.132	0.000	2.237	1.002	0.119	0.346	1.896
	GML 指数	1.037	0.199	0.000	1.333	1.052	0.145	0.632	1.333
61及以上	技术效率 2016	0.537	0.234	0.000	0.955	0.669	0.279	0.000	1.000
	技术效率 2017	0.597	0.210	0.000	1.000	0.742	0.223	0.220	1.000
	Global 技术效率 2016	0.527	0.228	0.000	0.913	0.619	0.266	0.000	1.000
	Global 技术效率 2017	0.610	0.187	0.219	1.000	0.693	0.226	0.219	1.000
	技术效率变动 2017	2.120	4.626	0.001	20.905	1.164	0.443	0.629	2.548
	技术进步 2017	1.010	0.024	0.954	1.049	1.018	0.199	0.342	1.944
	GML 指数	1.065	0.159	0.632	1.333	1.065	0.154	0.632	1.333

注：表中的均值和标准差都以每户样本的效率值计算结果取均值求得。

1.052、1.065，都具有随着年龄段的增长不断增加的趋势。原因可能有：①芝麻主产区主要集中在湖北、河南、安徽等地，这部分地区年轻人外出务工较多，种植芝麻的以老年人为主；②老年生产者长期种植芝麻，积累了大量种植经验，其知道如何在既定的产出下缩减生产成本，实现投入的最小化，因此具有更高的全要素生产率。而41~60岁的生产者相对于20~40岁的年轻芝麻生产者来说又具有相对丰富的经验，所以在投入视角下，芝麻的全要素生产率呈现出随着年龄段的增长而不断增加的趋势。

（三）从全要素生产率的分解来看，全要素生产率的增长主要依赖于全域技术效率的增加

以20～40岁的青年人为例，在规模报酬不变和规模报酬不变时，2016年的技术效率分别为0.585和0.270，技术效率均下降，变为2017年的0.604和0.235，同时，技术效率变动值分别为0.983和0.966，均小于1，表明技术效率是恶化的。GML指数却没有受到影响，依然是大于1的，因为全域的技术效率是增加的，分别由0.569和0.261增加到0.598和0.233。

第三节 食用葵的生产效率及全要素生产率分析

一、技术效率比较分析

不同年龄段食用葵生产主体生产效率的测算结果呈现以下特征：

（一）其他假设情况下，总体来看，食用葵生产效率均呈现随着年龄段增加而降低的趋势特征。投入最小化视角的规模报酬不变假设下生产效率与年龄段呈U形分布

以产出视角为例，20～40岁生产者的生产效率略高于41～60岁的中年人，同时两类主体显著高于61岁及以上老年人（见表7－13）。这与相对年轻的生产主体在接受和应用新技术、创新生产模式以及优化资源配置效率等方面具备更高的能力有关，在既定的投入条件下能实现更大产出。而在投入最小化视角下，当规模报酬不变时，61岁及以上的老年人和20～40岁的年轻人的生产效率相对高于41～60岁的中年人。可能的原因是61岁及以上的老年人由于长期的经验积累，更知道如何在既定的产出条件下节约资源，实现投入最优化。年轻人有更灵活的头脑，可以迅速接触到新的知识，更加灵活地整合资源，更好地利用劳动力、土地等农业生产要素，所以20～40岁的经营者生产技术效率无论是在投入视角还是在产出视角下都较高。

（二）规模报酬可变情况下的生产技术效率高于规模报酬不变的情况

以产出视角为例，20～40岁的经营者在规模报酬不变的情况下，生产效率的均值为0.548，在规模报酬可变的情况下，生产效率的均值则为0.612，高出

表7-13 食用葵生产主体不同年龄生产效率的比较

Version	年龄段（岁）	不变规模				可变规模			
		Mean	Sd	Min	Max	Mean	Sd	Min	Max
投入	20~40	0.660	0.256	0.173	1.000	0.480	0.246	0.106	1.000
	41~60	0.628	0.234	0.174	1.000	0.441	0.185	0.115	1.000
	61及以上	0.744	0.220	0.339	1.000	0.289	0.117	0.000	0.510
产出	20~40	0.548	0.246	0.125	1.000	0.612	0.260	0.125	1.000
	41~60	0.515	0.197	0.143	1.000	0.581	0.220	0.143	1.000
	61及以上	0.349	0.141	0.000	0.579	0.530	0.307	0.000	1.000

注：表中的均值和标准差都以每户样本的效率值计算结果取均值求得。

12%，说明规模的变化确实能改善生产效率。其原因可能是食用葵的生产确实存在着最佳的生产规模，从而带来最大的产出，获得规模效益。

（三）无论规模报酬是否可变，各年龄段劳动力费用、直接费用和土地费用均存在着较高的松弛改进值和比例改进值

20~40岁的种植者和41~60岁的种植者投入的松弛改进值和比例改进值更高（见表7-14）。以直接费用为例，61岁及以上的生产者直接费用的松弛改进值为-107.119（规模报酬不变）和-94.150（规模报酬可变），比例改进值为-47.967（规模报酬不变）和-146.680（规模报酬可变），41~60岁的生产者直接费用的松弛改进值为-129.385（规模报酬不变）和-152.927（规模报酬可变），比例改进值为-99.750（规模报酬不变）和-131.544（规模报酬可变），20~40岁的生产者直接费用的松弛改进值为-126.859（规模报酬不变）和-113.089（规模报酬可变），比例改进值为-71.073（规模报酬不变）和-113.571（规模报酬可变）。反观种植面积，松弛改进值几乎为0，或者接近于0。在规模报酬不变的假设下，20~40岁生产者种植面积的松弛改进值为-0.496，61岁及以上生产者种植面积的松弛改进值为-0.509，在规模报酬可变的情况下，20~40岁生产者种植面积的松弛改进值为0.000，61岁及以上生产者种植面积的松弛改进值也是0.000。之所以出现这种情况，其可能的原因是所调研的食用葵种植户对规模把握得比较合理，可以根据市场的行情合理调整生产规模。

表7－14　投入视角下食用葵生产主体不同年龄比例改进变量与松弛改进变量

年龄段（岁）	Variables	规模不变				规模可变			
		Mean	Sd	Min	Max	Mean	Sd	Min	Max
20～40	PM 种植面积	-45.588	97.351	-422.141	0.000	-45.643	91.039	-400.000	0.000
	SM 种植面积	-0.496	1.891	-10.789	0.000	0.000	0.000	0.000	0.000
	PM 劳动力	-86.564	99.392	-406.312	0.000	-119.363	87.849	-385.002	0.000
	SM 劳动力	-121.451	163.250	-689.999	0.000	-105.200	142.022	-588.726	0.000
	PM 直接费用	-71.073	94.123	-384.443	0.000	-113.571	105.624	-436.371	0.000
	SM 直接费用	-126.859	147.077	-530.729	0.000	-113.089	110.813	-460.000	0.000
	PM 土地费用	-94.105	103.509	-341.565	0.000	-125.942	105.302	-361.694	0.000
	SM 土地费用	-70.705	121.379	-488.486	0.000	-96.513	129.016	-519.986	0.000
	PM 总产量	0.000	0.000	0.000	0.000	0.000	0.000	0.000	0.000
	SM 总产量	0.005	0.032	0.000	0.216	0.000	0.000	0.000	0.000
41～60	PM 种植面积	-25.581	58.782	-379.963	0.000	-26.949	56.369	-372.451	0.000
	SM 种植面积	-0.665	2.554	-17.994	0.000	0.000	0.000	0.000	0.000
	PM 劳动力	-103.619	112.492	-679.379	0.000	-278.828	1646.314	-20607.96	0.000
	SM 劳动力	-774.545	8053.293	-100369.840	0.000	-649.934	6413.548	-79963.86	0.000
	PM 直接费用	-99.750	143.818	-896.021	0.000	-131.544	143.116	-915.518	0.000
	SM 直接费用	-129.385	201.177	-1709.327	0.000	-152.927	206.631	-1600.001	0.000
	PM 土地费用	-99.732	96.310	-394.409	0.000	-126.943	108.136	-600.000	0.000
	SM 土地费用	-92.761	164.118	-1274.074	0.000	-117.464	216.446	-2112.031	0.000
	PM 总产量	0.000	0.000	0.000	0.000	0.000	0.000	0.000	0.000
	SM 总产量	0.001	0.014	0.000	0.170	0.000	0.000	0.000	0.000
61及以上	PM 种植面积	-2.028	3.186	-9.609	0.000	-2.973	3.590	-10.345	-0.001
	SM 种植面积	-0.509	2.038	-8.150	0.000	0.000	0.000	0.000	0.000
	PM 劳动力	-44.783	75.330	-292.758	0.000	-118.113	96.490	-401.819	-34.19
	SM 劳动力	-55.887	167.616	-674.579	0.000	-48.540	61.124	-232.364	0.000
	PM 直接费用	-47.967	71.460	-230.847	0.000	-146.680	73.929	-278.450	-29.51
	SM 直接费用	-107.119	129.289	-431.993	0.000	-94.150	74.923	-202.565	0.000
	PM 土地费用	-59.005	84.113	-256.252	0.000	-109.444	81.069	-275.862	-0.001
	SM 土地费用	0.000	0.000	0.000	0.000	-45.764	42.773	-119.483	0.000
	PM 总产量	0.000	0.000	0.000	0.000	0.000	0.000	0.000	0.000
	SM 总产量	8.394	33.506	0.000	134.041	0.000	0.000	0.000	0.000

注：表中的均值和标准差都以每户样本的效率值计算结果取均值求得。

（四）基于产出视角分析，无论规模报酬是否可变，各年龄段的生产者处于生产的弱有效状态，且20～40岁的生产者增产潜力最大

规模报酬不变时总产量的比例改进值显示，20～40岁生产者总产量的比例改进值最大，均值为26123.72斤。从投入角度看，20～40岁的生产者的投入的比例改进值相对于41～60岁的生产者的比例改进值较小（见表7－15）。例如，规模报酬不变时的直接费用，20～40岁的生产者直接费用的比例改进值为－193.310，而41～60岁生产者直接费用的比例改进值为－249.145。说明就目前的投入结构而言，20～40岁的生产者有更大的增产空间，可以通过优化生产方式，通过学习先进的生产技术等方法提高产量，从而优化生产效率。61岁及以上的生产者虽然投入要素的比例改进值较少，但是其产量的比例改进值相对较小，其增产潜力还是不如20～40岁的生产者。之所以会有这种情况，可能的原因有：①年轻人有投入，相对而言可以吸收新知识，所以投入要素相对较少，增产潜力大；②61岁及以上的生产者有丰富的种植经验，可以更好地利用现有投入优化产出，但是缺乏必要的增产的知识储备。

表7－15 产出视角下食用葵生产主体不同年龄比例改进变量与松弛改进变量

年龄段（岁）	Variables	规模不变				规模可变			
		Mean	Sd	Min	Max	Mean	Sd	Min	Max
20～40	PM 种植面积	0.000	0.000	0.000	0.000	0.000	0.000	0.000	0.000
	SM 种植面积	0.000	0.000	0.000	0.000	0.000	0.000	0.000	0.000
	PM 劳动力	0.000	0.000	0.000	0.000	0.000	0.000	0.000	0.000
	SM 劳动力	－81.281	118.903	－399.198	0.000	－24.814	70.073	－399.198	0.000
	PM 直接费用	0.000	0.000	0.000	0.000	0.000	0.000	0.000	0.000
	SM 直接费用	－193.310	163.648	－573.980	0.000	－131.651	157.206	－549.264	0.000
	PM 土地费用	0.000	0.000	0.000	0.000	0.000	0.000	0.000	0.000
	SM 土地费用	－77.479	155.732	－799.978	0.000	－24.565	86.686	－454.188	0.000
	PM 总产量	26123.72	49621.5	0.000	208101.13	25364.14	47197.06	0.000	183449.98
	SM 总产量	0.000	0.000	0.000	0.000	0.000	0.000	0.000	0.000
41～60	PM 种植面积	0.000	0.000	0.000	0.000	0.000	0.000	0.000	0.000
	SM 种植面积	0.000	0.000	0.000	0.000	0.000	0.000	0.000	0.000
	PM 劳动力	0.000	0.000	0.000	0.000	0.000	0.000	0.000	0.000
	SM 劳动力	－769.953	8041.57	－100215.50	0.000	－684.770	8046.909	－100215.50	0.000

续表

年龄段（岁）	Variables	规模不变				规模可变			
		Mean	Sd	Min	Max	Mean	Sd	Min	Max
41～60	PM 直接费用	0.000	0.000	0.000	0.000	0.000	0.000	0.000	0.000
	SM 直接费用	-249.145	293.153	-1756.455	0.000	-163.784	285.895	-1756.455	0.000
	PM 土地费用	0.000	0.000	0.000	0.000	0.000	0.000	0.000	0.000
	SM 土地费用	-84.558	211.842	-1599.977	0.000	-44.233	130.601	-1127.863	0.000
	PM 总产量	16980.70	32942.6	0.000	207552.27	15948.96	31304.75	0.000	207453.39
	SM 总产量	0.000	0.000	0.000	0.000	0.000	0.000	0.000	0.000
61 及以上	PM 种植面积	0.000	0.000	0.000	0.000	0.000	0.000	0.000	0.000
	SM 种植面积	0.000	0.000	0.000	0.000	0.000	0.000	0.000	0.000
	PM 劳动力	0.000	0.000	0.000	0.000	0.000	0.000	0.000	0.000
	SM 劳动力	-60.818	75.284	-194.999	0.000	-12.187	48.750	-194.999	0.000
	PM 直接费用	0.000	0.000	0.000	0.000	0.000	0.000	0.000	0.000
	SM 直接费用	-195.158	147.901	-470.565	0.000	-58.081	110.856	-350.005	0.000
	PM 土地费用	0.000	0.000	0.000	0.000	0.000	0.000	0.000	0.000
	SM 土地费用	-72.504	82.593	-222.612	0.000	-8.848	26.662	-101.565	0.000
	PM 总产量	2141.718	2531.65	0.000	7459.878	1986.845	2549.954	0.000	7456.969
	SM 总产量	0.000	0.000	0.000	0.000	0.000	0.000	0.000	0.000

注：表中的均值和标准差都以每户样本的效率值计算结果取均值求得。

二、全要素生产率比较分析

（一）在投入视角下，中年人的全要素生产率较高，且中年人的全要素生产率源于全域技术效率的增长和技术效率的变动

表7－16和表7－17显示，3个年龄段的食用葵生产者的GML指数均大于1，说明生产是优化的。41～60岁的中年人GML指数规模报酬不变时为1.114，规模报酬可变时为1.113，均高于20～40岁和61岁及以上生产者的GML指数，显示中年人的全域全要素生产率最优。

（二）投入视角的规模报酬不变假设下，3个年龄段的全要素增长都来自全域技术效率的增长和技术效率的变动

41～60岁年龄段的食用葵生产者2016年全域技术效率为0.330，2017年增

表 7－16　投入视角下食用葵生产主体不同年龄规模不变时全要素生产率比较

年龄段（岁）	Variables	Mean	Sd	Min	Max
20～40	技术效率 2016	0.406	0.296	0.000	1.000
	技术效率 2017	0.482	0.246	0.107	1.000
	Global 技术效率 2016	0.354	0.237	0.000	0.862
	Global 技术效率 2017	0.421	0.259	0.062	1.000
	技术效率变动 2017	1.247	0.422	0.343	1.869
	技术进步 2017	0.908	0.187	0.482	1.133
	GML 指数	1.099	0.351	0.333	1.632
41～60	技术效率 2016	0.355	0.246	0.000	1.000
	技术效率 2017	0.443	0.185	0.116	1.000
	Global 技术效率 2016	0.330	0.227	0.000	1.000
	Global 技术效率 2017	0.372	0.192	0.069	1.000
	技术效率变动 2017	1.304	0.384	0.343	1.869
	技术进步 2017	0.875	0.171	0.482	1.133
	GML 指数	1.114	0.284	0.333	1.632
61 及以上	技术效率 2016	0.197	0.103	0.000	0.334
	技术效率 2017	0.291	0.118	0.000	0.512
	Global 技术效率 2016	0.185	0.096	0.000	0.328
	Global 技术效率 2017	0.213	0.072	0.093	0.338
	技术效率变动 2017	1.403	0.372	0.343	1.869
	技术进步 2017	0.731	0.153	0.610	1.008
	GML 指数	1.050	0.167	0.933	1.632

注：表中的均值和标准差都以每户样本的效率值计算结果取均值求得。

表 7－17　投入视角下食用葵生产主体不同年龄规模可变时全要素生产率比较

年龄段（岁）	Variables	Mean	Sd	Min	Max
20～40	技术效率 2016	0.633	0.291	0.011	1.000
	技术效率 2017	0.660	0.256	0.173	1.000
	Global 技术效率 2016	0.622	0.290	0.011	1.000
	Global 技术效率 2017	0.645	0.255	0.172	1.000
	技术效率变动 2017	1.115	0.405	0.436	2.267
	技术进步 2017	0.993	0.050	0.827	1.084
	GML 指数	1.104	0.395	0.432	2.252

续表

年龄段（岁）	Variables	Mean	Sd	Min	Max
41～60	技术效率 2016	0.580	0.281	0.008	1.000
	技术效率 2017	0.628	0.234	0.174	1.000
	Global 技术效率 2016	0.572	0.280	0.008	1.000
	Global 技术效率 2017	0.601	0.249	0.172	1.000
	技术效率变动 2017	1.165	0.348	0.436	2.267
	技术进步 2017	0.961	0.090	0.667	1.094
	GML 指数	1.113	0.325	0.432	2.252
61 及以上	技术效率 2016	0.716	0.250	0.244	1.000
	技术效率 2017	0.744	0.220	0.339	1.000
	Global 技术效率 2016	0.713	0.254	0.244	1.000
	Global 技术效率 2017	0.719	0.241	0.324	1.000
	技术效率变动 2017	1.073	0.131	0.997	1.393
	技术进步 2017	0.962	0.070	0.752	1.035
	GML 指数	1.026	0.083	0.972	1.329

注：表中的均值和标准差都以每户样本的效率值计算结果取均值求得。

长到 0.372，技术效率变动值为 1.304，大于 1，说明在 2017 年技术效率增长，投入产出得到优化，全域全要素生产率得到增长。在规模报酬可变条件下，3 个年龄段 GML 指数大于 1 是技术效率、全域技术效率和技术效率变动带来的，2016～2017 年，3 个年龄段的生产效率、全域技术效率都实现了增长，技术效率变动均大于 1，这又进一步说明了相对于技术进步，技术效率的改进更为重要。

（三）在产出视角下，全要素生产率在规模可变与不变时是一致的，显示当前的生产规模是短期内最优的生产规模，规模的变动无法有效地提高全要素生产率，全域全要素生产率的优化主要依靠技术效率的提升实现

同一年龄组下，无论规模是否可变，全域全要素生产率都是相等的，显示规模变动并不会带来规模效益（见表 7－18）。20～40 岁生产者的技术效率是增加的，在规模不变时，由 0.516 增加到 0.548，同时技术效率变动值为 1.160，大于 1，说明技术效率确实存在优化。因为技术效率的优化，带来全域全要素生产

率的增加。与前文分析结果不同的一点是，在61岁及以上的年龄组中全域技术效率并没有影响全要素生产率，在规模可变的情况下，全域技术效率是减少的，从0.503下降到0.489，但是GML指数却大于1，全要素生产率得以优化，说明了产出导向下，技术效率的变动更能影响全要素生产率。

表7-18　产出视角下食用葵生产主体不同年龄全要素生产率比较

年龄段（岁）	Variables	规模不变				规模可变			
		Mean	Sd	Min	Max	Mean	Sd	Min	Max
20～40	技术效率2016	0.516	0.274	0.112	1.000	0.617	0.281	0.150	1.000
	技术效率2017	0.548	0.246	0.125	1.000	0.612	0.260	0.125	1.000
	Global技术效率2016	0.474	0.232	0.112	0.978	0.569	0.252	0.149	1.000
	Global技术效率2017	0.500	0.265	0.083	1.000	0.583	0.271	0.083	1.000
	技术效率变动2017	1.160	0.386	0.376	2.266	1.057	0.322	0.368	1.858
	技术进步2017	0.942	0.252	0.659	2.000	1.007	0.218	0.663	2.000
	GML指数	1.043	0.306	0.333	1.667	1.043	0.306	0.333	1.667
41～60	技术效率2016	0.456	0.235	0.042	1.000	0.550	0.261	0.085	1.000
	技术效率2017	0.515	0.197	0.143	1.000	0.581	0.220	0.143	1.000
	Global技术效率2016	0.440	0.224	0.042	1.000	0.523	0.247	0.083	1.000
	Global技术效率2017	0.446	0.206	0.095	1.000	0.527	0.233	0.095	1.000
	技术效率变动2017	1.420	1.517	0.451	18.000	1.167	0.313	0.451	1.858
	技术进步2017	0.877	0.169	0.588	1.203	0.933	0.164	0.585	1.385
	GML指数	1.065	0.237	0.333	1.667	1.065	0.237	0.333	1.667
61及以上	技术效率2016	0.279	0.080	0.125	0.375	0.515	0.300	0.196	1.000
	技术效率2017	0.373	0.109	0.175	0.579	0.565	0.282	0.266	1.000
	Global技术效率2016	0.273	0.076	0.125	0.375	0.503	0.295	0.195	0.968
	Global技术效率2017	0.273	0.077	0.117	0.386	0.489	0.291	0.205	1.000
	技术效率变动2017	1.386	0.203	0.976	1.583	1.216	0.212	0.975	1.560
	技术进步2017	0.747	0.145	0.648	1.045	0.851	0.141	0.667	1.033
	GML指数	1.009	0.047	0.933	1.080	1.009	0.047	0.933	1.080

注：表中的均值和标准差都以每户样本的效率值计算结果取均值求得。

第四节　油葵的生产效率及全要素生产率分析

一、技术效率比较分析

不同年龄段油葵生产主体生产效率的测算结果呈现以下特征：

（一）无论规模是否可变，中国油葵生产效率均呈现随着年龄的增长而递减的趋势特征

以投入最小化角度为例，在规模报酬不变的情况下，20～40岁的年轻人油葵的生产效率最高，为0.394，而且最大值为1.000，最小值为0.086；其次是41～60岁的中年人，生产效率为0.351；生产效率最低的是61岁及以上的群体，生产效率仅为0.272，最大值仅为0.516（见表7－19）。在生产效率与年龄变化趋势关系上，油葵与食用葵表现出基本一致的特征，这与不同年龄段生产主体行为特征、组织化程度和接受新技术能力等方面存在一定差异有关。

表7－19　油葵生产主体不同年龄生产效率的比较

Version	年龄段（岁）	不变规模				可变规模			
		Mean	Sd	Min	Max	Mean	Sd	Min	Max
投入	20～40	0.394	0.250	0.086	1.000	0.773	0.189	0.132	1.000
	41～60	0.351	0.177	0.086	1.000	0.763	0.138	0.184	1.000
	61及以上	0.272	0.140	0.000	0.516	0.689	0.228	0.000	1.000
产出	20～40	0.4964	0.2432	0.125	1.000	0.662	0.2397	0.157	1.000
	41～60	0.4695	0.1932	0.125	1.000	0.6459	0.1802	0.222	1.000
	61及以上	0.3645	0.1683	0.000	0.621	0.5752	0.2268	0.000	1.000

注：表中的均值和标准差都以每户样本的效率值计算结果取均值求得。

（二）在规模报酬可变的情况下生产技术效率高于规模报酬不变情况下技术效率，显示出规模的变化确实能改善生产效率

以产出视角为例，20～40岁经营者在规模报酬不变的情况下，生产效率的均值为0.4964；在规模报酬可变的情况下，生产效率的均值则为0.6620，高出

33%，说明规模的变化确实能改善生产效率。其原因可能是随着规模的变动，规模报酬逐渐递增，在没有达到最大效率之前，投入的边际成本是递减的，达到一定的生产规模后可以实现规模效益。

（三）各年龄段生产主体投入的土地费用基本均已接近最优，而直接费用和劳动力投入等都有改进的余地

20~40岁生产者直接费用的投入松弛改进值为-111.125（规模不变）和-198.830（规模可变），比例改进值为-143.771（规模不变）和-24.776（规模可变），41~60岁生产者直接费用的投入松弛改进值为-153.731（规模不变）和-233.519（规模可变），比例改进值为-143.823（规模不变）和-18.446（规模可变）（见表7-20）。这两个年龄段的冗余程度远远超过了61岁及以上的年龄段，其原因可能是年轻人和中年人注意增加农业投入，通过增加农业投入增加产量。其中40~60岁生产者的松弛改进值绝对值最大，过高的冗余度恰恰也说明了需要减少劳动力的投入以提高效率。

表7-20　投入视角下油葵生产主体不同年龄比例改进变量与松弛改进变量

年龄段（岁）	Variables	规模不变				规模可变			
		Mean	Sd	Min	Max	Mean	Sd	Min	Max
20~40	PM 劳动力	-130.888	120.317	-449.253	0.000	-17.621	48.831	-268.274	0.000
	SM 劳动力	-105.656	100.788	-421.667	0.000	-208.105	197.860	-679.999	0.000
	PM 直接费用	-143.771	126.652	-480.000	0.000	-24.776	65.068	-274.541	0.000
	SM 直接费用	-111.125	125.087	-530.312	0.000	-198.830	216.945	-799.999	0.000
	PM 土地费用	-2.338	10.508	-70.000	0.000	-2.991	11.258	-70.000	0.000
	SM 土地费用	0.000	0.000	0.000	0.000	0.000	0.000	0.000	0.000
	PM 总产量	0.000	0.000	0.000	0.000	0.000	0.000	0.000	0.000
	SM 总产量	0.000	0.000	0.000	0.000	0.032	0.056	0.000	0.200
41~60	PM 劳动力	-672.314	5895.308	-73463.541	0.000	-21.313	81.697	-737.484	0.000
	SM 劳动力	-149.132	158.172	-990.001	0.000	-259.787	273.535	-1685.001	0.000
	PM 直接费用	-143.823	208.076	-1790.003	0.000	-18.446	64.054	-474.295	0.000
	SM 直接费用	-153.731	142.512	-1056.682	0.000	-233.519	254.967	-2113.363	0.000
	PM 土地费用	-124.395	160.526	-1179.949	0.000	-0.664	2.128	-16.666	0.000
	SM 土地费用	-0.877	2.614	-16.667	0.000	-0.276	2.040	-18.590	0.000
	PM 总产量	-0.027	0.239	-2.541	0.000	0.000	0.000	0.000	0.000
	SM 总产量	0.000	0.000	0.000	0.000	0.026	0.045	0.000	0.200

续表

年龄段（岁）	Variables	规模不变				规模可变			
		Mean	Sd	Min	Max	Mean	Sd	Min	Max
61及以上	PM劳动力	-140.454	75.433	-288.422	-30.002	-39.979	72.049	-179.997	0.000
	SM劳动力	-98.247	84.235	-264.561	0.000	-188.802	139.695	-460.000	0.000
	PM直接费用	-107.756	88.310	-310.000	-0.001	-28.460	57.133	-199.991	0.000
	SM直接费用	-57.006	70.997	-239.180	0.000	-121.446	150.513	-399.999	0.000
	PM土地费用	-1.809	4.995	-20.000	0.000	-1.897	5.033	-19.999	0.000
	SM土地费用	0.000	0.000	0.000	0.000	0.000	0.000	0.000	0.000
	PM总产量	0.000	0.000	0.000	0.000	0.000	0.000	0.000	0.000
	SM总产量	0.000	0.000	0.000	0.000	0.068	0.083	0.000	0.280

注：表中的均值和标准差都以每户样本的效率值计算结果取均值求得。

（四）在产出视角下，无论规模报酬是否可变，各年龄段的生产者均处于生产的弱有效状态，且产出基本上都接近最优

20~40岁、61岁及以上这两个年龄段的劳动者总产量的比例改进值和松弛改进值都为0；41~60岁年龄段的劳动者总产量的松弛改进值在规模不变时均值为-0.023，在规模报酬可变时也为-0.023，基本上是最优状态，其原因可能是各年龄段的劳动者可以利用既定的投入实现产出的最大化（见表7-21）。此外，各个生产者的投入接近效率前沿，继续减少劳动力和直接费用的投入就可以实现生产技术效率的最优。从各个年龄段的差异来看，规模报酬不变和规模报酬可变时，61岁及以上生产者的劳动力和直接费用的冗余度相对较少，以规模报酬不变为例进行分析，劳动力的冗余度为-108.931，直接费用的冗余度为-184.892，远低于其他两个年龄段，其原因可能是这个年龄段的人有丰富的经验，可以充分利用投入实现更优的产出。

表7-21　产出视角下油葵生产主体不同年龄比例改进变量与松弛改进变量

年龄段（岁）	Variables	规模不变				规模可变			
		Mean	Sd	Min	Max	Mean	Sd	Min	Max
20~40	PM劳动力	0.000	0.000	0.000	0.000	0.000	0.000	0.000	0.000
	SM劳动力	-221.415	233.315	-769.878	0.000	-11.342	44.862	-260.041	0.000
	PM直接费用	0.000	0.000	0.000	0.000	0.000	0.000	0.000	0.000

续表

年龄段（岁）	Variables	规模不变				规模可变			
		Mean	Sd	Min	Max	Mean	Sd	Min	Max
20~40	SM 直接费用	-201.554	185.717	-680.000	0.000	-141.009	173.327	-640.002	0.000
	PM 土地费用	0.000	0.000	0.000	0.000	0.000	0.000	0.000	0.000
	SM 土地费用	-222.517	231.858	-799.907	0.000	-85.902	183.441	-736.361	0.000
	PM 总产量	0.000	0.000	0.000	0.000	0.000	0.000	0.000	0.000
	SM 总产量	0.000	0.000	0.000	0.000	0.000	0.000	0.000	0.000
41~60	PM 劳动力	0.000	0.000	0.000	0.000	0.000	0.000	0.000	0.000
	SM 劳动力	-954.388	8022.933	-100043.2	0.000	-720.049	8038.498	-100031.2	0.000
	PM 直接费用	0.000	0.000	0.000	0.000	0.000	0.000	0.000	0.000
	SM 直接费用	-257.077	286.509	-1580.000	0.000	-199.674	268.702	-1596.953	0.000
	PM 土地费用	0.000	0.000	0.000	0.000	0.000	0.000	0.000	0.000
	SM 土地费用	-243.009	266.032	-2113.271	0.000	-100.225	194.912	-1563.364	0.000
	PM 总产量	0.000	0.000	0.000	0.000	0.000	0.000	0.000	0.000
	SM 总产量	-0.023	0.270	-3.358	0.000	-0.023	0.270	-3.358	0.000
61 及以上	PM 劳动力	0.000	0.000	0.000	0.000	0.0000	0.0000	0.0000	0.0000
	SM 劳动力	-108.931	177.217	-694.879	115.925	3.3728	33.7596	-61.9604	115.925
	PM 直接费用	0.000	0.000	0.000	0.000	0.0000	0.0000	0.0000	0.0000
	SM 直接费用	-184.892	129.389	-480.002	0.000	-138.8466	132.2596	-376.3600	0.0000
	PM 土地费用	0.000	0.000	0.000	0.000	0.0000	0.0000	0.0000	0.0000
	SM 土地费用	-128.902	155.378	-413.271	0.000	-59.3016	100.7943	-322.7262	0.0000
	PM 总产量	0.000	0.000	0.000	0.000	0.0000	0.0000	0.0000	0.0000
	SM 总产量	0.000	0.000	0.000	0.000	0.0000	0.0000	0.0000	0.0000

注：表中的均值和标准差都以每户样本的效率值计算结果取均值求得。

二、全要素生产率比较分析

（一）投入视角规模报酬不变的假设下，中年人种植油葵全要素生产率较高，所有生产主体全要素生产率均来源于全域技术效率的增长和技术效率的变动

测算结果显示，3 个年龄段的油葵生产者的 GML 指数均大于 1，说明生产是优化的（见表 7-22）。其中，41~60 岁的中年人 GML 指数最大，为 1.128，显示中年人的全域全要素生产率最优。同时，3 个年龄段的全要素生产率增长均来自全域技术效率的增长和 2017 年技术效率的变动。以 41~60 岁年龄段生产主体

为例，2016～2017 年，该群体油葵生产的全域技术效率从 0.281 增至 0.310，技术效率变动值为 1.313（大于 1），显示技术效率显著增长的同时，油葵生产全域全要素生产率也有所增加。其可能的原因是，中年人既有种植经验又年富力强，可以更好地学习新的农业生产知识，从而更好地利用投入要素，提高全要素生产率。

表 7－22　投入视角下油葵生产主体不同年龄规模不变时全要素生产率比较

年龄段（岁）	Variables	Mean	Sd	Min	Max
20～40	技术效率 2016	0.330	0.285	－0.012	1.000
	技术效率 2017	0.394	0.250	0.086	1.000
	Global 技术效率 2016	0.307	0.247	－0.013	0.912
	Global 技术效率 2017	0.365	0.271	0.070	1.000
	技术效率变动 2017	1.246	0.461	0.407	2.036
	技术进步 2017	0.923	0.189	0.606	1.333
	GML 指数	1.106	0.360	0.333	1.667
41～60	技术效率 2016	0.294	0.221	0.007	1.000
	技术效率 2017	0.351	0.177	0.086	1.000
	Global 技术效率 2016	0.281	0.206	0.007	1.000
	Global 技术效率 2017	0.310	0.188	0.070	1.000
	技术效率变动 2017	1.313	0.420	0.529	2.036
	技术进步 2017	0.894	0.195	0.558	1.637
	GML 指数	1.128	0.290	0.333	1.667
61 及以上	技术效率 2016	0.214	0.117	0.000	0.400
	技术效率 2017	0.272	0.140	0.000	0.516
	Global 技术效率 2016	0.209	0.112	0.000	0.391
	Global 技术效率 2017	0.217	0.100	0.000	0.375
	技术效率变动 2017	1.336	0.342	0.819	2.036
	技术进步 2017	0.847	0.165	0.613	1.228
	GML 指数	1.091	0.229	0.933	1.667

注：表中的均值和标准差都以每户样本的效率值计算结果取均值求得。

（二）投入视角规模报酬可变假设下，20～40 岁的生产者全要素生产率最优

从表 7－23 可以看出，20～40 岁的年轻人 GML 指数平均值为 1.013，大于 1，全域全要素生产率优化，虽然技术进步为 0.967，技术处于退步状态，但是技术效率是优化的，全域技术效率由 0.669 增长到 0.698，技术效率变动值为 1.089，综合推动了全域全要素生产率的优化，其原因可能是年轻人在规模报酬

可变的情况下敢于尝试新的生产规模，实现较高的全要素生产率。41～60岁和61岁及以上的生产者在规模报酬可变的情况下，GML指数均值分别为0.996和0.998，小于1，全要素生产率降低，其潜在的原因可能是中年人和老年人已有一定的生产规模，不太会根据制度和知识等改进生产规模，制约了其全域全要素生产率的优化。

表7-23 投入视角下油葵生产主体不同年龄规模可变时全要素生产率比较

年龄段（岁）	Variables	Mean	Sd	Min	Max
20～40	技术效率2016	0.733	0.210	0.086	1.000
	技术效率2017	0.773	0.189	0.132	1.000
	Global技术效率2016	0.669	0.219	0.077	1.000
	Global技术效率2017	0.698	0.250	0.066	1.000
	技术效率变动2017	1.089	0.194	0.784	1.847
	技术进步2017	0.967	0.190	0.557	1.566
	GML指数	1.013	0.100	0.565	1.177
41～60	技术效率2016	0.708	0.190	0.037	1.000
	技术效率2017	0.763	0.138	0.184	1.000
	Global技术效率2016	0.654	0.206	0.032	1.000
	Global技术效率2017	0.649	0.196	0.090	1.000
	技术效率变动2017	1.122	0.229	0.770	1.847
	技术进步2017	0.906	0.137	0.472	1.333
	GML指数	0.996	0.086	0.565	1.177
61及以上	技术效率2016	0.632	0.264	0.000	1.000
	技术效率2017	0.689	0.228	0.000	1.000
	Global技术效率2016	0.594	0.279	0.000	1.000
	Global技术效率2017	0.593	0.280	0.000	1.000
	技术效率变动2017	1.167	0.282	0.948	1.847
	技术进步2017	0.891	0.161	0.533	1.055
	GML指数	0.998	0.018	0.959	1.042

注：表中的均值和标准差都以每户样本的效率值计算结果取均值求得。

（三）产出视角下测算结果显示，全域全要素生产率的优化还需要依靠技术效率的提升

同一年龄组下，无论规模报酬是否可变，全域全要素生产率都是相等的，说

明不存在规模效率（见表7-24）。20~40岁年龄段的生产者全域技术效率是增加的，在规模不变时由0.342增加到0.400，同时技术效率变动值为1.484，大于1，说明技术效率确实存在优化，且因技术效率的优化带来全域全要素生产率的增加。此外，在规模报酬可变的情况下，仅有20~40岁年龄段的生产主体技术进步均值大于1，说明该年龄段主体技术进步特征明显，但其他年龄段主体表现为技术退步。其可能的原因是年轻人敢于创新，不断地学习新知识、新技能，提高农业投入要素的利用效率，完善投入要素的有机组合，提高全要素生产率。

表7-24 产出视角下油葵生产主体不同年龄全要素生产率比较

年龄段（岁）	Variables	规模不变				规模可变			
		Mean	Sd	Min	Max	Mean	Sd	Min	Max
20~40	技术效率2016	0.363	0.277	0.008	1.000	0.600	0.310	0.018	1.000
	技术效率2017	0.496	0.243	0.125	1.000	0.662	0.240	0.157	1.000
	Global 技术效率2016	0.342	0.241	0.008	0.916	0.548	0.277	0.018	0.970
	Global 技术效率2017	0.400	0.267	0.083	1.000	0.641	0.258	0.095	1.000
	技术效率变动2017	1.484	0.553	0.500	2.447	1.142	0.445	0.337	2.005
	技术进步2017	0.789	0.202	0.540	1.333	1.041	0.224	0.540	2.000
	GML 指数	1.111	0.349	0.333	1.667	1.111	0.349	0.333	1.667
41~60	技术效率2016	0.328	0.230	0.008	1.000	0.556	0.279	0.017	1.000
	技术效率2017	0.470	0.193	0.125	1.000	0.646	0.180	0.222	1.000
	Global 技术效率2016	0.317	0.217	0.008	1.000	0.526	0.262	0.016	1.000
	Global 技术效率2017	0.351	0.194	0.083	1.000	0.610	0.195	0.133	1.000
	技术效率变动2017	1.576	0.511	0.667	2.447	1.215	0.432	0.455	2.005
	技术进步2017	0.746	0.174	0.463	1.264	0.996	0.174	0.461	1.645
	GML 指数	1.128	0.290	0.333	1.667	1.128	0.290	0.333	1.667
61及以上	技术效率2016	0.241	0.125	0.000	0.426	0.546	0.292	0.000	1.000
	技术效率2017	0.365	0.168	0.000	0.621	0.575	0.227	0.000	1.000
	Global 技术效率2016	0.238	0.123	0.000	0.417	0.499	0.273	0.000	1.000
	Global 技术效率2017	0.249	0.109	0.000	0.400	0.531	0.245	0.000	1.000
	技术效率变动2017	1.596	0.400	0.978	2.447	1.193	0.451	0.603	2.005
	技术进步2017	0.705	0.137	0.556	1.056	0.997	0.277	0.556	1.714
	GML 指数	1.091	0.229	0.933	1.667	1.091	0.229	0.933	1.667

注：表中的均值和标准差都以每户样本的效率值计算结果取均值求得。

第五节　本章小结

通过对3种特色油料不同年龄生产主体的技术效率和全要素生产率的测算，结果显示，3种特色油料生产效率的趋势特征以及增长来源具有一定共性，也存在一定差异。

一是特色油料生产效率总体呈现随着年龄增长而下降的趋势特征。其中，胡麻和油葵在投入和产出视角下，无论规模报酬是否可变，生产效率均呈现随着年龄增加而降低的趋势。芝麻在产出视角下规模报酬可变时，生产效率随着年龄段的增加而降低，其他情况下年龄段与生产效率呈U形分布。食用葵仅在投入最小化、规模报酬不变假设下生产效率与年龄段呈U形分布，其他情况下生产效率均随着年龄段增加而降低。

二是特色油料生产要素配置仍未实现帕累托最优。无论规模报酬是否可变，各年龄段劳动力费用、直接费用和土地费用均存在着较高的松弛改进值和比例改进值。年轻主体直接费用的投入冗余度普遍相对较高；中年主体劳动力投入的冗余度相对较高。

三是特色油料全要素生产率趋势特征存在一定差异。其中，胡麻年轻种植主体的全要素生产率最高。芝麻老年种植主体的全要素生产率则呈现随着年龄的增长而不断增加的趋势特征。食用葵中年人种植主体的全要素生产率最高。油葵在投入视角下，规模报酬不变时中年人全要素生产率最高；规模报酬可变时年轻人的全要素生产率最高。

四是基于投入和产出两个不同的视角，都可以得知特色油料全要素生产率的优化依赖全域技术效率和技术效率的变化，表明技术进步和技术贡献率是提高特色油料全要素生产率的主要因素。

第八章　中国特色油料生产布局演变

经过长期的发展，中国逐渐形成了一批特色油料集中产区，特色油料生产布局的区域性特征逐渐明显。本章围绕特色油料生产布局变迁特征展开深入分析。运用空间关联性分析整体把握特色油料的空间分布集聚及演变状况，在此基础上结合生产集中度、生产规模指数和区域比较优势理论，对中国特色油料主产省份、主产区的分布规律及变动趋势进行总结。

第一节　特色油料作物生产空间相关性分析

空间统计学是统计学发展的一个重要领域，在很多领域内得到了广泛的应用。地理学第一定律认为，任何事物在空间上都存在一定的相关性（Tobler，1970）。一个地区空间单元上的某种经济地理现象或某一属性值与邻近地区空间单元上同一现象或属性值是相关的。利用属性数据的空间特性，在分析空间关系的基础上进行数值的相关分析，从而突出空间的相互作用，可以更为科学地揭示各种区域经济现象之间的联系。Moran’s I 指数是分析空间关联性检验的常用指标（Moran，1950）。为此，本章用全局 Moran’s I 指数来考察特色油料作物整体空间相关性，再利用 Moran 散点图以及 LISA 集聚结果来探究局部地区特色油料作物生产可能存在的空间相关性。

一、全局空间关联性分析

全局空间自相关主要用于描述区域内特色油料作物生产的整体空间分布情况，从而判断其生产空间布局是否存在相关性。区域总体的空间关联性采用全局 Moran’s I 指数进行检验，具体测算方法如下：

$$I = \frac{\sum_{i=1}^{N}\sum_{j=1}^{N} w_{ij}(x_i - \bar{x})(x_j - \bar{x})}{S^2 \sum_{i=1}^{N}\sum_{j=1}^{N} w_{ij}}$$

式中，$\bar{x} = \frac{1}{N}\sum_{i}^{N} x_i$，$S^2 = \frac{1}{N}\sum_{i}^{N}(x_i - \bar{x})^2$。其中，$I$ 表示全局 Moran 指数，N 表示研究全局内地区的个数，x_i、x_j 分别表示第 i 和第 j 地区的具体属性值，$\bar{x}$ 为各地区属性值的均值，S^2 表示变量方差，w_{ij} 表示 i 与 j 空间关系的权重矩阵。Moran's I 指数的取值范围为［-1，1］，正值表示研究地区的属性值在空间上正向依赖，正向外溢效果明显；取值越接近 0，则说明地区间的属性值在空间上是随机分布的，彼此间独立特征明显；负值则表示地区间的属性值在空间上相异分布，负相关性明显。

本书运用 ArcGIS 10.2 和 Geoda 空间数据分析软件，对中国 2000～2016 年各省（市、区）特色油料作物播种面积的全局 Moran's I 指数进行测算。空间权重矩阵选择 ROOK 邻接矩阵，并对全局的 Moran's I 指数进行了显著性分析。对于权重矩阵的设置，地区 i 与地区 j 相邻则设 $w_{ij}=1$，不相邻则设 $w_{ij}=0$。对于海南出现的“孤岛现象”，本书借鉴孟斌等（2005）的研究，采取人为定义海南与广东、广西相邻的方法进行整理。

（一）胡麻全局空间关联性分析

全局空间自相关公式的测算结果显示（见表 8-1）：第一，2000～2016 年中国胡麻播种面积的 Moran's I 指数全部为正，平均值为 0.265539，全局空间关联性显著，显示中国胡麻播种面积在省（市、区）间呈正向关联，相邻省（市、区）间的播种面积变动会波及邻近省（市、区）的胡麻播种植规模的变动。第二，Moran's I 指数整体呈现上升趋势，说明中国胡麻生产在相邻地区的空间集聚程度逐渐增强。2000～2015 年胡麻播种面积的 Moran's I 指数持续上升，由 0.236138 增至 0.281628。至 2016 年达到峰值 0.288231，相邻省（市、区）间的胡麻生产依赖性显著。

表 8-1　2000～2016 年胡麻播种面积的全局 Moran's I 指数值

年份 / 项目	2000	2005	2010	2015	2016
Moran's I	0.236138	0.265917	0.255781	0.281628	0.288231

续表

项目＼年份	2000	2005	2010	2015	2016
Z score	2.6142	2.9260	2.8600	2.9973	3.3408
P - value	0.0210	0.0130	0.0150	0.0090	0.0050

（二）芝麻全局空间关联性分析

全局空间自相关公式的测算结果显示（见表8－2）：第一，2000～2016年中国芝麻播种面积的 Moran's I 指数全部为正，平均值为0.224366，全局空间关联性显著。说明中国各省（市、区）的芝麻生产有正向的相关关系，相邻省（市、区）播种面积的变动都会对邻近省（市、区）的芝麻生产情况产生影响。第二，Moran's I 指数呈现 U 形变化，说明中国芝麻生产在相邻地区的空间集聚程度呈现出波动变化。2000年中国芝麻播种面积的 Moran's I 指数为0.274515，之后连续下降，至2015年降至0.202083，空间依赖性降低趋势明显。但2015～2016年，相邻省（市、区）间的依赖性略有增加，Moran's I 指数上升至0.213849。

表8－2　2000～2016年芝麻播种面积的全局 Moran's I 指数值

项目＼年份	2000	2005	2010	2015	2016
Moran's I	0.274515	0.220835	0.210547	0.202083	0.213849
Z score	3.2413	2.8736	3.0361	3.0032	2.9135
P - value	0.0110	0.0150	0.0120	0.0200	0.0200

（三）向日葵全局空间关联性分析

全局空间自相关公式的测算结果显示（见表8－3）：第一，2000～2016年中国向日葵播种面积的 Moran's I 指数为正，平均值为0.228760。除2016年外，研究期内全局空间关联性全部通过了10%及以上的显著性水平。说明中国向日葵播种面积总体呈正向关联，相邻省（市、区）间的播种面积变动会波及邻近省（市、区）的向日葵播种面积规模的变动。第二，Moran's I 指数整体呈倒 U 形的波动变化特征，并且下降趋势明显。因为 Moran's I 指数反映的是相似地区的集聚程度，这表示中国向日葵播种面积相邻地区在空间上的集聚程度并不是稳定不变的。2000～2005 年 Moran's I 指数由 0.375067 上升至 0.444579，向日葵生产的空间依赖性有所增强。但是，2005～2016 年 Moran's I 指数递减趋势明显，各省（市、区）间的向日葵生产关联程度降低。

表 8－3　2000～2016 年向日葵播种面积的全局 Moran's I 指数值

项目＼年份	2000	2005	2010	2015	2016
Moran's I	0.375067	0.444579	0.199768	0.102345	0.0220425
Z score	4.3402	4.9442	2.9119	2.5253	1.0683
P－value	0.0030	0.0010	0.0150	0.0260	0.1330

二、局部空间关联性分析

全局空间自相关性分析能够揭示特色油料作物生产整体在空间上存在较强的空间相关性，但要进一步分析某一个省（市、区）与周边省（市、区）的具体相关性特征，则需要借助局部空间自相关性来进行具体分析（Anselin，1995）。空间关联局部指标（LISA）是 Moran's I 指数的局部空间依赖的主要形式。

$$I_i = Z_i \sum_{i \neq j} w_{ij} Z_j$$

式中，$Z_i = x_i - \bar{x}$，$Z_j = x_j - \bar{x}$。w_{ij}、x_i、x_j 等含义同全局 Moran's I 中相同。局部空间关联性不仅能够测量地区内的空间关联度，更为重要的是该指标能够发现研究区域的空间聚集点，可有效弥补全局关联性分析的不足。LISA 为正表示同类型水平值相邻近，为负表示不同类型的水平值相邻近，LISA 的绝对值越大邻近程度越大。全局 Moran's I 指数对于空间系统内整体相关性能进行了衡量，但在局部也可能出现全局不能反映，甚至与之相反的非典型情况（Anselin，1995），因此有必要采用空间关联局域指标（LISA）来分析局部空间关联性。Moran's I 指数散点图的四个象限分别代表了某一研究区域与周围其他区域的局部空间关联性，第一至第四象限依次为高高（H－H）、低高（L－H）、低低（L－L）和高低（H－L）集聚区。其中高高、低低象限表明样本观测值存在较强的空间正相关性；而低高、高低象限则表明存在较强的空间负相关。

（一）胡麻局部空间关联性分析

2000～2016 年胡麻播种面积的局部 Moran's I 指数显示（见表 8－4）：70%以上省（市、区）的空间关系不显著。在显著的区域中，基本上呈现空间同质性变化。绝大多数没有通过显著性检验的省（市、区）基本上很少甚至没有种植胡麻作物，因此它们相互之间的关联性较弱。2000 年、2005 年，2010 年、2015 年，2016 年的中国各省（市、区）胡麻播种面积的局部 Moran's I 指数散点图显示（见图 8－1 至图 8－3），研究期内 Moran's I 指数散点主要集中在第一、第二象限，且位于第一象限的省数量基本没变，表明胡麻播种面积较大的省呈现出较强且稳定的关联性。

通过对比 2000 年与 2016 年之间的局部关联性，可反映空间特征的时间变化趋势。2000 年伴随概率 P 值通过 5% 显著性水平的地区共有 7 个，5 个高高（甘肃、内蒙古、山西、宁夏、新疆），2 个低高（陕西、辽宁）；2016 年同样有 7 个地区通过 5% 的显著性水平，5 个高高（甘肃、内蒙古、山西、宁夏、新疆），2 个低高（陕西、辽宁）。对比发现，胡麻的播种面积在局部关联性上变动不大，生产呈现高高集聚的省（市、区）主要集中在中国华北和西北地区，这些地区胡麻种植历史悠久，有适宜的气候和自然条件，相比其他农作物生产成本低，这些因素都使得高高集聚的地区位于甘肃、内蒙古等西北地区。同时，陕西、辽宁等省（市、区）一直没有形成胡麻种植的产业和规模，而又与播种面积较大的甘肃和内蒙古等省（市、区）相邻，低高集聚效应明显。

表 8－4　2000～2016 年胡麻播种面积的局部 Moran's I 指数值

指标 年份	高高（H－H）	低低（L－L）	低高（L－H）	高低（H－L）	不显著
2000	5	0	2	0	24
2005	4	0	1	0	26
2010	3	0	2	0	26
2015	4	0	3	0	24
2016	5	0	2	0	24

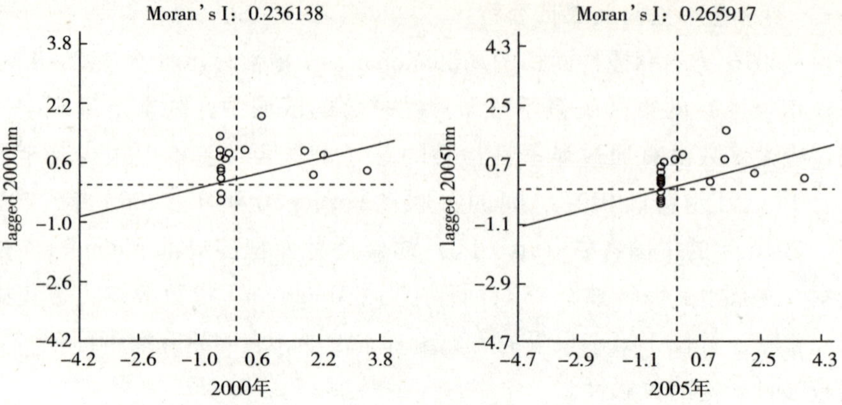

图 8-1　2000 年、2005 年胡麻播种面积 Moran 散点图

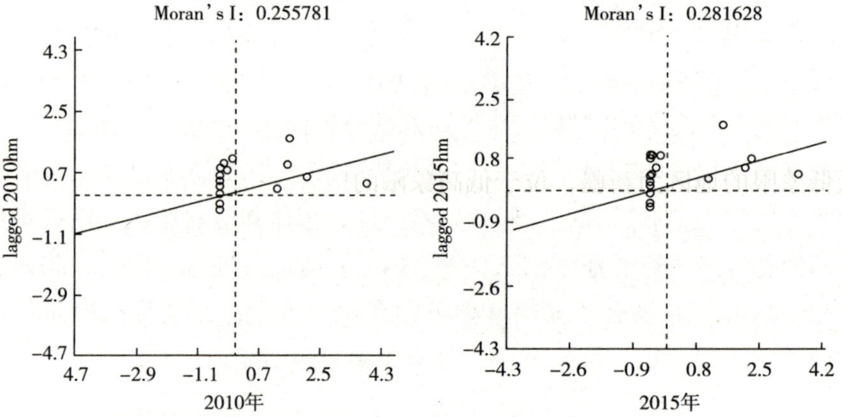

图 8-2　2010 年、2015 年胡麻播种面积 Moran 散点图

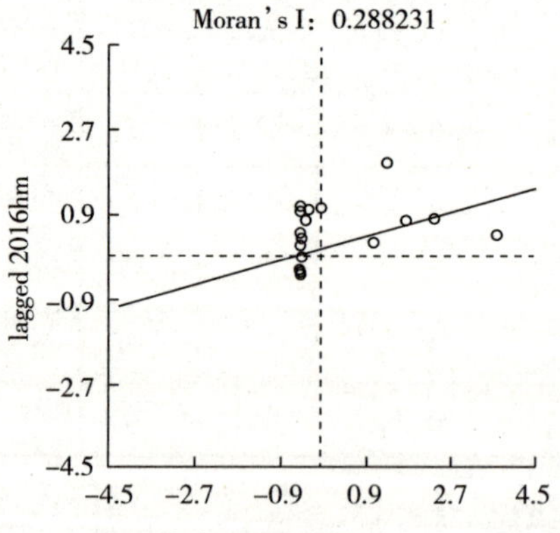

图 8-3　2016 年胡麻播种面积 Moran 散点图

（二）芝麻局部空间关联性分析

同样采用 LISA 指数变化情况和 Moran’s I 指数散点图探讨局部地区的空间相关性。统计结果显示（见表 8－5）：仅有 15% 左右的省（市、区）存在着显著性的空间关系。在显著的 7 个省（市、区）中，高集聚省（市、区）占比较大，每年有 3 个。LISA 集聚不显著的省，与相邻省（市、区）间的相互关联性差，独立性更高。2000 年、2005 年、2010 年、2015 年、2016 年芝麻播种面积的局部 Moran’s I 指数散点图显示（见图 8－4 至图 8－6），研究期内 Moran’s I 指数散点图全部位于第一、第二、第三象限，且主要集中在第三象限。这表明各地区芝麻播种面积分布不均，绝大部分省（市、区）占比较小且集中。播种面积较大的省（市、区）间具有较强的关联度，并且关联程度变化不大。

为了分析空间变动情况，对 2000 年与 2016 年芝麻播种局部关联性做进一步对比。2000 年伴随概率 P 值通过 5% 显著性水平的地区共有 5 个，3 个高高（河南、安徽、湖北），位于低低象限的地区为新疆，位于低高象限的地区为山东；2016 年共有 6 个地区通过 5% 的显著性水平，3 个高高（河南、安徽、湖北），位于低低象限的地区为新疆，位于低高象限的地区为山东和陕西。黄淮、江淮地区气候温和、光照充足、雨量充沛，土壤主要包括黑土、潮土，适宜芝麻生长发育。位于黄淮、江淮地区的河南、安徽以及湖北等地是中国芝麻生产的传统区域，也是芝麻主产区。得益于科技水平，其单产水平不断提高，芝麻的产量连年增长，稳定占据全国总产量的 2/3 以上。因此，芝麻生产表现出显著性高集聚效应。

表 8－5 2000～2016 年芝麻播种面积的局部 Moran’s I 指数值

指标 年份	高高（H－H）	低低（L－L）	低高（L－H）	高低（H－L）	不显著
2000	3	1	1	0	26
2005	3	1	2	0	25
2010	3	1	3	0	24
2015	3	1	2	0	25
2016	3	1	2	0	25

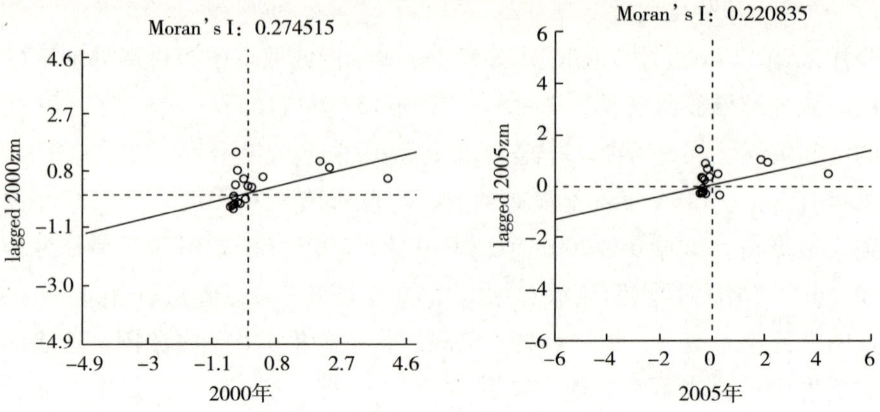

图 8－4　2000 年、2005 年芝麻播种面积 Moran 散点图

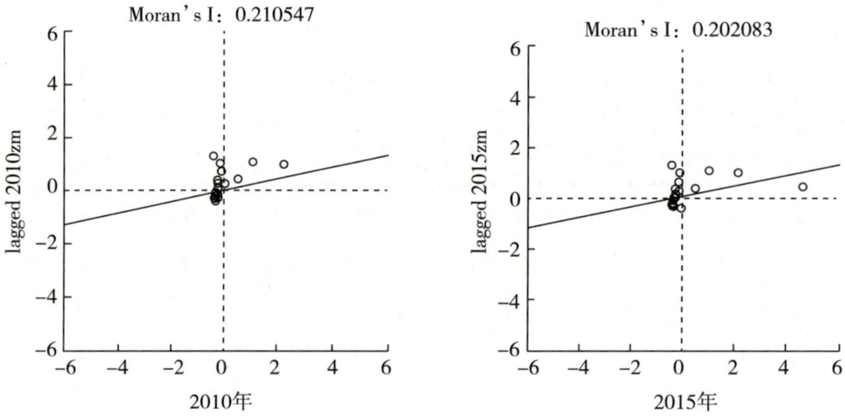

图 8－5　2010 年、2015 年芝麻播种面积 Moran 散点图

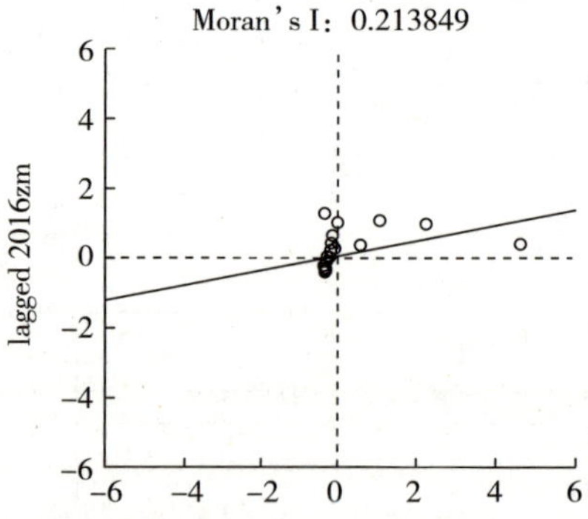

图 8－6　2016 年芝麻播种面积 Moran 散点图

（三）向日葵局部空间关联性分析

2000～2016年中国向日葵播种面积的局部Moran's I指数统计结果显示（见表8－6）：大部分省（市、区）的空间关系不显著，在显著的区域中呈现空间同质性的省（市、区）占比较大。对于没有通过显著性检验的省（市、区），即LISA集聚图中的不显著区域，说明这些省（市、区）与相邻省（市、区）间的相互联系比较微弱，基本上处于孤立状态，在向日葵种植过程中相互之间不发生联系。2000年、2005年、2010年、2015年、2016年的中国各省（市、区）向日葵播种面积的局部Moran's I指数散点图显示（见图8－7至图8－9），研究期内Moran's I指数散点图主要集中在第一、第二、第三象限，且各象限内的省（市、区）数量变化不大，仅有新疆一个地区位于第四象限。这表明各地区向日葵播种面积在局部上仍具有较强的关联度，并且关联程度主要呈现出正向相关性。

为了反映空间特征的时间变化，对比分析2000年与2016年的局部关联性。2000年伴随概率P值通过5%显著性水平的地区共有14个，5个高高（黑龙江、吉林、内蒙古、河北、山西），7个低低（湖南、江西、安徽、江苏、浙江、福建、广东），2个低高（宁夏、辽宁）；2016年共有12个地区通过5%的显著性水平，3个高高（内蒙古、吉林、甘肃），5个低低（江苏、浙江、福建、广东、江西），4个低高（黑龙江、辽宁、宁夏、山西）。根据研究结果可知，向日葵生产呈现出高高集聚的省（市、区）主要集中在中国东北、华北和西北地区，这些地区是向日葵主产区，有较为成熟的生产方式，基础设施完善。加之政策资金和技术投入导向等因素，都推进了高高集聚地区的向日葵产业的发展。而低低集聚的省（市、区）主要集中在南方地区，这些地区虽然社会经济发展较快，其发展的重点仍以工业、服务业等行业为主，导致了这些地区出现低低集聚的效应。

表8－6　2000～2016年向日葵播种面积的局部Moran's I指数值

指标 年份	高高（H－H）	低低（L－L）	低高（L－H）	高低（H－L）	不显著
2000	5	7	2	0	17
2005	4	5	2	0	20
2010	6	4	1	0	20
2015	4	5	3	0	19
2016	3	5	4	0	19

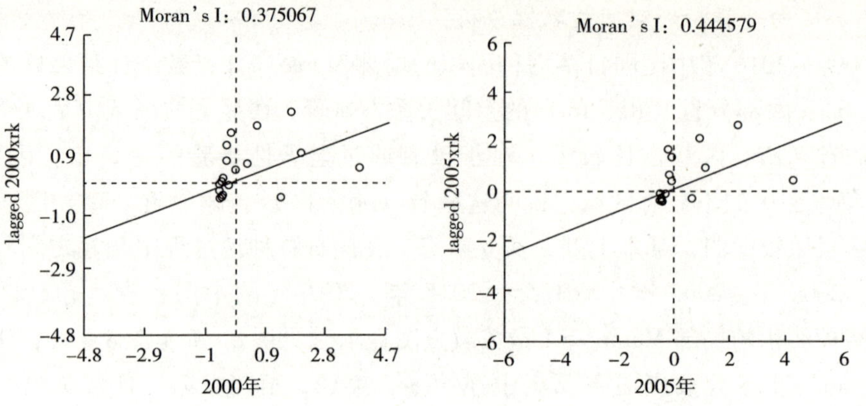

图 8-7　2000 年、2005 年向日葵播种面积 Moran 散点图

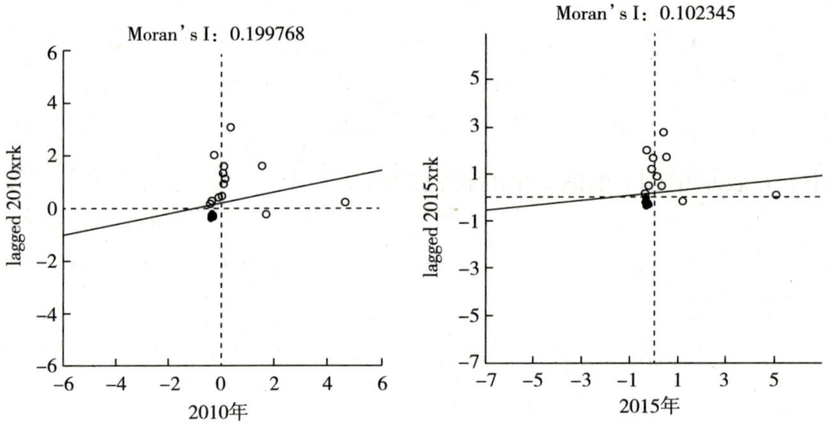

图 8-8　2010 年、2015 年向日葵播种面积 Moran 散点图

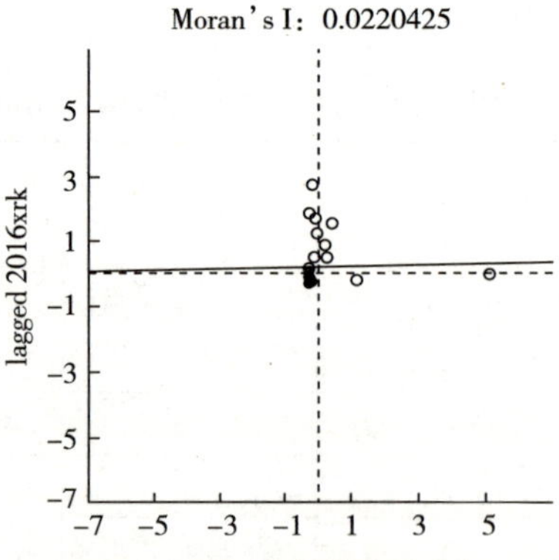

图 8-9　2016 年向日葵播种面积 Moran 散点图

第二节　特色油料作物生产空间布局变化

一、生产集中度指数分析

生产集中度指数是测算产业空间集聚程度的常用指标之一，最早被应用于区域工业分布研究，随后被广泛应用于农业生产空间布局的相关研究。生产集中度指数指某时期各地区特色油料作物产量占全国特色油料作物总产量的比重（伍山林，2000），可以客观衡量和测度区域特色油料作物生产对全国的贡献度，其变动可以反映特色油料作物生产布局变动基本特征。生产集中度指数的公式如下：

$$I_{it} = \frac{Y_{it}}{Y_{it} + Y_{-it}}$$

式中，I_{it}表示中国 i 地区 t 年的特色油料生产集中度；Y_{it}表示 i 地区在第 t 年的特色油料作物产量，Y_{-it}表示除 i 之外的其他地区的特色油料作物产量，$Y_{it}+Y_{-it}$则表示第 t 年全国特色油料作物总产量。依据上述公式计算各省（市、区）2000～2016 年的特色油料作物的生产集中度，并大体以葵花籽生产集中度大于1%为标准筛选出主产省（区）（张怡，2014），按照由大到小的顺序进行排序。

（一）胡麻生产集中度变动情况

生产集中度的测算显示，2000 年以来中国胡麻主产省（区）数量有所增加，但主产省（区）间的排名变动不大（见表 8－7）。主产省（区）数量由 2000 年的 6 个增加到 2016 年的 8 个，显示胡麻在全国种植范围明显扩大。甘肃胡麻的生产集中度有所下降，但其产量一直处于全国第一；内蒙古和新疆作为中国胡麻主产区，在全国中的排名波动较大，2000 年在全国排名第二、第四位，之后开始下降，在 2010 年下降趋势明显，仅排在全国的第四、第六位；宁夏胡麻产量上升趋势显著，在 2000 年仅排在全国第五位，之后开始超过山西和新疆，甚至在绝大多数年份都属于全国第二大胡麻主产省（区）；山西、河北的胡麻生产集中度变动不大，在全国中的排名也基本维持在第四、第五位；陕西生产集中度变化较大，在全国中的排名位于第七或第八位；青海在考察期初不属于胡麻主产省，但自 2010 年开始一直处于主产省（区）之列。

表 8-7　2000~2016 年中国胡麻生产集中度变动情况　　单位：%

年份 地区	2000	2005	2010	2015	2016
甘肃	42.15（1）	44.75（1）	42.94（1）	38.83（1）	39.36（1）
内蒙古	18.90（2）	12.71（3）	8.25（4）	13.07（4）	17.13（2）
宁夏	7.27（5）	16.02（2）	18.97（2）	19.27（2）	16.14（3）
山西	14.83（3）	10.50（4）	15.60（3）	15.74（3）	12.59（4）
河北	4.07（6）	6.35（6）	7.69（5）	8.15（5）	7.83（5）
新疆	10.47（4）	6.63（5）	3.77（6）	3.36（6）	4.15（6）
陕西	0.87（7）	2.49（7）	0.94（8）	0.50（8）	1.74（7）
青海	0.87（8）	0.83（8）	1.84（7）	1.06（7）	1.03（8）
合计	99.42	100.00	99.99	99.98	99.96

注：生产集中度大于 1% 为主产省（区）（张怡，2014）。

资料来源：根据历年《中国农业统计资料》《新中国农业 60 年统计资料》整理而得。

从相对变动幅度来看，主产省（区）中，甘肃、内蒙古、山西、新疆生产集中度有不同程度的下降，宁夏、河北生产集中度则显著增加，2000~2016 年分别增加了 8.87 个和 3.76 个百分点。甘肃、内蒙古、宁夏、山西四大主产省（区）生产集中度从 83.15% 增加至 85.22%。

（二）芝麻生产集中度变动情况

中国芝麻种植分布广泛，各省（市、区）均有种植，但地区间发展极不平衡，以黄淮、江汉和长江中下游为主产区，尤以河南、湖北和安徽种植最多。同样以生产集中度大于 1% 的标准进行筛选，芝麻主产省（市、区）总数量基本维持在 12 个左右（见表 8-8）。从变化趋势看，不同年份主产省（市、区）的排名有一定变化。河南、湖北和安徽是中国芝麻产量最大的 3 个省，生产集中度排名长期保持在全国第一、第二、第三位；山西、江苏、陕西同样属于芝麻主产省，除 2005 年被吉林挤占了第四名外，在全国排名基本处于第四、第五、第六位，江苏和山西之间的排名交替变化；湖南、浙江、广西和重庆在 2000 年不属于芝麻主产省（市、区），但从 2010 年开始全部进入主产省（市、区）行列，且随着时间推移在全国中的排名也呈现出上升趋势，至 2016 年这 4 个省（市、区）分别排在全国的第七、第八、第十、第十二位；河北、吉林芝麻生产集中度在全国排名有所下降，分别从 2000 年的第七、第九位下降至 2016 年的第九、第十一位；山西、山东、内蒙古、黑龙江仅在个别年份进入到主产省（区）之列，但近年来生产集中度下降趋势明显。

表 8－8　2000～2016 年中国芝麻生产集中度变动情况　　单位：%

年份 地区	2000	2005	2010	2015	2016
河南	27.13（1）	35.36（1）	39.58（1）	42.68（1）	43.16（1）
湖北	26.51（2）	21.92（2）	23.74（2）	22.66（2）	22.85（2）
安徽	20.47（3）	14.40（3）	11.26（3）	11.06（3）	11.39（3）
江西	4.07（4）	4.00（5）	4.85（4）	5.63（4）	5.87（4）
江苏	3.33（6）	2.88（6）	3.08（6）	2.64（5）	2.57（5）
陕西	4.07（5）	2.72（7）	3.76（5）	2.60（6）	2.54（6）
湖南	0.99（11）	1.60（9）	2.15（7）	2.29（7）	2.49（7）
浙江	0.62（13）	0.96（13）	1.43（10）	1.45（8）	1.44（8）
河北	2.47（7）	2.40（8）	1.80（9）	1.33（9）	1.22（9）
广西	0.74（12）	0.80（14）	1.00（12）	1.16（10）	1.21（10）
吉林	1.36（9）	5.60（4）	2.12（8）	0.98（12）	1.07（11）
重庆	0.62（14）	1.12（12）	1.17（11）	1.06（11）	1.04（12）
山西	2.34（8）	0.64（15）	0.73（13）	0.31（13）	0.35（13）
内蒙古	0.62（15）	1.44（10）	0.34（14）	0.19（14）	0.24（14）
山东	1.23（10）	0.32（16）	0.21（15）	0.17（15）	0.20（15）
黑龙江	0.12（16）	1.28（11）	0.09（16）	0.08（16）	0.13（16）
合计	96.67	97.44	97.32	96.28	97.77

注：生产集中度大于1%为主产省（市、区）（张怡，2014）。

资料来源：根据历年《中国农业统计资料》《新中国农业60年统计资料》整理而得。

从相对变动幅度来看，主产省（市、区）中河南芝麻生产集中度显著增加，2000～2016 年增加了 16.03 个百分点；湖北、安徽生产集中度有不同程度的下降，但总体看，3 省仍是中国芝麻产量最大的产区，2000～2016 年 3 省生产集中度进一步增加，从 74.11% 增至 77.40%。其他主产区中江苏、山西、河北等生产集中度略有下降。

（三）向日葵生产集中度变动情况

按照生产集中度大于 1% 的标准进行筛选，2016 年全国向日葵主产省（市、区）共有9个。从变化趋势看，2000年以来中国向日葵主产省（市、区）变化不大，但生产集中度进一步提高（见表8-9）。内蒙古的向日葵产量一直维持在第一位，且近年来呈上升趋势，2016年占全国总产比重接近64%；新疆作为向日葵主产区的位次较为稳定，在2000~2016年基本处于全国第二的位置；黑龙江、山西虽然一直处于向日葵主产省的行列，但是下降趋势较为明显，在2000年排名第三和第四位，但从2010年开始下降，至2016年仅排名全国第八和第七位；河北、甘肃、宁夏向日葵产量呈现出上升趋势，在前期处于第六、第七、第九位，2016年已经上升至第三、第四、第六位；吉林在全国中的排名经历了波动变化，由初期的第五位上升至2010年的第三位，至2016年又降至第五位；按照生产集中度1%的标准，陕西同样位于向日葵主产省（市、区）之列，且在全国产量中的排名基本不变；天津和辽宁分别在2000年和2005年生产集中度超过1%，其他时期未能进入全国前列。

表8-9　2000~2016年中国向日葵生产集中度变动情况　　单位:%

年份 地区	2000	2005	2010	2015	2016
内蒙古	35.36（1）	44.24（1）	43.17（1）	52.54（1）	55.58（1）
新疆	18.17（2）	11.26（3）	19.20（2）	17.17（2）	17.94（2）
河北	3.94（6）	1.82（9）	1.64（9）	6.20（4）	6.48（3）
甘肃	1.74（7）	2.54（7）	5.18（5）	6.01（5）	6.18（4）
吉林	6.91（5）	8.40（4）	12.66（3）	6.28（3）	4.53（5）
宁夏	1.64（9）	3.06（6）	5.98（4）	2.51（7）	2.01（6）
山西	13.15（4）	5.34（5）	2.48（7）	1.53（8）	1.81（7）
黑龙江	13.31（3）	17.22（2）	4.56（6）	3.90（6）	1.33（8）
陕西	1.74（8）	2.07（8）	2.15（8）	1.14（9）	1.20（9）
辽宁	0.67（11）	1.40（10）	0.89（10）	0.26（10）	0.38（10）
天津	1.23（10）	0.26（11）	0.04（11）	0.02（11）	0.34（11）
合计	97.85	97.61	97.95	97.56	97.77

注：生产集中度大于1%为主产省（市、区）（张怡，2014）。

资料来源：根据历年《中国农业统计资料》《新中国农业60年统计资料》整理而得。

从相对变动幅度来看，内蒙古向日葵生产集中度显著增加，2000~2016年增加了20.22个百分点，生产集中度远大于其他产区。新疆向日葵生产集中度略有下降，减少了约0.23个百分点。其他主产省（市、区）中河北、甘肃向日葵产量增加明显，成为中国向日葵主要产地。

二、生产规模指数分析

生产规模指数与生产集中度指数本质相同，但两个指标侧重点不一样。生产规模指数指某时期各地区农作物播种面积占全国总播种面积的比重（钟甫宁和胡雪梅，2008）。PSI_{it}表示某地区 i 在 t 时期的特色油料种植面积占同时期全国总面积比重，其公式如下：

$$PSI_{it} = \frac{S_n}{\sum S_{it}}$$

以下从农业七大产区[①]来分析中国特色油料作物生产的区域分布及其变动情况。

（一）胡麻生产规模指数变动情况

胡麻属于特色旱作农业，喜凉爽、湿润的气候，主要分布在中国甘肃、宁夏、内蒙古、河北等西北和华北北部的干旱、半干旱高寒地区。2000～2016年胡麻生产规模指数显示（见表8－10），西北和华北地区是中国胡麻主产区，基本上各占全国总面积的50%左右，两个地区间相互交替排在全国第一位。在多数年份中，西北地区生产规模要高于华北地区，2000～2016年华北地区的胡麻生产规模指数平均值为48.04%，西北地区为51.82%。

表8－10　2000～2016年中国胡麻生产规模指数变动情况　　单位：%

年份＼地区	东北	华北	华东	华中	华南	西南	西北
2000	0.08	55.13	0.04	0.14	0.00	0.02	44.59
2001	0.00	37.94	0.02	0.37	0.00	0.02	61.64
2002	0.00	46.45	0.00	0.00	0.00	0.00	53.55
2003	0.02	42.86	0.00	0.00	0.00	0.00	57.12

① 七大产区借鉴《中国经济年鉴》和《中国农村住户调查年鉴》采用的区域划分方法：东北（辽宁、吉林、黑龙江）、华北（北京、天津、河北、内蒙古、山东、山西）、华东（上海、江苏、浙江、安徽、江西）、华中（河南、湖北、湖南）、华南（福建、广东、广西、海南）、西南（四川、重庆、贵州、云南、西藏）、西北（陕西、甘肃、青海、宁夏、新疆）。

续表

地区 年份	东北	华北	华东	华中	华南	西南	西北
2004	0.00	42.87	0.00	0.00	0.00	0.00	57.13
2005	0.00	45.62	0.00	0.00	0.00	0.00	54.38
2006	0.00	50.49	0.00	0.00	0.00	0.00	49.51
2007	0.00	53.05	0.00	0.03	0.00	0.03	46.90
2008	0.00	47.77	0.03	0.53	0.00	0.03	51.64
2009	0.00	47.32	0.00	0.00	0.00	0.04	52.63
2010	0.00	46.87	0.00	0.00	0.00	0.03	53.10
2011	0.00	48.33	0.00	0.00	0.00	0.86	50.81
2012	0.03	49.16	0.00	0.00	0.00	0.01	50.79
2013	0.00	50.11	0.00	0.00	0.00	0.02	49.87
2014	0.00	51.88	0.00	0.00	0.00	0.02	48.10
2015	0.00	51.42	0.00	0.00	0.00	0.01	48.56
2016	0.00	49.43	0.00	0.02	0.00	0.01	50.54

资料来源：根据历年《中国农业统计资料》《新中国农业60年统计资料》整理而得。

（二）芝麻生产规模指数变动情况

自2000年开始，中国芝麻的种植面积持续下滑，各地区间生产规模指数也呈现出不同的变化情况（见表8－11）。华中和华东地区是中国芝麻主产区，两者的生产规模指数之和超过80%。从变化趋势来看，华中地区的芝麻生产规模指数呈逐年上涨趋势，由2000年的51.77%持续上涨至2016年的65.51%，提高了13.74个百分点，说明华中地区的芝麻播种面积在全国范围内的比重越来越高；华东、华北、东北3个地区芝麻的生产规模指数下降趋势明显。华东地区作为中国芝麻生产的第二大主产区，生产规模指数由2000年的29.30%下降到2016年的22.96%，减少了6.3个百分点；华北地区的芝麻生产规模指数一直保持在5%以上，但是自2006年开始逐年下降，至2016年生产规模指数仅为2.58%，与西北地区基本持平；在2005年之前，东北地区一直在中国芝麻生产规模指数中排名第三或第四位，之后逐渐下降，现已成为七大区域中规模最小的地区；西南地区的生产规模指数有所增加，由2000年的1.53%上升至2016年的2.63%；华南和西北地区芝麻播种面积呈波动变化。其中华南地区生产规模指数基本保持在2%，而西北地区生产规模指数变动较大，波动范围维持在2%～6%。总体而言，中国芝麻生产的空间布局呈现由东北、华北、华东地区向西南地区扩散，而华中地区进一步扩大的趋势。

表8－11 2000～2016年中国芝麻生产规模指数变动情况 单位:%

年份＼地区	东北	华北	华东	华中	华南	西南	西北
2000	3.10	7.89	29.30	51.77	2.14	1.53	4.27
2001	5.33	7.05	30.11	50.98	2.08	1.53	2.92
2002	5.01	6.28	30.00	52.48	1.87	1.57	2.79
2003	11.17	5.86	25.81	50.77	1.85	1.67	2.87
2004	8.22	6.75	26.63	51.93	1.84	1.86	2.77
2005	7.79	5.24	26.19	54.04	1.87	2.04	2.83
2006	5.37	5.18	26.13	57.16	1.35	2.09	2.73
2007	3.40	4.92	25.19	58.44	2.24	2.43	3.40
2008	2.48	4.37	24.09	58.88	2.31	2.48	5.39
2009	2.41	4.38	22.47	59.93	2.31	2.58	5.92
2010	2.33	3.99	22.38	62.02	2.48	2.97	3.82
2011	2.66	3.78	21.98	63.18	2.34	2.50	3.57
2012	2.01	2.87	21.22	63.79	2.40	1.95	5.77
2013	1.67	2.88	22.27	64.48	2.39	2.65	3.66
2014	1.47	2.55	21.35	63.63	2.45	2.61	5.94
2015	1.07	2.55	22.20	63.87	2.59	2.51	5.22
2016	0.94	2.58	22.96	65.51	2.71	2.63	2.66

资料来源：根据历年《中国农业统计资料》《新中国农业60年统计资料》整理而得。

（三）向日葵生产规模指数变动情况

向日葵生产规模指数显示，中国向日葵生产规模最大的3个区域依次为华北地区、西北地区和东北地区（见表8－12）。2000～2016年，华北和西北地区的生产规模有扩大趋势，而东北地区的生产规模下降趋势明显。其中华北地区的向日葵种植面积最大，占全国的50%左右。2016年华北地区向日葵生产规模指数为64.77%，西北地区为23.14%，东北地区为9.04%，其他地区仅为3.07%；

从三大主产区的变动情况看，华北地区向日葵生产规模指数呈现出波动变化趋势，2000～2007年呈下降趋势，2008年后有所上升；西北地区向日葵生产规模指数整体呈现上升态势，自2008年后一直高于20%；东北地区下降趋势明显，在全国中的比重也由2000年的24.83%下降到2016年的9.04%。在其他种植区域中，华中和西南地区较为稳定，在全国的生产规模指数中基本维持在1%～2%。随着空间区域的划分细化，中国向日葵生产空间布局及其演变表现出明显的趋势，向日葵主产区由东北逐渐向华北、西北地区集中和转移。

表8－12　2000～2016年中国向日葵生产规模指数变动情况　　单位：%

年份＼地区	东北	华北	华东	华中	华南	西南	西北
2000	24.83	54.26	0.05	0.87	0.00	1.30	18.70
2001	29.54	51.84	0.05	1.12	0.00	1.56	15.89
2002	29.03	53.16	0.27	1.10	0.00	1.40	15.05
2003	33.64	46.82	0.21	0.94	0.00	1.24	17.15
2004	28.11	49.77	0.03	1.51	0.01	1.64	18.93
2005	32.37	48.61	0.01	1.33	0.00	1.48	16.20
2006	39.19	40.17	0.01	1.70	0.00	2.06	16.86
2007	29.91	47.04	0.01	1.86	0.00	2.28	18.90
2008	19.14	50.68	0.09	1.30	0.00	1.61	27.18
2009	20.90	49.76	0.09	1.24	0.33	1.90	25.78
2010	22.24	47.06	0.09	1.24	0.19	1.87	27.31
2011	17.39	50.96	0.02	1.44	0.29	1.72	28.19
2012	16.09	52.69	0.06	1.25	0.40	2.10	27.41
2013	14.93	54.59	0.01	1.25	0.36	2.22	26.64
2014	12.53	57.70	0.02	1.24	0.37	2.26	25.88
2015	15.07	58.69	0.02	1.18	0.39	2.04	22.63
2016	9.04	64.77	0.02	1.05	0.14	1.86	23.14

资料来源：根据历年《中国农业统计资料》《新中国农业60年统计资料》整理而得。

三、区域比较优势分析

在比较优势理论基础上丰富发展起来的区域比较优势理论认为，区域农产品的比较优势是农业自然资源禀赋、社会经济及区位条件、科学技术、种植制度以及市场需求等因素综合作用的结果。通过对特色油料作物单产、种植规模等关键因子的分析建立效率比较优势指数（EAI）、规模比较优势指数（SAI）以及综合比较优势指数（AAI），可以全面客观地反映某地区特色油料作物生产的比较优势和变动趋势。

（一）效率比较优势区域变动分析

效率比较优势指数（Efficiency Advantage Index，EAI）反映一定区域内某种农作物生产相对于同期全国平均水平的土地产出率。特色油料作物生产的效率比较优势指数计算公式如下：

$$EAI_{it}=\frac{\frac{AP_{it}}{AP_i}}{\frac{AP_t}{AP}}$$

式中，AP_{it}表示地区 i 在 t 时期的特色油料作物单产水平；AP_i 表示当期 i 地区的油料作物单产水平；AP_t 表示 t 时期特色油料作物全国单产水平；AP 表示全国油料作物单产。若 $EAI_{it}>1$，说明 i 地区的特色油料作物生产效率与全国平均水平相比处于优势；若 $EAI_{it}<1$，说明 i 地区的特色油料作物生产效率与全国平均水平相比处于劣势。EAI_{it}越大，则该地区生产效率优势越强。

1. 胡麻生产效率比较优势区域变动

各地区生产效率比较优势指数汇总分析显示（见表 8－13），胡麻主要产区生产效率比较优势变动呈现以下特征：①具有胡麻生产效率比较优势的省（区）数量有所增加。在 2000 年具有生产效率比较优势的仅有 6 个，至 2016 年增加到了 9 个。②胡麻产量最大的甘肃、内蒙古、宁夏一直具有效率比较优势。③河北是中国排名第五的胡麻生产省，但一直未能具有生产效率比较优势。

表 8－13　2000～2016 年中国具有胡麻生产效率比较优势的省（区）

年份	中国具有胡麻生产效率比较优势的省（区）（EAI＞1）
2000	山西、内蒙古、甘肃、青海、宁夏、新疆
2005	山西、内蒙古、陕西、甘肃、青海、宁夏、新疆
2010	山西、贵州、云南、陕西、甘肃、青海、宁夏、新疆
2015	山西、江西、贵州、甘肃、青海、宁夏、新疆
2016	天津、山西、湖北、贵州、陕西、甘肃、青海、宁夏、新疆

资料来源：根据历年《中国农业统计资料》《新中国农业 60 年统计资料》整理而得。

2. 芝麻生产效率比较优势区域变动

各地区生产效率比较优势指数汇总分析显示（见表8－14），芝麻产区生产效率比较优势变动呈现以下特征：①具有芝麻生产效率比较优势的省（市、区）变动情况较大，如四川、重庆、甘肃、宁夏、北京等仅在若干年份具有生产效率比较优势。②仅有小部分芝麻主产省（市、区）具有生产效率比较优势。在所有芝麻主产省（市、区）中，仅有湖北、湖南、江西、江苏、陕西生产比较优势相对不显著。③芝麻主产省河南和安徽不具有生产效率比较优势。河南和安徽一直是中国芝麻产量排名第一和第三位的省，但在考察期内始终未能超过全国生产效率的平均水平。

表8－14　2000～2016年中国具有芝麻生产效率比较优势的省（市、区）

年份	中国具有芝麻生产效率比较优势的省（市、区）（EAI>1）
2000	山西、吉林、江苏、浙江、江西、湖北、湖南、海南、四川、陕西
2005	北京、山西、内蒙古、辽宁、吉林、黑龙江、江苏、浙江、江西、湖北、湖南、重庆、四川、陕西
2010	山西、辽宁、黑龙江、上海、江苏、浙江、江西、湖北、湖南、贵州、陕西、甘肃、宁夏
2015	山西、吉林、黑龙江、江苏、浙江、江西、湖北、湖南、四川、云南、陕西
2016	山西、吉林、黑龙江、上海、江苏、浙江、江西、湖北、湖南、贵州、陕西、甘肃

资料来源：根据历年《中国农业统计资料》《新中国农业60年统计资料》整理而得。

3. 向日葵生产效率比较优势区域变动

各地区生产效率比较优势指数汇总分析显示（见表8－15），向日葵产区生产效率比较优势变动呈现以下特征：①具有生产效率比较优势的省（市、区）有所减少。2000年具有比较优势的省（市、区）有11个，之后逐渐减少，2015年降至7个，2016年恢复为8个。②大部分向日葵主产省（市、区）具有稳定的生产效率比较优势。向日葵主产省（区）的内蒙古、新疆、甘肃、宁夏、山西一直具有向日葵效率比较优势。③少数向日葵主产省（市、区）始终或长期未能进入具有生产效率比较优势省（市、区）的行列。河北、吉林和山西3省在考察期内一直是中国向日葵的主产省，但其向日葵生产始终不具有生产效率比较优势；黑龙江同样一直是中国向日葵的主产省，但在2015年未能实现生产效率比较优势。④少数非向日葵主产省（市、区），如江西、江苏、安徽等，多次超过全国生产效率平均水平，具有一定比较优势。

表 8-15　2000~2016 年中国具有向日葵生产效率比较优势的省（市、区）

年份	中国具有向日葵生产效率比较优势的省（市、区）（EAI>1）
2000	天津、山西、内蒙古、吉林、黑龙江、江西、四川、云南、甘肃、宁夏、新疆
2005	山西、内蒙古、黑龙江、江苏、重庆、云南、甘肃、宁夏、新疆
2010	山西、内蒙古、黑龙江、江苏、贵州、云南、甘肃、宁夏、新疆
2015	山西、内蒙古、安徽、江西、甘肃、宁夏、新疆
2016	山西、内蒙古、黑龙江、安徽、广西、甘肃、宁夏、新疆

资料来源：根据历年《中国农业统计资料》《新中国农业 60 年统计资料》整理而得。

（二）规模比较优势区域变动分析

规模比较优势指数（Scale Advantage Index，SAI）主要是从种植规模的角度反映农作物的比较优势。特色油料作物生产的规模比较优势指数计算公式如下：

$$SAI_{it} = \frac{\dfrac{GS_{it}}{GS_i}}{\dfrac{GS_t}{GS}}$$

式中，GS_{it}/GS_i 表示地区 i 在 t 时期特色油料种植面积占油料作物播种面积的比重；GS_t/GS 表示 t 时期全国特色油料种植面积占油料作物播种面积的比重。若 $SAI_{it}>1$，说明 i 地区的特色油料作物生产规模与全国平均水平相比处于优势；若 $SAI_{it}<1$，说明 i 地区的特色油料作物生产规模与全国平均水平相比处于劣势。SAI_{it}越大，则该地区生产规模比较优势越明显。

1. 胡麻规模比较优势区域变动

胡麻的区域规模比较优势指数测算结果显示（见表 8-16）：胡麻产量大省（区）具有规模比较优势。2000~2016 年，甘肃、内蒙古、宁夏、山西、河北、新疆等胡麻主产省（区）均具有显著的规模比较优势。陕西和青海等非主产省在部分年份的规模比较优势超过 1。

表 8-16　2000~2016 年中国具有胡麻规模比较优势的省（区）

年份	中国具有胡麻规模比较优势的省（区）（SAI>1）
2000	河北、山西、内蒙古、甘肃、宁夏、新疆
2005	河北、山西、内蒙古、陕西、甘肃、宁夏、新疆
2010	河北、山西、内蒙古、甘肃、青海、宁夏、新疆

续表

年份	中国具有胡麻规模比较优势的省（区）（SAI>1）
2015	河北、山西、内蒙古、甘肃、宁夏、新疆
2016	河北、山西、内蒙古、甘肃、宁夏、新疆

资料来源：根据历年《中国农业统计资料》《新中国农业60年统计资料》整理而得。

2. 芝麻规模比较优势区域变动

芝麻的区域规模比较优势指数测算结果显示（见表8－17）：芝麻主产省（市、区）规模比较优势显著且稳定性较好。河南、湖北、安徽和江西是中国芝麻产量最大的4个省，占全国总产量的75%以上，2000～2016年具有规模比较优势。陕西同样属于芝麻主产省，但在考察期内始终具有规模比较优势。部分芝麻产量大省如江苏、湖南和河北不具有规模比较优势。

表8－17　2000～2016年中国具有芝麻规模比较优势的省（市、区）

年份	中国具有芝麻规模比较优势的省（市、区）（SAI>1）
2000	辽宁、安徽、江西、河南、湖北、海南、陕西
2005	天津、吉林、安徽、江西、河南、湖北、海南、陕西
2010	天津、安徽、江西、河南、湖北、海南、陕西
2015	天津、浙江、安徽、江西、河南、湖北、陕西、新疆
2016	浙江、安徽、江西、河南、湖北、陕西

资料来源：根据历年《中国农业统计资料》《新中国农业60年统计资料》整理而得。

3. 向日葵规模比较优势区域变动

向日葵的区域规模比较优势指数测算结果显示（见表8－18）：中国大部分向日葵主产省（市、区）具有相当稳定的规模比较优势。内蒙古、新疆、甘肃、宁夏、吉林、黑龙江、山西等主产省（市、区）长期具有规模比较优势。部分向日葵主产省如河北、陕西未能保持规模比较优势。河北在2005年和2010年未能实现规模比较优势，陕西在2015年和2016年不具有规模比较优势。部分非向日葵主产省（市、区）具有规模比较优势。北京和天津不属于中国的向日葵生产大市，但从规模比较优势指数来看，在若干年份优于全国平均水平，这也与当地油料总体种植规模相对较少有较大关系。

表8-18 2000~2016年中国具有向日葵规模比较优势的省（市、区）

年份	中国具有向日葵规模比较优势的省（市、区）（SAI>1）
2000	天津、河北、山西、内蒙古、辽宁、吉林、黑龙江、陕西、宁夏、新疆
2005	天津、山西、内蒙古、辽宁、吉林、黑龙江、陕西、甘肃、宁夏、新疆
2010	天津、山西、内蒙古、吉林、黑龙江、陕西、甘肃、宁夏、新疆
2015	北京、天津、河北、山西、内蒙古、吉林、黑龙江、甘肃、宁夏、新疆
2016	北京、天津、河北、山西、内蒙古、吉林、黑龙江、甘肃、宁夏、新疆

资料来源：根据历年《中国农业统计资料》《新中国农业60年统计资料》整理而得。

（三）综合比较优势区域变动分析

综合比较优势指数法是测算农业生产比较优势的常用方法之一。它适用于在一个国家或区域范围内对比不同地区之间某种产品，或同一区域内不同产品之间的比较优势。综合比较优势指数（Aggregated Advantage Index，AAI）是效率比较优势指数和规模比较优势指数的综合，能够更为全面地反映一个地区某种农作物生产的优势度。特色油料作物生产的综合比较优势指数计算公式如下：

$$AAI_{it} = \sqrt{EAI_{it} \times SAI_{it}}$$

其中，若 $AAI_{it}<1$，说明 i 地区的特色油料作物生产与全国平均水平相比不具有综合比较劣势；若 $AAI_{it}>1$，说明 i 地区的特色油料作物生产与全国平均水平相比具有综合比较优势，且 AAI_{it} 值越大，说明 i 地区的特色油料作物生产综合比较优势越明显。

1. 胡麻综合比较优势区域变动

将2000~2016年各地区该指数高于全国平均水平（AAI>1）的省（区）进行汇总分析，区域综合比较优势指数测算结果显示（见表8-19），胡麻比较优势区域变动呈现以下特征：①传统胡麻产量大省（区）都具有显著的综合比较优势。甘肃、内蒙古、宁夏、山西是中国胡麻产量最大的4个省（区），占全国总产量的80%以上，这些省（区）在2000~2016年的综合比较优势明显。②河北胡麻产量长期排在全国第五位，但相比于山西、内蒙古、甘肃等省（区）综合比较优势指数差距较大。③陕西和青海等非主产省在部分年份具有综合比较优势，但综合比较优势指数相对较低。

表 8 - 19　2000 ~ 2016 年中国具有胡麻综合比较优势的省（区）

年份	中国具有胡麻综合比较优势的省（区）（AAI > 1）
2000	山西、内蒙古、甘肃、青海、宁夏、新疆
2005	河北、山西、内蒙古、陕西、甘肃、宁夏、新疆
2010	河北、山西、内蒙古、甘肃、青海、宁夏、新疆
2015	河北、山西、内蒙古、甘肃、青海、宁夏、新疆
2016	河北、山西、内蒙古、甘肃、青海、宁夏、新疆

资料来源：根据历年《中国农业统计资料》《新中国农业 60 年统计资料》整理而得。

2. 芝麻综合比较优势区域变动

芝麻区域综合比较优势指数测算结果显示（见表 8 - 20），比较优势区域变动呈现以下特征：①具有综合比较优势的省（市、区）有所减少。在 2000 年具有综合比较优势的为 9 个，到 2016 年仅有 6 个。②河南、湖北、安徽既是中国芝麻产量最大的 3 个省，同时也是具有芝麻综合比较优势最为显著的地区。③江西、陕西是中国芝麻主产省，综合比较优势要高于全国平均水平。④江苏、河北是中国传统的芝麻产量大省，但与全国相比，其综合比较优势较低，处于劣势地位。

表 8 - 20　2000 ~ 2016 年中国具有芝麻综合比较优势的省（市、区）

年份	中国具有芝麻综合比较优势的省（市、区）（AAI > 1）
2000	山西、辽宁、吉林、安徽、江西、河南、湖北、海南、陕西
2005	天津、吉林、安徽、江西、河南、湖北、海南、陕西
2010	天津、山西、浙江、安徽、江西、河南、湖北、海南、陕西
2015	天津、浙江、安徽、江西、河南、湖北、陕西
2016	浙江、安徽、江西、河南、湖北、陕西

资料来源：根据历年《中国农业统计资料》《新中国农业 60 年统计资料》整理而得。

3. 向日葵综合比较优势区域变动

向日葵区域综合比较优势指数测算结果显示（见表 8 - 21），比较优势区域变动呈现以下特征：①具有综合比较优势的产区布局相对稳定。结合效率比较优势指数和规模比较优势指数进行测算，各年份具有综合比较优势的省（市、区）数量变动不大，主要集中在天津、山西、内蒙古、吉林、黑龙江、甘肃、宁夏、新疆。②全国向日葵产量最大的两个区一直具有综合比较优势。内蒙古和新疆是中国向日葵产量最大的区，2016 年其产量之和占全国总量的 73.5%，在考察期间也具有明显的综合比较优势。③河北是中国向日葵产量第三大省，自 2015 年开始才具有综合比较优势。

表 8 – 21 2000 ~ 2016 年中国具有向日葵综合比较优势的省（市、区）

年份	中国具有向日葵综合比较优势的省（市、区）（AAI > 1）
2000	天津、山西、内蒙古、吉林、黑龙江、陕西、甘肃、宁夏、新疆
2005	天津、山西、内蒙古、辽宁、吉林、黑龙江、陕西、甘肃、宁夏、新疆
2010	天津、山西、内蒙古、吉林、黑龙江、陕西、甘肃、宁夏、新疆
2015	天津、河北、山西、内蒙古、吉林、黑龙江、甘肃、宁夏、新疆
2016	天津、河北、山西、内蒙古、吉林、黑龙江、甘肃、宁夏、新疆

资料来源：根据历年《中国农业统计资料》《新中国农业 60 年统计资料》整理而得。

第三节 本章小结

从全局空间相关性来看，中国特色油料生产布局在省（市、区）间均呈现正相关，显示全局空间关联性显著。但省（市、区）间空间依赖程度略有差异。胡麻生产在相邻地区的空间集聚程度逐渐增强；芝麻生产在相邻地区的空间集聚程度呈现出波动变化，近两年生产关联性明显增加；向日葵生产的空间依赖性关联程度降低。局部空间关联性分析显示，胡麻产区中 70% 以上省（市、区）的空间关系不显著，在显著的区域中，基本呈现空间同质性变化。胡麻播种面积在局部关联性上变动不大，生产呈现高高集聚的省（市、区）主要集中在中国华北和西北地区。芝麻仅有 15% 左右的省（市、区）存在着显著性的空间关系。在显著的 7 个省（市、区）中，高集聚省（市、区）占比较大，播种面积较大的省（市、区）间具有较强的关联度，并且关联程度变化不大。位于黄淮、江淮地区的河南、安徽以及湖北等是中国芝麻生产的传统区域，也是芝麻主产区。向日葵大部分省（市、区）的空间关系不显著，在显著的区域中呈现空间同质性的省（市、区）占比较大。向日葵生产呈现出高高集聚的省（市、区）主要集中在中国东北、华北和西北地区。

生产集中度测算显示，胡麻在全国的分布范围进一步扩大，甘肃一直是中国胡麻生产集中度最高的省，但近年来集中度略有下降，内蒙古、山西、新疆的胡麻产量在全国中的比重有所降低，宁夏生产集中度上升明显。主产省（市、区）中，甘肃、内蒙古、山西、新疆生产集中度有不同程度的下降，宁夏、河北的生产集中度则显著增加。甘肃、内蒙古、宁夏、山西四大产区生产集中度从83.15%增加至85.22%。芝麻主产区主要集中在河南、湖北和安徽，主产省中河南芝麻生产集中度显著增加，湖北、安徽生产集中度有不同程度的下降，总体看，3省仍是中国芝麻产量最大的产区，2000~2016年3省生产集中度进一步增加，从74.11%增至77.4%。自2000年以来，中国向日葵主产省（市、区）变化不大，但生产集中度进一步提高。内蒙古向日葵生产集中度显著增加，2000~2016年增加了20.22个百分点，生产集中度远大于其他产区。新疆向日葵生产集中度略有下降，减少了约0.23个百分点。其他主产省中河北、甘肃向日葵产量增加明显，成为中国向日葵主要产区。

生产规模指数呈现中国特色油料布局变迁的动态特征突出表现为：胡麻生产布局西北地区生产规模要高于华北地区；芝麻生产的空间布局则呈现由东北、华北、华东地区向西南地区扩散，而华中地区进一步扩大的趋势；向日葵生产空间布局及其演变表现出明显的趋势，向日葵主产区由东北逐渐向华北、西北地区集中和转移。

区域比较优势分析的特征也十分显著。其中，效率比较优势指数显示，胡麻主产省（区）甘肃、内蒙古、宁夏长期具有效率比较优势；芝麻主产省中，湖北、湖南、江西、江苏、陕西生产比较优势较为明显，主产省河南和安徽效率比较优势则相对不显著；向日葵主产省（区）的内蒙古、新疆、甘肃、宁夏、山西一直具有向日葵效率比较优势。规模比较优势区域变动显示特色油料主产省（市、区）均具有显著的比较优势，且相对稳定性较好。综合比较优势区域变动显示特色油料主产省（市、区）均具有显著的比较优势，其中，胡麻和向日葵区域相对稳定，芝麻具有显著比较优势的产区呈缩小趋势。

第九章　中国特色油料生产布局变迁驱动因素

生产布局理论认为，农业的生产空间布局是多种因素综合作用的结果，不仅受到资源环境因素的制约，还会因经济环境的发展、市场因素的变化及科学技术的进步等方面的综合效应，对农业生产空间布局产生影响。因此，在前文对中国特色油料生产布局的时空演变研究基础上，本章利用省际面板数据，从自然环境、经济环境、市场环境、技术进步、国家政策五个方面对影响特色油料作物生产布局变动的因素进行分析，探讨其时空变迁背后的深层次原因，为进一步合理优化产业布局提供理论支撑和决策参考基础。

第一节　作物生产空间布局的影响因素

一、自然环境

自然资源条件是农业区域布局形成和变动的基础和前提，对农作物生产布局的影响是决定性的。特色油料作物普遍具有喜温、耐干旱的特性，适应性广、管理简便、成本低，属于特色旱作农业，可在高寒、干旱、生产条件较差、经济相对落后地区大面积发展。具体作物之间略有差异：胡麻根系发达，抗旱性较强，对土壤要求不严格，但以土层深厚、有机质含量高、排灌方便、保水保肥能力强的砂壤土最为适宜。胡麻属亚麻科，是一年生或多年生草本植物。芝麻原产于热带，喜温，在生育期间要求一定的高温才能正常生长，在北方春播条件下，不同品种的芝麻要求积温在2200℃～2800℃。芝麻怕涝而耐旱，喜欢在半干旱地区，土壤水分不宜过多。向日葵对温度适应性较强，喜温又耐寒，对土壤要求不严格，从肥沃土壤到旱地、瘠薄、盐碱地均可种植。

二、经济环境

21 世纪以来，中国工业化和城镇化进程加快，城乡一体化、协调化发展成为中国重要的发展战略，这些变化对特色油料作物生产空间布局的影响日益凸显。一方面，经济发展过程中大量耕地被城市建设用地和工业发展用地所占用，有限的耕地资源需优先用于粮食生产，特色油料作物种植会受到一定影响。同时，城镇化推进吸引了更多的农村劳动力加入到城镇建设中来，农业生产的机会成本相应增加，农户种植意愿相应降低。另一方面，随着经济稳步发展，中国农村地区道路交通等基础设施日益完善，物流体系建设水平不断提升，有利于特色油料产品的生产、运输、加工和销售等，进而间接影响特色油料作物生产发展。同时，随着居民收入水平的提升，消费者对食用油多功能性、健康性和多元化消费偏好逐渐形成，有利于提升特色油料消费量和价格水平，进而促进国内生产发展。

三、市场环境

市场需求规模、结构差异及其变化对农业区域的形成具有不可或缺的决定性影响（吴春彭，2011）。亚当·斯密创立了绝对优势理论，而李嘉图则在其基础上提出了比较优势理论。比较优势是一个地区的生产能够以低于另一个地区的机会成本生产一种商品的行为。而具有比较优势的地区，在同类市场竞争中就会处于有利地位。中国幅员辽阔，各省份之间甚至同一省份内都有着较为丰富的自然资源和气候条件，农作物生产具有很强的替代性。向日葵、芝麻、胡麻等作物属于小宗油料作物，生产发展过程中不仅受其他产业的冲击，与产业内其他油料作物也有互相竞争的关系。是否具备比较优势，也成为影响区域特色油料生产布局的关键因素。

四、技术进步

农业技术进步对特色油料作物生产效率提升、产量增加、产品品质改善具有积极显著的影响。例如，品种的改良有利于提升作物单产水平，提高抵御自然灾害和病虫害的能力；生产环节机械的研发和投入使用，能够在很大程度上节约劳动力，降低人工成本。中国特色油料作物品种繁多，部分品种由于种植年限过长，混杂退化现象严重。加之大部分特色油料作物主产区分布广泛，不同地区资源禀赋条件不同，特色油料作物生产发展基础条件差异较大。因此，区域农业技术进步的差异在很大程度上会影响特色油料作物的效益，进而影响特色油料生产布局。

五、产业政策

政策是影响农业生产发展的又一重要因素。在中国农业发展历程中，政策发挥了积极的辅助推动作用。自2004年以来，中国连续出台支持“三农”发展的一号文件，为农业农村持续稳定发展提供了良好的政策环境。在促进优势区域布局和油料生产发展方面，自2003年以来，中国陆续出台了《优势农产品区域布局规划（2003－2007)》《关于促进油料生产发展的意见》《振兴油料生产计划工作方案》《全国种植业发展第十二个五年规划（2011－2015年)》以及《全国种植业结构调整规划（2016－2020年)》等文件，旨在通过优化品种结构和区域布局，实现以两油（油菜、花生）为主，多油（芝麻、胡麻、向日葵等）并举的发展格局，对各地区特色油料产业布局具有显著的影响。

第二节　变量及研究假设

一、被解释变量

生产集中度I反映了一个地区农产品产量在全国中的地位，是反映生产空间布局变迁的重要指标。为此，本书在研究特色油料作物生产布局变迁时，采取了生产集中度指数这一指标。同时，把向日葵、芝麻、胡麻这3种特色油料作物的产量汇总进行分析。生产集中度指某时期各地区特色油料作物（向日葵、芝麻、胡麻）产量占全国特色油料作物总产量的比重。

二、解释变量

（一）自然环境因素

特色油料作物属于农业作物，在气候环境一定的条件下，其生产布局情况受旱、涝以及病虫害等自然灾害的影响严重。本书用成灾率体现各省（市、区）的自然环境因素，成灾率（Disa）越高的地区，生产集中度指数越低。

（二）经济环境因素

城镇化率反映一个地区的经济发展水平。城镇化率提升一方面可能会带来整体经济的增长，推动产业发展；另一方面也可能会吸引农业劳动力就业，挤压特色油料作物生产要素投入，提高生产成本。因此，本书用城镇化率（Citiz）表示经济环境，其对特色油料作物生产集中度的影响方向并不确定；交通情况是一个地区经济状况的重要体现，对特色油料作物产业的发展有着不可替代的作用。交通基础设施更完善的省（市、区），对特色油料作物的发展作用更大。本书用公里密度（Traffic）来表示经济环境。

（三）市场环境因素

综合比较优势体现了不同地区特色油料作物生产能力的综合实力，也是在市场竞争中优劣程度的重要表现。因此，本书采用综合比较优势（AAI）反映各地区的市场环境因素，综合比较优势越大的地区其生产集中度越高。

（四）技术进步因素

技术进步既包括硬技术如品种改良、机械推广等技术的进步，也包含管理能力提升、资源配置改善等软技术的进步。一般而言，短期内生产要素配置变动会影响特色油料作物生产效率。但是，从长期来看，产业发展的内在动力仍需要技术进步来带动。农作物单产水平的提高是技术进步的综合体现，因此采用单产（Unit）来代表科技进步对特色油料作物生产布局的影响。特色油料作物单产水平越高的地区，生产集中度越大。

（五）国家政策因素

政策对产业发展具有重要的导向和推动作用。2007 年、2008 年国务院和农业农村部陆续发布《关于促进油料生产发展的意见》（以下简称《意见》）和《振兴油料生产计划工作方案》，明确了发展油料生产需要优化区域布局，并把突出重点区域和重点作物相结合作为工作重点。不仅要培育长江流域油菜优势带、黄淮海花生优势区、东北高油大豆优势区，更要关注芝麻、胡麻等特色油料生产区，解决油料生产分散、基础设施差、生产能力弱的问题。因此，本书以 2007 年为界设置政策虚拟变量（Policy）（2000 ~ 2007 年为 0，2008 ~ 2016 年为 1）来验证政策环境（《意见》）对特色油料作物生产布局的影响。但是，《意见》针对的是全部油料作物的生产布局，特色油料作物的发展还需面对其他作物的竞争，为此政策产生的影响方向并不确定。

变量设置与影响效应假定如表 9－1 所示：

表 9－1　变量设置与影响效应假定

影响因素	变量选取	变量表达	预期方向
自然环境	成灾率	Disa	－
经济环境	城镇化率	Citiz	/
	公里密度	Traffic	+
市场环境	综合比较优势	AAI	+
技术进步	单产水平	Unit	+
国家政策	《意见》	Policy	/

第三节　特色油料作物生产空间布局驱动因素的实证分析

一、模型构建

根据上述理论分析，构建中国特色油料作物生产布局演变影响因素的固定效应模型，其表达式如下：

$$I_{it} = \alpha + \beta_1 Disa_{it} + \beta_2 Citiz_{it} + \beta_3 Traffic_{it} + \beta_4 AAI_{it} + \beta_5 Unit_{it} + \beta_6 Policy_{it} + \varepsilon_{it}$$

式中，i 表示不同地区，t 表示年份，α 为常数项，ε_{it} 为随机误差项。β 为各指标弹性系数，表示在其他因素保持不变的条件下，某因子每变化 1% 将导致生产布局变化 β%。其中 $Disa_{it}$ 表示第 i 地区第 t 年的成灾率；$Citiz_{it}$ 表示第 i 地区第 t 年的城镇化率；$Traffic_{it}$ 表示第 i 地区第 t 年的公里密度；AAI_{it} 表示第 i 地区第 t 年的综合比较优势；$Unit_{it}$ 表示第 i 地区第 t 年的特色油料作物单产水平；$Policy_{it}$ 表示第 i 地区第 t 年的政策效应。

二、数据说明

本书所使用的数据为 2000～2016 年中国 28 个省（市、区）的面板数据（不包括港、澳、台)，由于北京、上海、西藏特色油料作物种植面积小，在全国范围内的比重基本为0，因此剔除了这3个地区。数据来源于2000~2017年《中国统计年鉴》和2000~2016年《中国农村统计年鉴》《中国农业统计资料》。解释变量和被解释变量如下：

（一）生产集中度

生产集中度指某时期各地区特色油料作物（向日葵、芝麻、胡麻）产量占全国特色油料作物总产量的比重。生产集中度指数I_{it}的计算公式如下：

$$I_{it} = \frac{Y_{it}}{Y_{it} + Y_{-it}}$$

式中，I_{it}表示中国i地区t年的特色油料生产集中度；Y_{it}表示i地区在第t年的向日葵、芝麻、胡麻产量之和，Y_{-it}表示除i地区之外的其他地区的向日葵、芝麻、胡麻产量之和，$Y_{it}+Y_{-it}$则表示第t年全国向日葵、芝麻、胡麻总产量，单位为%。

（二）成灾率

采用各省（市、区）各年的成灾面积占受灾面积的比重来衡量特色油料作物成灾率，单位为%。

（三）城镇化率

采用各省（市、区）各年的城镇人数占总人数的比重进行衡量，单位为%。

（四）公里密度

采用特色油料作物与全国农作物播种面积的比重乘以各地区的每公里公路里程数来表示各地区特色油料作物所占有的公里密度，单位为公里/平方千米。

（五）综合比较优势

综合比较优势指数（Aggregated Advantage Index，AAI)，是效率比较优势指数和规模比较优势指数的综合。特色油料作物生产的综合比较优势指数计算公式如下：

$$AAI_{it} = \sqrt{EAI_{it} \times SAI_{it}}$$

式中，EAI_{it}和SAI_{it}分别表示效率比较优势指数和规模比较优势指数，测算方式与前文一致。EAI_{it}表示第i省第t年的特色油料作物（向日葵、芝麻、胡麻之和）生产相对于同期全国平均水平的土地产出率；SAI_{it}表示第i省第t年的特色油料作物（向日葵、芝麻、胡麻之和）的生产面积对于同期全国平均水平的播种面积，单位为%。

（六）单产水平

单产水平表示各地区特色油料作物（向日葵、芝麻、胡麻之和）的单位面积产量，即特色油料作物总产量与特色油料作物总播种面积的比，单位为千克/公顷。

（七）政策虚拟变量

以2007年为界设置政策虚拟变量Policy（2000～2007年为0，2008～2016年为1）来验证政策环境（《关于促进油料生产发展的意见》）对特色油料作物生产布局的影响。

三、实证分析结果

本书所使用的数据为2000～2016年全国28个省（市、区）的面板数据，运用Stata15.0软件，选取固定效应模型对数据进行实证分析，模型估计结果如表9－2所示。

表9－2 固定效应模型估计结果

解释变量	系数	标准误	t值	P值
成灾率 Disa	－0.34329	0.38721	－0.89	0.376
城镇化率 Citiz	－3.81695***	1.33308	－2.86	0.004
公里密度 Traffic	0.13783***	0.00582	23.67	0.000
综合比较优势 AAI	2.55870***	0.27006	9.47	0.000
单产水平 Unit	0.00084***	0.00017	5.06	0.000
政策变量 Policy	－0.60544***	0.15695	－3.86	0.000
常数项 cons	0.27999	0.64704	0.43	0.665
组内 R^2	0.64520			
F统计量	133.96			

注：*、**、***分别表示10%、5%、1%的显著性水平；数字为四舍五入的结果。

（一）自然环境因素对全国特色油料作物生产布局的影响

成灾率对全国特色油料作物的生产变迁有负向影响，回归系数为－0.34329，但是并未通过10%及以上的显著性检验。可能的原因是随着生产经营的提高，社会服务的改善和先进技术的引进，特色油料生产农户对旱、涝以及病虫等自然灾害的抵抗能力有所增强，在面对常见的自然灾害现象时能够及时采取一些适应性措施，从而最大程度降低灾害对特色油料作物生产的影响。例如，当灾害发生前，通过引进抗旱、抗涝、抗病虫害的优质品种；当灾害发生时，及时采取应对措施和补救措施；当灾害发生后，农户可能会调整种植行为，重新配置资本进行农业生产。

（二）经济环境因素对全国特色油料作物生产布局的影响

在经济环境因素中，城镇化率和公里密度两个指标都通过了1%的显著性检验，但是城镇化率与特色油料作物集中度呈负相关关系，而公里密度与特色油料作物集中度呈正相关关系，这一结果与预期方向一致。城镇化率的回归系数为-3.81695，其原因可能是城镇化水平越高的地区，第二、第三产业越发达，农民就业机会越多，相对特色油料作物生产，在二三产业获得收入也越高。如果农户生产特色油料作物就会增加机会成本，作为理性经济人，他们会降低农业生产意愿。此外，城镇化率也会提升劳动力价格，增加农业生产的投入成本，生产积极性下降。城镇化率过高还会导致工业和服务业用地量扩张，挤压特色油料作物播种面积等，这些都可能是导致城镇化率与特色油料作物生产集中度呈负相关关系的原因。公里密度回归系数为0.13783，与被解释变量有着显著的正相关关系，与预期结果一致。这说明交通基础设施越好的地区，特色油料作物生产集中度越高。便利的交通运输条件一方面降低了特色油料产品的物流损耗，另一方面降低了产品的销售成本，有助于推动整个产业的经济利润，提高经营者的生产积极性。

（三）市场环境因素对全国特色油料作物生产布局的影响

实证结果显示，综合比较优势通过了1%的显著性水平检验，且回归系数为2.55870，说明综合比较优势与特色油料生产布局有正相关关系，即综合比较优势越大的省（市、区），其生产集中度越高。这一结果与预期方向一致，综合比较优势代表了一个地区特色油料作物与全国其他地区相比占据优势地位，在市场竞争中也会相对有利。向日葵、芝麻、胡麻等作物属于小宗油料作物，其生产集中度较高，而且产品同质化现象严重，存在很强的相互竞争关系。人们生活水平提高后，对于特色油料等健康食用油的消费也增多。综合比较优势高的地区，能够利用自身有利条件，在同类产品竞争中胜出，占据市场份额。因此，综合比较优势越大的地区，特色油料作物的生产集中度也会越高。

（四）技术进步因素对全国特色油料作物生产布局的影响

特色油料作物的单产水平通过了1%的显著性水平检验，回归系数为0.00084，实证结果与预期方向一致，说明单产水平与特色粮油生产布局有正相关关系，即单产越高的省（市、区），特色油料作物的生产集中度越高。同样，单产越低的省（市、区），特色油料作物的生产集中度则越低。除气候条件的影响外，单产水平是技术进步的综合体现，既有优质品种的应用、机械技术的推广等硬技术，也有要素投入配置的优化，生产经营能力的提升等软技术。一般而言，单产水平的提高，特色油料作物的生产效率、产品数量和质量都会相应得到提升，该地区的生产集中度就会随之增加。

（五）国家政策因素对全国特色油料作物生产布局的影响

国家政策因素通过了1%的显著性水平检验，回归系数为－0.60544。2007年国务院颁布的《意见》更多地对特色油料作物生产集中度有负向影响。其原因可能是一方面《意见》中指出发展油料作物的基本原则是油料生产“重点放在主攻单产上”，着力培育大豆、油菜、花生等大宗油料作物，在“长江流域扩大冬闲田油菜种植面积”，“东北及内蒙古地区通过合理轮作等适当恢复大豆面积”。而长江流域、东北及内蒙古地区是中国特色油料作物生产的主产区，政策的出台和干预促使许多地方在生产布局上倾向传统油菜和大豆作物，对特色油料作物产生挤压现象。另一方面，政策的颁布、实施、效果凸显、形成产业模式是连续性的，在时间上也具有一定的滞后性，针对特色油料作物产业发展的政策规章较少，其产业发展也会受到一定的影响。

第四节　本章小结

本章利用省际面板统计数据，从自然环境、经济环境、市场环境、技术进步、国家政策五个方面对影响特色油料作物生产布局变动的因素进行分析，探讨其时空变迁背后的深层次原因。

实证检验结果显示，经济环境、市场环境、技术进步和国家政策四个因素对特色油料生产区域布局变迁的影响均显著。在经济环境因素中，城镇化率和公里密度两个指标都通过了1%的显著性检验，但是城镇化率与特色油料作物集中度呈负相关关系，而公里密度与特色油料作物集中度呈正相关关系。市场环境因素对全国特色油料作物生产布局的影响显著，综合比较优势越大的省（市、区），其生产集中度会越高。单产代表的技术进步因素与全国特色油料作物生产布局有正相关关系，即单产越高的省（市、区），特色油料作物的生产集中度越高。

第十章　提升中国特色油料供给效率的思路与对策

"十三五"时期，我国食物消费进入总量增长、增速放缓、结构变化、转型升级时期，对进一步优化重要农产品品种结构与生产力布局，明确重要农产品生产的优先次序，提高重要农产品的生产供给、加工和流通效率提出了新要求。特色油料作为中国油料和食用植物油供给的重要补充，在产需缺口较大、进口持续增加的背景下，提升特色油料供给效率具有必要性和迫切性。本章在前文梳理特色油料产业发展现状、全面测算生产效率、剖析区域布局变迁影响因素的基础上，围绕进一步提升中国特色油料供给效率提出针对性的目标、思路和对策。

第一节　提升特色油料供给效率的目标和思路

2018年9月中共中央、国务院印发的《乡村振兴战略规划（2018～2022年）》中明确指出，要"坚持质量兴农、品牌强农，深化农业供给侧结构性改革，构建现代农业产业体系、生产体系、经营体系，推动农业发展质量变革、效率变革、动力变革，持续提高农业创新力、竞争力和全要素生产率"，明确提出要"加快农业转型升级"，按照建设现代化经济体系的要求，加快农业结构调整步伐，着力推动农业由增产导向转向提质导向，提高农业供给体系的整体质量和效率，加快实现由农业大国向农业强国转变。要有序开发优势特色资源，做大做强优势特色产业。在深入推进农业供给侧结构性改革背景下，满足消费需求，提高特色油料供给效率既具有必要性，也具有紧迫性。

一、发展目标

（一）特色油料产业发展定位

明确产业发展定位是确定特色油料供给能力提升目标的先决基础。特色油料产业发展定位与其产品特点和产业特性密切相关。

从特色油料产品特点来看，特色油料产量占油料总供给比例仅为一成多，特色油脂在中国食用植物油供给中占比约为5%。总体来看，特色油料对中国油脂供给的贡献率不高。但在消费贡献中，特色油料及油脂富含功能成分，如向日葵油中油酸和亚油酸之和高达89.5%、芝麻油中油酸和亚油酸之和高达84.9%、胡麻油α－亚麻酸含量比例高达48.76%，特色油脂品质优良，显著优于大宗油脂，在中国居民消费总量增加、结构升级背景下，是满足中国食用植物油消费多元化、优质化和功能化需求的重要组成。

从特色油料产业特性来看，一方面，特色油料生产分布区域性特征极为显著，大多集中在经济相对落后、资源贫瘠的西北等地区，这些地区对于有效利用有限的资源促进当地特色产业发展、带动地区经济增长和农民实现增收的需求较为迫切；另一方面，当前中国特色油料产业发展总体缓慢，发展相对落后，产业标准化、市场化发展起步都相对较晚，产业未来提升和发展的空间和潜力较大。

基于此，特色油料产业定位包含两个关键要素：一是中国油料油脂市场供给不可或缺的组成和重要补充，二是可作为优势产区产业和经济发展的特色产业。

（二）特色油料供给效率提升目标

综合考虑特色油料产业定位、产业发展所处的阶段以及当前中国特色油料生产效率和布局，按照乡村振兴战略规划中提到的“提高农业供给体系的整体质量和效率”，“有序开发优势特色资源，做大做强优势特色产业”，特色油料供给效率提升的目标为：在不影响粮食生产和供给安全的基础上，充分发挥地区资源优势，进一步优化产业布局，保持特色油料生产面积相对稳定。提高特色油料产业科技支撑水平，依托社会化服务组织，进一步提高特色油料单产水平，确保生产能力稳步增加。加快形成原料生产标准化、规模化，流通经营产业化、现代化，产品加工精深化、特色化的产业格局，提高特色油料的供给质量和供给效率，促进优势产区特色油料产业做精做强，满足国内对特色油料油脂多元化、优质化消费需求。具体包括：

1. 特色油料生产区域布局更加合理

综合考虑资源禀赋条件和区域生产效率差异等，稳定优势产区生产面积，进一步提升综合生产效率；通过种植模式优化等，挖掘和提升适宜产区或潜力产区特色油料生产效率和产出能力；通过结构调整，适当调减部分生产效率和比较效率持续偏低的产区种植面积，改种其他作物。

2. 特色油料品种结构更加优化

以需求导向为原则，推动特色油料生产供给进一步调整和优化。通过品种选育和推广，扩大高品质、功能性成分含量更高的优质品种生产规模。

3. 特色油料节本增效提升显著

进一步优化各产区特色油料资源配置效率，提高特色油料土地产出率、劳动生产率和资源利用率，促进特色油料生产实现节本增效，确保生产积极性和生产能力稳中有增。

4. 特色油料科技支撑能力进一步提高

实现产学研有机结合，依托不断完善的社会化服务组织，充分发挥技术进步优势，促进特色油料生产方式转变、加工效益提升，促进产业综合效益提升。

5. 特色油料产业综合竞争力提升

综合考虑资源禀赋和产业布局，提升特色油料原料品质，促进深加工发展，加快产业实现标准化、品牌化、优质化、功能化和特色化发展，积极提高产业发展活力，形成独具特色的产业竞争力。

二、基本思路

基于中国特色油料供给效率提升的目标，当前和今后一段时期提升特色油料供给效率的思路是：贯彻落实中央关于推进农业供给侧结构性改革的总体部署，以提高特色油料供给效率为核心，以提质增效为手段，确保特色油料生产能力稳中有增；以市场需求为导向，提高原料和产品供给质量；以绿色可持续发展为引领，切实转变特色油料生产发展方式；推进产加销有效衔接，有效提升产业综合竞争力，促进产业可持续健康协调发展。具体思路如下：

（一）填补生产短板，实现提质增效

坚持问题导向，针对特色油料发展相对缓慢、效率有待提升的突出问题，首要解决特色油料生产发展中面临的品种多乱杂、生产较为粗放、单产水平偏低、抗风险能力较弱等短板问题。通过提高单产水平、降低生产成本，切实提高种植比较效益，稳定生产主体种植积极性，确保有效产能。

（二）优化产业布局，提高产出效率

整合优势生产资源，充分发挥区域比较优势，优化生产布局，转变生产方式，切实提高资源综合利用率和特色油料生产综合效率。与生产布局相匹配，支持和鼓励特色油料加工能力提升，促进产业链上下游有效衔接，提升全产业运行效率和产业竞争力。

（三）以需求为导向，调优产品结构

随着中国居民消费结构升级，特色油料产业发展前景广阔、需求潜力巨大。供给效率提升需以市场需求为导向，种植品种结构调整方向需兼顾提质增效和市场需求。多元化、优质化、绿色化、功能化是原料和产品结构调整的重要方向。

（四）统筹内外资源，实施差异化战略

在当前中国特色油料产需缺口相对较大、生产能力提升仍需时日的背景下，仍要坚持统筹利用国内外两个市场、两种资源。基于国内特色油料在生产成本和价格上存在较大劣势，鼓励和引导实施差异化发展战略，重点在原料品牌建设、品种改良、品质改善等方面有所创新和突破，形成优势竞争力。

三、基本原则

（一）因地制宜原则

因地制宜是提升特色油料供给效率、实现产业科学布局的首要原则。在社会经济水平、市场环境、技术条件和政策导向相对稳定的情况下，优化特色油料生产布局要优先考虑地区资源禀赋条件、气候差异和光热水资源等。基于不同区位、不同资源条件选择适宜的优势特色油料作物发展生产。胡麻喜光且需要长日照，具有很强的抗旱能力。同时，胡麻对土壤的要求并不严格，可优先在干旱半干旱产区扩大种植规模。芝麻属于耐旱不耐渍的经济作物，在生长期需要较高的温度和充足的光照，适宜的降水量能提高芝麻的产量和质量。最适宜的种植区域是黄淮、江汉地区。向日葵具备一定的耐盐碱性，在内蒙古、山西、宁夏等地区种植，既可高效利用盐碱地，也能为地区经济发展和农民增收做出积极贡献。

（二）比较优势原则

中国特色油料生产表现出鲜明的地区差异，最为突出的是不同地区特色油料作物生产效率和全要素生产率差异较大，这其中既有区域资源禀赋等生产环境差异的影响，也有生产方式生产力差异的影响，还有生产主体技术和意识的差异。

充分发挥比较优势，积极利用地区优势资源，综合考虑各地区技术效率和全要素生产率，同时兼顾效率比较优势、规模比较优势和综合比较优势，优先在比较优势突出的地区，通过适宜的生产模式、技术方式等发展特色油料生产，提高供给效率，促进优势地区形成区域规模优势。

（三）提质增效原则

特色油料成本收益分析显示，多数地区都不同程度存在生产成本偏高而比较效益偏低的突出问题，这也成为制约特色油料生产的重要短板。因此，提升特色油料供给效率亟须解决的关键问题是提质增效。遵循提质增效原则，一要优化特色油料生产投入的资源要素配置，适宜地区发展规模化经营，部分地区增加技术投入等，全面提升特色油料生产效率和全要素生产率，针对不同优势区域和不同生产主体实施差异化提升措施；二要优化产业布局，充分利用各地区资源条件，采取灵活多样的种植模式，如间作套种、轮作等方式提升产出效率和产出水平，增加生产效益，提高种植积极性。

（四）市场导向原则

坚持市场导向原则是生产供给满足市场需求结构升级的必然要求。随着中国经济稳步增长和居民收入水平不断提升，中国消费者对特色油料消费已从以往数量需求开始向质量需求升级，这也要求在优化特色油料供给效率时坚持好市场导向的基本原则。在前述生产发展概况和成本结构构成中可以充分看到，目前中国多数产区农户生产仍以小规模传统粗放型生产方式为主，优良品种、先进技术应用有限，同时与市场需求缺乏有效对接，导致产品标准化水平不高、产品规模和品质尚不能充分满足加工消费所需。加快传统生产方式向现代方式转变，通过技术创新和进步提升特色油料作物生产效率，提升产品品质和综合效益是当前和今后一段时期中国特色油料生产发展、供给效率提升的重要方向。

第二节　提升特色油料供给效率的政策建议

特色油料作为中国油料原料的重要补充和食用植物油供给的有益组成，在我国油料产业中处于不可或缺的独特地位，发展特色油料产业、提升国内供给效率，对于增加优质特色油料、食用植物油供给，满足消费需求具有重要的现实意义。结合前述各章节对特色油料产业发展、生产效率测算以及区域布局变迁特征等综合考虑，当前和今后一段时期，提升特色油料供给效率可从以下几个方面着手推进：

一、切实转变特色油料生产方式，优化农业资源要素配置效率

加快特色油料从传统生产方式向现代化生产方式转变。一是加快特色油料作物品种选育和推广。加强丰产、抗旱、抗倒伏、抗病、适宜机械化以及功能化和高值化的新品种选育，降低生产成本的同时提高单产水平和抗风险能力。加快优良品种推广使用。充分发挥农业技术推广部门、产业技术体系综合试验站的试验示范和技术推广作用，扩大优良品种种植覆盖面，持续提高特色油料单位面积产出水平。二是重视特色油料绿色生产。加强特色油料作物病虫草害的无公害防控新技术创新，开展油料作物主要病虫草无公害防控药剂减量保效技术研发和推广应用，加强特色油料土壤土质改良和检测，确保特色油料作物生产安全和原料品质优良。三是优化特色油料资源要素配置效率。加强特色油料产区社会化服务组织的建设和发展，提高种子、化肥、农药等生产资料供给效率；在适宜地区积极探索使用无人机统一喷防、精量播种、机械化耕种收等技术和设备，科学合理控制生产成本投入，切实提高特色油料生产效率，实现生产环节节本提质增效。

二、科学优化特色油料区域布局，因地制宜提高产区生产效率

一是优先发展特色油料优势主产区，促进生产效率稳中有增。优先发展甘肃、山西、宁夏、新疆等在单产水平和生产规模上具有相对比较优势的胡麻产区；合理引导内蒙古、新疆等优势区向日葵产业发展；稳定河南、湖北、安徽等芝麻优势产区生产发展。重点加强优势产区优良品种推广力度，提高特色油料机械化水平，降低直接投入成本费用和人工投入成本，加强病虫害和自然灾害防控能力，切实提高综合产出能力和产出效率。二是优化种植结构和种植模式，提高传统适宜产区生产效率。中国油葵受国际市场竞争，在价格和成本方面处于明显劣势。对于适宜种植油葵的地区，如辽宁、吉林、陕西、甘肃、宁夏等省区，可积极调整种植结构，采取灵活多样的间作套种模式，如向日葵与小麦、向日葵与其他经济作物套种等方式，既充分利用地区资源气候优势，又有效提高种植比较效益，增加葵花籽有效供给。三是适当拓展适宜地区特色油料生产发展。陕西和青海的生产效率比较优势明显，但生产规模较小。可根据资源条件因地制宜发展

胡麻生产。适度发展东北三省以及陕西、甘肃、新疆等西北芝麻生产。在适宜地区通过轮作、间作套种等模式，发展芝麻生产，增加芝麻国内供给，满足消费需求。

三、适宜地区开展适度规模经营，提高原料标准化优质化水平

一是充分发挥规模效应，推动适度规模化经营。综合考虑地区资源禀赋、气候条件和生产效率提升潜力，建议在适宜开展规模经营的主要优势产区，如内蒙古、新疆、宁夏、甘肃、河南等，通过土地流转、土地托管、土地入股等灵活多样的经营形式推动适度规模经营，充分发挥规模效应，提高特色油料土地产出率和综合生产效率。二是加强特色油料原料标准化、品牌化建设。基于特色油料主要优势产区布局，建立一批具有农产品地理标识的特色油料标准化生产基地，通过基地的技术集成应用和示范带动，提高区域内特色油料生产的标准化、规模化水平。依托标准化基地积极打造特色油料地理标志、原产地区域品牌、绿色产品标志等，推动特色油料原料优质化和品牌化发展，从生产源头提高特色油料的附加值和竞争力。三是加强特色油料基地与加工产销衔接。鼓励地区特色油料加工龙头企业与标准化生产基地建立合作机制。加快形成良性循环、各环节相融互促的产业链，推进特色油料产业化发展进程。

四、积极在优势产区发展加工业，提升特色油料产业综合效益

产业链上下游的有机衔接以及产业高值化发展是确保生产能力稳步提升的保障措施。一是加强加工经营主体培育，充分发挥产业引领带动作用。鼓励特色油料加工企业和农民专业合作社采取“企业 + 合作社 + 基地”的生产经营模式，共建利益和风险分担机制，打造生产加工联合体，稳步带动优势产区特色油料产能稳步提升。二是扶持一批优势产区的特色油料加工龙头企业，提高优势产区优质原料深加工开发和综合利用率。积极延长特色油料产业链，促进特色油料精深加工。拓展多样化、营养化、方便化、安全化、优质化的油用制品开发，以科学技术为支撑，以合作经济组织为依托，坚持市场需求导向，开发具有高附加值的工业品、化妆品、药用品，实现产业增值增效。三是充分利用特色油料作物观赏功能，结合乡村旅游和传统文化来拓展产业多功能性。引导特色油料企业借助互联网构建营销新渠道，扩大消费新对象，发展新市场，鼓励企业通过电商、微商、实体店等新兴营销渠道宣传和销售特色产品。

五、加强优势产区人才技术培训，切实提高产业科技支撑能力

特色油料生产主要集中在中国资源贫瘠的中西部地区，加强主产区人才培训，特别是加大对中西部地区农业生产经营主体的科技培训和生产培训，对于提高特色油料生产效率、劳动产出率具有积极意义。一是加强产学研结合，促进技术推广应用落地。充分发挥高校和科研机构的科技、人才、创新优势，在基层建立综合示范基地、特色产业基地等站点，通过“技术研发 + 试验示范 + 推广应用”模式，加快技术成果和高产高效生产模式在主产区应用落地，带动产区提高生产技术水平和综合效率。二是强化技术培训的区域差异性。针对不同区域资源禀赋条件、气候条件以及生产方式的差异，开展差异化、针对性强的技术和市场信息培训。三是强化技术培训的内容精准性。综合考虑不同年龄段生产主体技术需求偏好和差异，围绕栽培管理、机械作业、病虫害防控、绿色环境友好等方面开展技术培训，切实提高生产主体要素配置效率和生产技术水平，促进产业绿色可持续高效发展。

六、加大优势产区政策支持力度，促进特色油料生产稳步发展

一是加强基础设施建设，完善生产配套设施设备。落实好农业“两区”建设的配套政策，加大对特色油料生产优势区域基础设施建设的支持力度。进一步改善和提升耕地质量，加强农田水利基础设施，增强特色油料生产防灾抗灾能力。二是支持和鼓励特色油料农机研发和推广应用。积极鼓励和支持产学研结合。推进特色油料机械化设施设备研发与推广应用，将特色油料播种、收获机械纳入农机购置补贴目录，进一步扩大农机使用范围和领域。三是建立完善特色油料生产金融保险支持体系。探索保险金融等支持政策，建立完善的风险防范机制。发挥商品交易所和保险公司的积极性，用好政策扶持资金，在适宜地区试点探索信贷和农业保险等服务，开发具有地方特色的保险品种，完善重大自然灾害保险以及重大病虫害补偿等政策的制度条款，争取将特色油料作物纳入适用范围内，减少因病虫渍涝灾害造成的损失，降低生产经营风险系数，提高优势地区农户生产积极性，保障产量的稳定增长。

参考文献

［1］ Anselin L. Local indicators of spatial association—LISA ［J］. Geographical Analysis, 1995, 27 (2): 93 – 115.

［2］ Daniel K, Kilkenny M. Decoupled payments and the localization of activities ［J］. Zaragoza (Spain), 2002 (28): 31.

［3］ Farrell M J. The measurement of productive efficiency ［J］. Journal of the Royal Statistical Society. Series A (General), 1957, 120 (3): 253 – 290.

［4］ Hennessy D A. The production effects of agricultural income support policies under uncertainty ［J］. American Journal of Agricultural Economics, 1998, 80 (1): 46 – 57.

［5］ Leibenstein H. Allocative Efficiency vs. "X – Efficiency" ［J］. American Economic Review, 1966, 56 (3): 392 – 415.

［6］ Moran P A P. Notes on continuous stochastic phenomena ［J］. Biometrika, 1950, 37 (1/2): 17 – 23.

［7］ Tobler W R. A computer movie simulating urban growth in the Detroit region ［J］. Economic Geography, 1970 (46): 234 – 240.

［8］ Tone K, Tsutsui M. An epsilon – based measure of efficiency in DEA – A third pole of technical efficiency ［J］. European Journal of Operational Research, 2010, 207 (3): 1554 – 1563.

［9］ Welsh R, Hubbell B, Carpentier C L. Agro – food system restructuring and the geographic concentration of US swine production ［J］. Environment and Planning A, 2003, 35 (2): 215 – 229.

［10］安玉麟. 中国向日葵产业发展的问题与对策［J］. 内蒙古农业科技, 2004 (4): 1 – 4.

［11］包玉泽，于颖，周怡，牛梦洁. 中国蔬菜产业的布局及其演化研究:

1990~2014年［J］．干旱区资源与环境，2018，32（11）：53-58.

［12］程沉孜．中国农业生产布局及其演变的研究进展［J］．湖北农业科学，2016，55（3）：548-553.

［13］党占海，赵玮等，中国现代农业产业可持续发展战略研究（胡麻分册）［M］．北京：中国农业出版社，2016

［14］邓宗兵，封永刚，张俊亮等．中国粮食生产区域格局演变研究［J］．农业技术经济，2013（9）：108-114.

［15］高鸣．脱钩收入补贴对小麦生产率有影响吗？——基于农户的微观证据［J］．中国农村经济，2017（11）：49-63.

［16］韩增林，夏康，郭建科等．基于Global-Malmquist-Luenberger指数的沿海地带陆海统筹发展水平测度及区域差异分析［J］．自然资源学报，2017（8）.

［17］郝晓燕，张益，韩一军．中国小麦生产布局演化及影响因素研究［J］．中国农业资源与区划，2018，39（8）：40-48.

［18］胡浩，应瑞瑶，刘佳．中国生猪产地移动的经济分析——从自然性布局向经济性布局的转变［J］．中国农村经济，2005（12）：46-52，60.

［19］胡晓军，刘超，李群等．中国胡麻籽油加工业现状及对策研究［J］．农产品加工（学刊），2014（7）：19.

［20］李琳凤，李孟刚．当前影响中国粮食生产的主要因素分析［J］．中国流通经济，2012，26（4）：109-115.

［21］李欠男，程沉孜．中国玉米生产布局变迁及影响因素［J］．江苏农业科学，2017，45（18）：284-288.

［22］刘红艳，赵应忠．中国芝麻生产现状及发展方向［J］．农技服务，2006（4）：4-5.

［23］刘天军，范英．中国苹果主产区生产布局变迁及影响因素分析［J］．农业经济问题，2012，33（10）：36-42，111.

［24］鲁晓东，连玉君．中国工业企业全要素生产率估计：1999—2007［J］．经济学（季刊），2012，11（2）：541-558.

［25］孟斌，王劲峰，张文忠等．基于空间分析方法的中国区域差异研究［J］．地理科学，2005，25（4）：393-400.

［26］裴新涌，李春明，秦灵灵．基于国外期刊英文文献浅析芝麻研究现状与发展趋势［J］．河南农业科学，2014，43（5）：13-19.

[27] 王瑞元. 中国芝麻产业的发展 [J]. 粮食与食品工业, 2015 (5): 1-2.

[28] 吴春彭. 长江流域油菜生产布局演变与影响因素分析 [D]. 武汉: 华中农业大学, 2011.

[29] 伍山林. 中国粮食生产区域特征与成因研究——市场化改革以来的实证分析 [J]. 经济研究, 2000 (10): 38-45, 79.

[30] 杨春, 陆文聪. 基于空间计量经济模型的县域粮食生产区域格局研究 [J]. 农业技术经济, 2010 (5): 24-29.

[31] 杨万江, 陈文佳. 中国水稻生产空间布局变迁及影响因素分析 [J]. 经济地理, 2011, 31 (12): 2086-2093.

[32] 张海洋. 芝麻——选育高产品种是主攻方向 [N]. 农民日报, 2010-03-03 (006).

[33] 张雯丽, 沈贵银, 曹慧, 徐雪高, 王慧敏. "十三五"时期中国重要农产品消费趋势、影响与对策 [J]. 农业经济问题, 2016, 37 (3): 11-17, 110.

[34] 张怡. 中国花生生产布局变动解析 [J]. 中国农村经济, 2014 (11): 73-82, 95.

[35] 张永恩, 褚庆全, 王宏广. 城镇化进程中的中国粮食安全形势和对策 [J]. 农业现代化研究, 2009 (3): 270-274.

[36] 章祥荪, 贵斌威. 中国全要素生产率分析: Malmquist 指数法评述与应用 [J]. 数量经济技术经济研究, 2008, 25 (6): 111-122.

[37] 赵贵兴, 钟鹏, 陈霞等. 中国向日葵产业发展问题及对策 [J]. 安徽农学通报, 2011, 17 (14): 31-32.

[38] 赵应忠. 中国小品种特色油料产业现状与发展策略 [J]. 中国农业信息, 2008 (10): 16-21.

[39] 郑立, 杨作范. 中国西北地区胡麻产业发展的必要性及对策 [J]. 现代农业科技, 2012 (15): 313.

[40] 周番红, 李静. 胡麻种植及胡麻油产品开发推广调查研究 [J]. 合作经济与科技, 2014 (15): 30-31.

[41] 朱启荣. 中国棉花主产区生产布局分析 [J]. 中国农村经济, 2009 (4): 31-38.

[42] 邹凤羽. 优化粮食生产布局　提高粮食综合生产能力 [J]. 农业经济, 2004 (10): 3-4.